Christina Mader Magagna

Alles Pasta

365

Rezepte für jeden Tag

Alles Pasta

Liebe Pasta-Freunde,

seit vielen Jahren sammle ich Pasta-Rezepte: In Restaurants und von Köchen erbettelt, bei Freunden und Bekannten abgeschaut, aus Kochbüchern und Kochjournalen „geklaut", wo auch immer ich ein neues Rezept finden konnte, schrieb ich es ab und legte es in meine Sammelmappe. Irgendwann entstand die Idee zu diesem unkomplizierten Pasta-Buch!

Es gibt auf der Welt fantastische Kochbücher, von genialen Köchen geschrieben, die ich über alles bewundere und verehre. Ihre fantasievolle Zubereitung neuer Rezepte hat uns in den letzten Jahren die höchsten kulinarischen Genüsse bereitet.

Aber wenn man alle Tage für die Familie oder auch nur für sich selbst kochen muss, reicht die Zeit für diese exklusiven Rezepte einfach nicht aus; aufwendige Experimente kann man nur am Wochenende oder zu besonderen Anlässen durchführen. Das Einkaufen der Zutaten muss schließlich auch zeitlich mit einkalkuliert werden. Mit diesem Kochbuch können Sie je nachdem, was in Ihrem Kühlschrank oder auf dem Markt zu finden ist, ein passendes Rezept auswählen. Sie werden daraus ganz bestimmt in kurzer Zeit eine schmackhafte Mahlzeit zubereiten!

Alle Rezepte sind für vier Personen berechnet, die Menge der Pasta kann natürlich ganz nach Hunger, Lust und Laune geändert werden. Sie können auch die Art der Pasta ganz nach Belieben wählen. Das Wichtigste sind die Qualität der Zutaten und die Kochzeit der Pasta: Sie muss immer bissfest – „al dente", wie die Italiener sagen – sein. Auch die Wassermenge und die Größe des Kochtopfes sind von größter Wichtigkeit, also lieber mehr und zu groß als zu wenig und zu klein. Lassen Sie das Nudelkochwasser richtig sprudeln, ehe Sie es salzen und darin die Pasta kochen. Wenn die Pasta einmal im Topf ist, dann lassen Sie das Telefon ruhig klingeln, sonst ist's aus mit dem Biss ...

Spaghetti

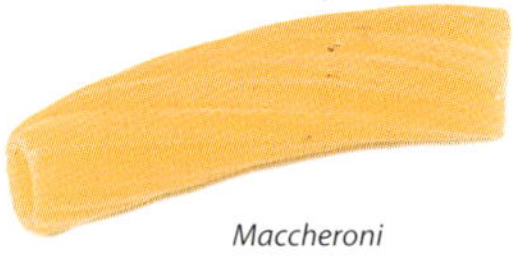

Maccheroni

Farfalle

Conchilie

Girandole

Penne rigate

Paglia e fieno

Die Rezepte stammen größtenteils aus der mediterranen Küche, die ich persönlich für die beste, einfachste und gesündeste Küche der Welt halte. Seien Sie erfinderisch! Die Pasta verträgt Fantasie, sie können Zutaten zufügen und weglassen, trauen Sie sich, kochen Sie mit Spaß und immer mit Liebe, dann gelingt Ihnen jedes Rezept!

Noch eine kleine Geschichte zur Herkunft und Entstehung der weltweit geliebten „Pasta“:

Der genuesische Kapuzinerpater Fra Giovanni da Pian del Carpine lernte auf einer Chinareise von den Mongolen, wie man einen Nudelteig herstellt, d. h., welches Verhältnis Mehl und Wasser zueinander haben müssen. Die Ersten, die den gastronomischen und kommerziellen Wert dieses Lebensmittels erkannten und in kürzester Zeit den Weizenmarkt im Mittelmeerraum beherrschten, waren die Ligurer. Der Erfolg war so groß, dass das Volk bald Pasta in allen erdenklichen Formen herstellte.
Es entstanden sogar spezialisierte Pasta-Zünfte und die „Maccheronari“, „Fidelari“ und „Lasagnari“ waren gefragte Handwerker eines Produktes, das Tausende Möglichkeiten der Zubereitung bot. Man konnte alles verwenden, was Gemüsegarten, Wälder und Felder bereithielten. In jeder Jahreszeit gab es andere interessante und geschmackvolle Zutaten!

Ich wünsche Ihnen ein gutes Gelingen beim Ausprobieren der Rezepte und einen guten Appetit!

Ihre Christina Mader Magagna

Casarecce

Orecchiette

Tagliatelle

GEMÜSE, PILZE, NÜSSE, KRÄUTER ...

GEMÜSE

NÜSSE

KRÄUTER

VERSCHIEDENES

KÄSE

HARTKÄSE

WEICHKÄSE

FLEISCH, WURST

FLEISCH

WURST

FISCH

THUNFISCH | LACHS

MUSCHELN

GARNELEN | MAKRELEN | SCAMPI

SARDINEN | SARDELLEN

SEETEUFEL | SEEZUNGE | SEEBARSCH

HUMMER | LANGUSTEN

SCHWERTFISCH | TINTENFISCH

VERSCHIEDENES

TYPISCHE GERICHTE

GEMÜSE | KÄSE

FISCH

1

Bucatini mit pikanter Tomatensauce

- *350 g Bucatini*
- *250 g Tomaten aus der Dose oder 500 g frische Tomaten (z. B. San Marzano)*
- *½ Zwiebel*
- *1 Knoblauchzehe*
- *2–3 Blätter Basilikum*
- *Parmesan, gerieben*
- *Olivenöl*
- *Salz, Peperoncino*

Die fein gehackte Zwiebel und die zerdrückte Knoblauchzehe in einem Topf in 3 EL Olivenöl goldgelb braten. Die Tomaten (wenn frisch, häuten und entkernen) in Würfel schneiden und ebenfalls in den Topf geben, Basilikumblätter untermischen, mit Salz und Peperoncino würzen und das Ganze 20 Minuten auf mittlerer Flamme garen.
Die Bucatini in Salzwasser al dente kochen, abseihen und mit der Tomatensauce vermischen. Wer es gerne scharf mag, der kann auf die heißen Nudeln noch etwas Peperoncino streuen. Die Bucatini auf Tellern anrichten und mit geriebenem Parmesan bestreuen.

2

kaltes Sommerrezept

Farfalle mit Zucchini-Ratatouille

- *350 g Farfalle*
- *2 Zucchini*
- *3 reife Tomaten*
- *1 Schalotte*
- *1 Bund Basilikum*
- *100 g Oliven (z. B. aus Ligurien)*
- *20 g geriebener Parmesankäse*
- *1 Bund Schnittlauch*
- *Olivenöl*
- *Salz, Pfeffer*

Die geschälten und entkernten Tomaten in Würfel schneiden und in eine große Schüssel geben. Die entsteinten Oliven, das grob gehackte Basilikum und den fein gehackten Schnittlauch (einige Stiele für die Dekoration aufheben) untermischen. Mit Salz und Pfeffer würzen und mit 3 EL Olivenöl begießen.
Die Schalotte fein hacken und in 2 EL Olivenöl glasig dünsten, die in dünne Scheiben geschnittenen Zucchini dazugeben und das Ganze auf mittlerer Flamme 8 Minuten garen. Zur Tomaten-Oliven-Mischung geben.
Die Farfalle in Salzwasser al dente kochen, abseihen und zur Sauce geben. Den Parmesan dazugeben, alles gut verrühren und wenn nötig mit Salz und Pfeffer würzen. Auf Tellern anrichten, mit etwas Olivenöl beträufeln und mit Basilikumblättchen sowie 2–3 Schnittlauchhalmen dekorieren.

Fusilli mit Kirschtomaten und Mozzarella

3

kaltes Sommerrezept

- *350 g Fusilli*
- *200 g Kirschtomaten*
- *160 g Mozzarella*
- *12 Basilikumblätter*
- *1 Prise Oregano*
- *Olivenöl*
- *Salz, Pfeffer*

Die Tomaten vierteln, die Mozzarella in Würfel schneiden und das Basilikum in kleine Stücke zupfen. Alles zusammen in eine Schüssel geben.
Fusilli in Salzwasser al dente kochen, abgießen und zur Tomaten-Mozzarella-Mischung geben. Mit 4 EL Olivenöl beträufeln und mit Salz, Pfeffer und einer Prise Oregano würzen. Alles gut vermengen und servieren.

Fusilli mit gratinierten Kirschtomaten

4

- *500 g Fusilli*
- *600 g Kirschtomaten*
- *3 große Knoblauchzehen*
- *6 Scheiben Toastbrot*
- *½ Glas Milch*
- *1 Bund Kräuter (Thymian, Petersilie, Basilikum)*
- *1 TL getrockneter Oregano*
- *50 g Schafskäse (nicht zu hart)*
- *Salz, Pfeffer*

Die gewaschenen Tomaten der Länge nach halbieren, salzen und mit der Schnittfläche auf Küchenpapier ca. 30 Minuten entwässern lassen. Vier Scheiben Brot zerbröckeln, in einer Schüssel mit den fein gehackten Kräutern und dem Oregano vermengen. Eine feuerfeste Form mit 3 EL Olivenöl einfetten. Die Tomaten mit der Schnittfläche nach oben hineinlegen und mit dem Kräuter-Brot-Gemisch bestreuen. Im Backofen bei 180 °C ca. 20 Minuten garen. Kurz vor Ende der Garzeit das Ganze unter dem Grill gratinieren.
Die Knoblauchzehen schälen, teilen und 10 Minuten dämpfen. Die restlichen Brotscheiben würfeln und 15 Minuten in Milch einweichen. Dann zusammen mit dem Knoblauch zu einer Creme pürieren. Salzen und pfeffern.
Fusilli in Salzwasser al dente kochen, abgießen und schnell mit der Knoblauchcreme vermengen. Auf vorgewärmte Teller geben und mit den gratinierten Tomaten belegen. Vom Schafskäse Späne abhobeln und darüberstreuen. Mit eine paar Basilikumblättern dekorieren und sofort servieren.

5

Garganelli mit Tomaten und grünen Paprikaschoten

- ***400 g Garganelli***
- ***2 reife Tomaten***
- ***100 g kleine grüne Paprikaschoten (süße)***
- ***6 Sardellenfilets in Öl***
- ***1 Bund Kräuter (Petersilie, Thymian, Pfefferminze)***
- ***1 Knoblauchzehe***
- ***Schale von ½ Zitrone (unbehandelt)***
- ***Olivenöl***
- ***Salz***

Den geschälten Knoblauch zusammen mit den Kräutern fein hacken und in eine Schüssel geben. Die abgetropften, zerkleinerten Sardellenfilets und die in feine Streifen geschnittene Zitronenschale dazugeben. Alles gut verrühren und zugedeckt 10 Minuten ziehen lassen. Die gewaschenen Tomaten halbieren, entkernen und in sehr kleine Stückchen schneiden. Die Paprika putzen (Stiel, Samenstände und weiße Häutchen entfernen) und waschen, der Länge nach in breite Streifen schneiden. Das Olivenöl in einer beschichteten Pfanne erhitzen, Tomaten und Paprika darin anbraten. Vom Feuer nehmen und etwas salzen. Die Garganelli in Salzwasser al dente kochen, abgießen und in die Schüssel zur Kräutermischung geben, gut verrühren. Dann die Tomaten und die Paprikaschoten unterheben, mit frischen Kräutern bestreuen und servieren.

6

Maccheroni gratiniert mit Zucchini

Für die Béchamelsauce die Butter in einem Topf schmelzen lassen, das Mehl unter ständigem Rühren dazugeben, salzen, pfeffern und mit der Milch aufgießen. So lange kochen, bis eine cremige Masse entsteht, mit etwas Muskatnuss abschmecken. Wenn die Sauce abgekühlt ist, das Eigelb unterrühren.
Zwiebel, Karotte und Sellerie schälen bzw. waschen und in sehr kleine Würfelchen schneiden. Die Zucchini waschen und in dünne Scheiben schneiden. 3 EL Olivenöl in einer Pfanne erhitzen und die Zwiebel-, Sellerie- und Karottenwürfelchen darin ca. 10 Minuten anbraten, erst dann die Zucchini dazugeben. Alles noch einmal 10 Minuten garen. Salzen, pfeffern und mit der Brühe aufgießen und zugedeckt weitere 8 Minuten dünsten.
Die Maccheroni in Salzwasser al dente kochen, abseihen und mit dem gedünsteten Gemüse und der in kleine Würfel geschnittenen Mozzarella vermengen, mit fein gehacktem Basilikum bestreuen. Die Maccheroni jetzt in eine feuerfeste, ausgebutterte und mit Semmelbröseln ausgestreute Form geben. Die Béchamelsauce gleichmäßig darübergießen und im Ofen bei 220 °C ca. 15 Minuten überbacken.

- ***350 g Maccheroni***
- ***300 g Zucchini***
- ***1 kleine Zwiebel***
- ***1 kleine Karotte***
- ***1 Selleriestange***
- ***1 Bund Basilikum***
- ***1 Eigelb***
- ***30 g Butter***
- ***20 g Mehl***
- ***2 Gläser Milch***
- ***150 g Mozzarella***
- ***Fleisch- oder Gemüsebrühe***
- ***Semmelbrösel***
- ***4 EL Parmesan, gerieben***
- ***Muskatnuss***
- ***Olivenöl***
- ***Salz, Pfeffer***

7

Penne mit Kirschtomaten und Paprikaschoten

- *350 g Penne*
- *350 g Kirschtomaten*
- *3 kleine Paprikaschoten (gelb, rot, grün)*
- *1 kleines Bund Pfefferminze*
- *2 Knoblauchzehen*
- *Tabasco*
- *Schafskäse (Pecorino)*
- *Salz, Pfeffer*

Den Backofen auf 220 °C vorheizen. Die gewaschenen, ganzen Paprikaschoten in eine feuerfeste Form legen und mit Wasser übergießen (das Wasser sollte etwa 2 cm hoch stehen). Im Backofen so lange garen – dabei ab und an wenden –, bis sich die Haut löst. Die Paprikaschoten aus dem Ofen nehmen und in einem Plastikbeutel etwas auskühlen lassen. Dann häuten, putzen und in Streifen schneiden.
In einer Pfanne 4–5 EL Olivenöl erhitzen und die zerquetschten Knoblauchzehen darin goldgelb anbraten. Die halbierten Kirschtomaten dazugeben und kurz mitkochen (sie sollten nicht zerfallen). Vom Feuer nehmen und die Paprikastreifen sowie die gezupften Minzeblättchen vorsichtig untermischen. Mit Salz, Pfeffer und einigen Spritzern Tabasco würzen.
Penne in Salzwasser al dente kochen, abseihen und mit der Sauce vermengen. Den Schafskäse darüber reiben und mit Minzeblättern dekoriert servieren.

8

kaltes Sommerrezept

Spaghetti mit frischen Tomaten

- *350 g Spaghetti*
- *350 g sehr reife Tomaten*
- *1 Bund Basilikum*
- *1 Knoblauchzehe*
- *Parmesan, gerieben*
- *Olivenöl*
- *Salz, Peperoncino*

Die Tomaten halbieren, entkernen und ausdrücken. Anschließend in Würfel schneiden und zusammen mit den fein gehackten Knoblauchzehen in eine Schüssel geben. Die Basilikumblätter zerkleinern und mit 4 EL Parmesan und 4 EL Olivenöl zu den Tomaten geben, mit Salz und Peperoncino abschmecken.
Die Spaghetti in Salzwasser al dente kochen, abseihen und gut mit den Tomaten vermengen.

Spaghetti mit getrockneten Tomaten

9

Die Zwiebel in kleine Würfelchen schneiden und in 5 EL Olivenöl anschwitzen. Die in Streifen geschnittenen Tomaten und den Balsamicoessig dazugeben, mit Salz und Pfeffer abschmecken. Die Basilikumblätter grob hacken und untermischen.
Spaghetti in Salzwasser al dente kochen, abseihen und zur Sauce geben, gut verrühren. Mit geriebenem Parmesan oder Pecorino servieren.

- *350 g Spaghetti*
- *1 rote Zwiebel*
- *1 Handvoll getrocknete Tomaten in Öl*
- *1 Bund Basilikum*
- *3 EL Balsamicoessig*
- *Parmesan oder Schafskäse (Pecorino)*
- *Olivenöl*
- *Salz, Pfeffer*

Spaghetti mit Tomaten, Oliven und Rucola

10

In einer großen Pfanne 3 EL Olivenöl erhitzen, die angedrückten Knoblauchzehen goldgelb anbraten, den Peperoncino kurz erwärmen und die Knoblauchzehen wieder entfernen. Die Kirschtomaten halbieren und mit den Oliven in die Pfanne geben. Alles zu einer dicken Sauce einkochen lassen. Mit Salz abschmecken. Inzwischen die Spaghetti in Salzwasser al dente kochen, abseihen und zur Sauce geben. Gut vermengen und mit schwarzem Pfeffer aus der Mühle würzen. Die Nudeln auf Tellern anrichten und großzügig mit Rucola dekorieren.

- *350 g Spaghetti*
- *1–2 Knoblauchzehen*
- *1 kleiner Peperoncino*
- *250 g Kirschtomaten*
- *1 Handvoll Oliven, entsteint*
- *3 Handvoll Rucola*
- *Olivenöl*
- *Salz, Pfeffer*

11

Spaghetti mit Tomatensauce

- *350 g Spaghetti*
- *250 g Tomaten (aus der Dose oder frische Fleischtomaten)*
- *5–6 Basilikumblätter*
- *½ Zwiebel*
- *1 Knoblauchzehe*
- *Parmesan, gerieben*
- *Olivenöl*
- *Salz, Peperoncino*
- *Zucker*

Die fein gehackte Zwiebel und die leicht angedrückte Knoblauchzehe in 3 EL Olivenöl goldgelb anschwitzen, die zerkleinerten Tomaten (frische Tomaten müssen geschält und entkernt werden) und die Basilikumblätter dazugeben. Alles zugedeckt 15 Minuten auf mittlerer Flamme köcheln lassen. Mit Salz und Peperoncino abschmecken und eine Messerspitze Zucker hinzugeben, weitere 15 Minuten garen. Wenn noch zu viele Tomatenstücke in der Sauce sein sollten, kann man diese mit einer Gabel zerdrücken.
Die Spaghetti in Salzwasser al dente kochen, abseihen und mit der Tomatensauce vermischen. Mit geriebenem Parmesan servieren.

12

Spaghetti mit Zucchiniblüten

- *350 g Spaghetti*
- *200 g Zucchiniblüten*
- *200 g Tomaten*
- *1 Zwiebel*
- *1 Briefchen Safran*
- *1 kleines Bund Petersilie, fein gehackt*
- *Olivenöl*
- *Parmesan, gerieben*
- *Salz, Pfeffer*

Die Zwiebel sehr fein würfeln und in 3 EL Olivenöl anschwitzen. Die Tomaten schälen, entkernen und in kleine Würfel schneiden, in einem Topf mit 2 EL Olivenöl ca. 15 Minuten dünsten lassen. Von den Zucchiniblüten den Stiel und den Blütenstempel entfernen, sehr vorsichtig waschen und mit Küchenpapier trocken tupfen, in vier Teile schneiden und zu den Zwiebelwürfeln geben. Die Safranfäden in etwas warmem Wasser auflösen und untermischen. Mit Salz und Pfeffer abschmecken.
Die Spaghetti in Salzwasser al dente kochen, abseihen und in eine vorgewärmte Schüssel geben, mit den Zucchiniblüten, den Tomaten und der fein gehackten Petersilie gut vermischen. Den geriebenen Parmesan separat reichen.

Stracci mit Zucchiniblüten und Lauchzwiebeln

13

Bei den Zucchiniblüten den Stiel und den Blütenstempel entfernen, sehr vorsichtig waschen und mit Küchenpapier trocken tupfen. 12 Blüten ganz lassen und beiseitelegen, die restlichen klein schneiden. Die Lauchzwiebeln klein schneiden und in 3 EL Olivenöl glasig anschwitzen. Die Zucchiniblüten dazugeben, mit Salz und Pfeffer abschmecken und ca. 3–4 Minuten unter gelegentlichem Umrühren garen.
Die Stracci in Salzwasser al dente kochen, abseihen (sie müssen nicht ganz abgetropft sein) und zur Sauce geben. Die ganzen Zucchiniblüten, die fein gehackte Petersilie und 1 EL Parmesan unterheben, kurz ziehen lassen und servieren.

- ***350 g Stracci***
- ***40 Zucchiniblüten***
- ***2 Lauchzwiebeln***
- ***1 Stängel Petersilie, fein gehackt***
- ***1 EL geriebener Parmesan***
- ***Olivenöl***
- ***Salz, Pfeffer***

Tagliatelle mit Zucchini und Zucchiniblüten

14

In einer Pfanne 3 EL Olivenöl erhitzen, die Zwiebeln und die angedrückten Knoblauchzehen darin anschwitzen, die Knoblauchzehen wieder herausnehmen. Die Tomaten waschen und in Würfel schneiden. Die Zucchiniblüten und Zucchini vorsichtig waschen, trocken tupfen, Stiele und Blütenstempel entfernen und in Streifen schneiden. In die Pfanne zu den Zwiebeln geben, mit Salz und Pfeffer würzen und kurz braten.
Die Tagliatelle in Salzwasser al dente kochen, abseihen und zur Zucchinisauce geben. Auf vorgewärmten Tellern anrichten, mit der gehackten Petersilie und Parmesanspänen bestreuen.

- ***350 g Tagliatelle***
- ***8 Zucchiniblüten***
- ***2 kleine feste Zucchini***
- ***1 EL Zwiebeln, fein gehackt***
- ***2 Knoblauchzehen***
- ***2 Fleischtomaten***
- ***1 Stängel Petersilie, fein gehackt***
- ***Parmesanspäne***
- ***Olivenöl***
- ***Salz, Pfeffer***

15

Ziti mit Zucchini und Rucola

- ***350 g Ziti***
- ***4 Zucchini***
- ***3 reife Tomaten***
- ***1 Zwiebel, gehackt***
- ***1 Knoblauchzehe***
- ***1 Handvoll Rucola***
- ***1 Thymianzweig***
- ***Olivenöl***
- ***Salz, Pfeffer***

Die Tomaten schälen, entkernen und klein schneiden, die Zucchini würfeln.
In einer Pfanne 2 EL Olivenöl erhitzen und die gehackte Zwiebel sowie die angedrückte Knoblauchzehe goldgelb darin anschwitzen. Die Zucchiniwürfel und den zerpflückten Rucola dazugeben, kurz mitbraten. Die Knoblauchzehe wieder entfernen. Die Tomatenwürfel in die Pfanne geben und kurz garen. Alles mit Salz, Pfeffer und Thymianblättchen abschmecken.
Die Ziti in Salzwasser al dente kochen, abgießen und gut mit dem Gemüse vermengen. Auf vorgewärmten Tellern servieren.

16

Bucatini mit gefüllten Zwiebeln

- ***350 g Bucatini***
- ***4 mittelgroße weiße Zwiebeln***
- ***4 Scheiben Rohschinken***
- ***1 Rosmarinzweig***
- ***Parmesan, gerieben***
- ***Olivenöl***
- ***Salz, Pfeffer***

Die Zwiebeln schälen und 10 Minuten in Salzwasser kochen, in Eiswasser abkühlen und halbieren. Die Zwiebelhälften so aushöhlen, dass die beiden äußersten Schichten übrig bleiben. Den Rest klein schneiden und mit Parmesan, Salz, Pfeffer, etwas Olivenöl und den fein gehackten Rosmarinnadeln vermischen. Die Zwiebelhälften mit dieser Masse füllen, die Schinkenscheiben halbieren und auf die gefüllten Zwiebeln legen. Die Zwiebelhälften auf ein mit Backpapier ausgelegtes Blech stellen und mit Olivenöl beträufeln. Bei 180 °C ca. 25 Minuten im Ofen backen. Abkühlen lassen und vierteln.
Die Bucatini in Salzwasser al dente kochen, abseihen und vorsichtig mit den Zwiebelvierteln vermengen, mit einigen Rosmarinnadeln dekorieren.

Cellentani mit Porree- und Kartoffelsauce

17

Den Porree putzen und das Grüne entfernen, in dünne Scheiben schneiden. Die geschälten Kartoffeln in Würfel schneiden und zusammen mit dem Porree in 3 EL Olivenöl anbraten. Mit Gemüsebrühe aufgießen, salzen und pfeffern und bei mittlerer Hitze 20–25 Minuten dünsten. Anschließend alles im Mixer pürieren und so lange einkochen, bis eine dickliche Sauce entsteht. Mit Salz abschmecken. Den Sellerie waschen und grob schneiden, den Mohn in einer beschichteten Pfanne ohne Fett anrösten.
Die Cellentani in Salzwasser al dente kochen, abseihen und mit der Porreecreme, dem rohen Sellerie und 1 EL gerösteten Mohn vermischen. Auf Tellern anrichten und mit dem restlichen Mohn bestreut servieren.

- *350 g Cellentani*
- *3 Porreestangen*
- *100 g Kartoffeln*
- *1 Stange Sellerie (nur der innere gelbe Teil)*
- *1 Tasse Gemüsebrühe*
- *2 EL Mohn*
- *Olivenöl*
- *Salz, Pfeffer*

Conchigliette mit Selleriepesto und Nüssen

kaltes Sommerrezept

18

Die Sellerieblätter zusammen mit dem Parmesan, der geschälten Knoblauchzehe, der Petersilie, einer Prise Salz, etwas Pfeffer, den Nüssen und 5 EL Olivenöl im Mixer cremig pürieren. Die Selleriestange waschen, putzen und in Würfel schneiden.
Die Conchigliette in Salzwasser al dente kochen und abgießen, dabei etwas Nudelwasser auffangen. Das Selleriepesto mit einer Kelle Nudelwasser verdünnen. Die Nudeln mit dem Pesto vermengen und abkühlen lassen. Mit Selleriewürfelchen und gehobeltem Schafskäse servieren.

- *350 g Conchigliette*
- *1 Stange Sellerie*
- *80 g Nüsse, ohne Schale*
- *1 kleines Bund Petersilie*
- *1 Knoblauchzehe*
- *30 g Parmesan, gerieben*
- *20 g frischer sardischer Schafskäse*
- *Olivenöl*
- *Salz, Pfeffer*

19

Farfalle mit Porree

- *350 g Farfalle*
- *600 g Porreestangen*
- *70 g Taleggio (Weichkäse)*
- *4 EL Parmesan, gerieben*
- *Olivenöl*
- *Salz, Pfeffer*

Den Porree putzen, waschen und den grünen Teil entfernen. In dünne Scheiben schneiden und in einer Pfanne mit 4 EL Olivenöl 20 Minuten zugedeckt dünsten lassen. Mit Salz abschmecken. Den Taleggio in kleine Würfel schneiden und in eine feuerfeste Schüssel geben, auf den Kochtopf mit den Nudeln stellen (Vorsicht: Die Flamme zurückschalten, damit das Wasser nicht überkocht!).
Die Farfalle al dente kochen, abseihen und mit dem Porreegemüse vermengen, kurz ziehen lassen und dann zum Taleggio geben. Großzügig mit Pfeffer aus der Mühle würzen, gut verrühren und sofort servieren.

20

Pappardelle mit roten Zwiebeln

- *1 kg rote Zwiebeln*
- *1 kg reife Tomaten*
- *1 EL Olivenöl*
- *1 Karotte, in Würfel geschnitten*
- *50 g Bauchspeck, in Würfel geschnitten*
- *1 Peperoncino*
- *1 EL Semmelbrösel*
- *Salz*

Die Zwiebeln schälen und fein hacken. Die Tomaten ebenfalls schälen, entkernen und in Würfel schneiden. Die fein gehackten Zwiebeln in 3 EL Olivenöl dünsten, dann die Karotten-, Tomaten- und Speckwürfel sowie den Peperoncino dazugeben. Salzen und mit Semmelbröseln bestreuen. Im vorgeheizten Backofen bei 150 °C 40 Minuten garen. Die Zwiebeln während dieser Zeit immer wieder umrühren, wenn nötig, mit etwas Wasser aufgießen. Danach die Zwiebelsauce noch 20 Minuten im abgeschalteten Backofen ruhen lassen.
Die Pappardelle in Salzwasser al dente kochen, abseihen und mit der Zwiebelsauce vermischen. Auf Tellern anrichten und servieren.

Reginette mit Safran-Zwiebel-Creme

21

Die Zwiebeln schälen, halbieren und in sehr dünne Scheiben schneiden. Den Rohschinken in dünne Streifen schneiden. In einem Topf 3 EL Olivenöl erhitzen und die Zwiebeln darin auf kleiner Flamme glasig dünsten, salzen. Den Safran und 1 Kelle warmes Wasser dazugeben. Zugedeckt 20 Minuten auf kleinster Flamme köcheln lassen. Gegen Ende der Garzeit die Schinkenstreifen hinzufügen und alles bei größerer Hitze kurz einkochen lassen.
Die Artischocken putzen, die äußeren Blätter entfernen, in Viertel schneiden, das „Heu" entfernen und bis zum Frittieren ins Zitronenwasser legen. Olivenöl erhitzen und die Artischocken darin frittieren. Kurz bevor die Nudeln gar sind, die Artischocken zur Zwiebelsauce geben und erwärmen.
Reginette in Salzwasser al dente kochen, abgießen und gut mit der Sauce vermengen. Sofort servieren.

- ***350 g Reginette***
- ***2 weiße Zwiebeln***
- ***2 Scheiben Rohschinken***
- ***3 Artischocken***
- ***½ TL Safranfäden***
- ***Olivenöl***
- ***Salz***

Rigatoni mit Sellerie

kaltes Sommerrezept

22

Die Karotten schälen, nicht zu fein raspeln und in eine Schüssel geben. Die Selleriestangen (ohne Blätter) waschen, abtrocknen, klein schneiden und dazugeben. Den Thunfisch (Öl vorher abtropfen lassen) zerpflücken und zusammen mit der fein gehackten Knoblauchzehe, dem Saft von 2 Zitronen, der Schale von 1 Zitrone, 4 EL Olivenöl, Salz und frisch gemahlenem Pfeffer zu den Karotten geben, gut vermengen und 1 Stunde kühl stellen.
Die Rigatoni in Salzwasser al dente kochen, abgießen und abkühlen lassen. Dann zur Gemüse-Thunfisch-Sauce geben und gut verrühren. Mit Kapern und Basilikumblättern dekorieren.

- ***350 g Rigatoni***
- ***2 Stangen Sellerie***
- ***1 Dose Thunfisch, in Öl***
- ***4 Karotten***
- ***2 Zitronen, unbehandelt***
- ***2 EL Kapern***
- ***1 Knoblauchzehe***
- ***1 Stängel Basilikum***
- ***Olivenöl***
- ***Salz, Pfeffer***

23

Spaghetti mit Zwiebeln und Brie

- *350 g Spaghetti*
- *1 kg rote Zwiebeln*
- *1 Schalotte, fein gehackt*
- *200 g Brie (Weichkäse)*
- *1 Bund Petersilie, fein gehackt*
- *½ Tasse Fleisch- oder Gemüsebrühe*
- *Olivenöl*
- *Salz, Pfeffer*

Die fein gehackte Schalotte in einer Pfanne mit 4 EL Olivenöl goldgelb anschwitzen. Dann die ebenfalls sehr fein gewürfelten roten Zwiebeln dazugeben, mit der Brühe aufgießen und zugedeckt ca. 15 Minuten auf mittlerer Flamme dünsten lassen. Mit Salz und Pfeffer würzen.

Die Spaghetti in Salzwasser al dente kochen, abseihen und zur Zwiebelsauce geben. Den in kleine Würfel geschnittenen Brie hinzufügen, gut vermischen und schmelzen lassen. Mit der fein gehackten Petersilie bestreuen und sofort servieren.

24

Tagliatelle mit Knoblauchgemüse

- *350 g Tagliatelle*
- *400 g Kirschtomaten*
- *1 Knoblauchzehe, fein gehackt*
- *1 Bund Knoblauchgemüse*
- *1 Stängel Basilikum*
- *Olivenöl*
- *Salz, Pfeffer*

Die gewaschenen Tomaten halbieren und in eine feuerfeste Form legen. Die fein gehackte Knoblauchzehe und etwas Olivenöl darübergeben und mit einer Prise Salz würzen. 20 Minuten im Backofen bei 170 °C garen. In der Zwischenzeit das Knoblauchgemüse waschen und in 2 cm große Stücke schneiden. Das Gemüse in 2 EL Olivenöl auf mittlerer Flamme garen, dabei oft umrühren und je nach Bedarf ein paar Esslöffel Wasser hinzufügen. Mit Salz abschmecken. Die Tomaten und die in Streifen geschnittenen Basilikumblätter dazugeben und vorsichtig umrühren. Zum Gemüse 2–3 Gläser Wasser zugießen und noch einmal 2 Minuten köcheln lassen.

Die Tagliatelle in Salzwasser al dente kochen, abseihen und zur Gemüsesauce geben, mit Pfeffer abschmecken und mit einem Schuss Olivenöl beträufeln. Mit Basilikumblättern dekoriert servieren.

Tagliolini mit Kaviar und Orangen-Porree-Gemüse

25

Die Orange waschen und abtrocknen. Mithilfe eines Sparschälers von einer Hälfte sehr dünn die Schale abschälen (an den Schalen sollte keine weiße Haut sein), in feine Streifen schneiden und kurz blanchieren. Den Porree waschen und putzen, in feine Streifen schneiden und in einer Pfanne mit 2 EL Olivenöl auf mittlerer Flamme weich dünsten. Mit Salz abschmecken. Die Orange auspressen und den Saft zum Gemüse geben. Auf die Hälfte einkochen lassen und den Sauerrahm einrühren, vom Feuer nehmen und mit Salz und Pfeffer würzen.
Die Tagliolini knapp 3 Minuten in der Gemüsebrühe kochen. Abgießen, aber nicht zu stark abtropfen lassen und zur Sauce geben. Alles gut vermengen und auf Teller verteilen. Mit den blanchierten Orangenstreifen und dem Kaviar garnieren.

- ***500 g Eier-Tagliolini***
- ***20 g Kaviar***
- ***100 g Sauerrahm***
- ***2 l Gemüsebrühe***
- ***1 Orange (unbehandelt)***
- ***1 Porreestange***
- ***Olivenöl***
- ***Salz, weißer Pfeffer***

Fusilli mit Fenchel und Zucchini

26

Fenchel und Zucchini waschen, putzen und in feine Scheiben schneiden. 1 EL Butter und 2 EL Olivenöl in einer Pfanne erhitzen. Darin das zerkleinerte Gemüse bei mittlerer Hitze anschwitzen. Mit der Gemüsebrühe aufgießen und bissfest dünsten. Die fein gehackte Zwiebel unter das Gemüse rühren und alles noch einmal 3–5 Minuten durchziehen lassen.
Fusilli in Salzwasser al dente kochen, abgießen und zum Gemüse geben. 1 EL Butter unterrühren. Auf Tellern anrichten und mit Pfeffer aus der Mühle und geriebenem Parmesan bestreuen.

- ***350 g Fusilli***
- ***2 Fenchelknollen***
- ***2 Zucchini***
- ***1 Zwiebel, fein gehackt***
- ***2 EL Butter***
- ***½ Tasse Gemüsebrühe***
- ***Olivenöl***
- ***Salz, Pfeffer***
- ***Parmesan***

27

Fusilli mit gefüllten Artischocken und Spinat

- *350 g Fusilli*
- *4 Artischocken*
- *200 g frischer Blattspinat (Babyspinat)*
- *1 Tasse Gemüsebrühe*
- *1 Stängel Petersilie*
- *½ Glas trockener Weißwein*
- *Saft von 1 Zitrone*
- *100 g Semmelbrösel*
- *1 Knoblauchzehe*
- *2 EL Parmesan, gerieben*
- *Olivenöl*
- *Salz, Pfeffer*

Für die gefüllten Artischocken die Artischocken putzen, dazu die äußeren Blätter entfernen, 3–4 cm von den Spitzen abschneiden und das Heu mit einem Löffel herausholen. Die Stiele knapp unterhalb der Blüte abschneiden und schälen. Die Artischocken und die Stiele in Zitronenwasser legen. In einem großen Topf Wasser zum Kochen bringen, salzen. Artischocken und Stiele darin ca. 15 Minuten kochen. Anschließend abgießen und auskühlen lassen. Die Stiele zusammen mit 100 g Semmelbrösel, 1 Knoblauchzehe, den Blättern von einem Stängel Petersilie, 1 EL geriebenen Parmesan, 2 EL Olivenöl, Salz und Pfeffer im Mixer pürieren. Die Artischocken mit dieser Masse füllen, mit dem restlichen Parmesan bestreuen und in eine feuerfeste Form setzen. Mit ½ Glas trockenem Weißwein und 3 EL Olivenöl begießen und im Ofen bei 180 °C ca. 30 Minuten garen. Die Artischocken dabei ab und zu mit ihrem eigenen Saft oder Gemüsebrühe übergießen.
Fusilli in Salzwasser al dente kochen. Ungefähr 2 Minuten vor Ende der Garzeit die Spinatblätter zu den Nudeln geben und mitkochen lassen. Abgießen und auf Tellern anrichten. Eine Artischocke anlegen und mit der Artischockensauce beträufeln. Geriebenen Parmesan separat reichen.

Maccheroni gratiniert mit Auberginen

28

Auberginen in sehr dünne Scheiben schneiden. Die fein gehackte Zwiebel in 2 El Olivenöl anschwitzen, die Auberginen hinzufügen, salzen und pfeffern. Mit der Gemüsebrühe aufgießen und zugedeckt auf kleiner Flamme ziehen lassen.
Die Maccheroni al dente kochen, abgießen und zu den Auberginen geben. Die Mozzarella in Würfel schneiden und unter die Nudeln rühren. Alles in eine feuerfeste Form geben. Den geriebenen Parmesan mit der Milch oder der Sahne vermischen und über die Maccheroni gießen. Bei 180 °C im Backofen ca. 10 Minuten gratinieren.

- ***350 g Maccheroni***
- ***800 g Auberginen***
- ***130 g Mozzarella***
- ***40 g Parmesan, gerieben***
- ***1 Glas Milch oder 3 EL Sahne***
- ***1 Zwiebel, fein gehackt***
- ***½ l Gemüsebrühe***
- ***Salz, Pfeffer***

Maltagliati mit Gemüse

29

Die Auberginen und die Zucchini in dünne Scheiben schneiden. Die Scheiben dann halbieren. Die Tomaten grob schneiden und beiseitestellen.
Die Auberginen und die Zucchini in Olivenöl auf beiden Seiten anbraten, mit Salz, Pfeffer, Basilikum und grob gehacktem Oregano bestreuen, mit Olivenöl beträufeln und kalt stellen.
Die Maltagliati in Salzwasser al dente kochen, abseihen und gut mit dem Gemüse vermischen.
Die zerdrückte Knoblauchzehe in einer Pfanne mit 1 EL Olivenöl goldgelb anschwitzen, die Tomatenstücke dazugeben und ein paar Minuten auf großer Flamme erwärmen, den Knoblauch wieder entfernen. Zu den Nudeln geben, Ricotta in kleine Portionen dazugeben und vorsichtig vermengen, sofort servieren.

- ***350 g Maltagliati***
- ***2 Auberginen***
- ***2 Zucchini***
- ***2 Strauchtomaten***
- ***200 g Ricotta (frisch)***
- ***10 große Basilikumblätter***
- ***1 kleines Bund Oregano (frisch)***
- ***1 Knoblauchzehe***
- ***Olivenöl***
- ***Salz, Pfeffer***

30

kaltes Sommerrezept

Nuvole mit Auberginen und Mozzarella

- *350 g Nuvole*
- *600 g Auberginen*
- *8 Zucchiniblüten*
- *200 g Mozzarella*
- *30 g entsteinte Oliven (z. B. aus Ligurien)*
- *½ EL Oregano*
- *1 EL Kapern*
- *1 Bund Schnittlauch*
- *Olivenöl*
- *Salz*
- *Öl zum Frittieren*

Die gewaschenen und geputzten Auberginen in kleine Würfel schneiden und 3–5 Minuten im heißen Öl frittieren. Auf Küchenpapier abtropfen und auskühlen lassen, anschließend salzen. Die Zucchiniblüten von Stiel und Blütenstempel befreien und grob schneiden. Die Kapern waschen, trocken tupfen und mit fein gehacktem Schnittlauch, Oregano, Oliven und 2 EL Olivenöl vermengen.
Die Nuvole in Salzwasser al dente kochen, abseihen und mit der Kapern-Kräuter-Mischung vermengen. Nach dem Auskühlen in Würfel geschnittene Mozzarella, Zucchiniblüten und Auberginenwürfel dazugeben und vorsichtig verrühren. Mit Salz und Pfeffer abschmecken und vor dem Servieren eine halbe Stunde durchziehen lassen.

31

Orecchiette mit Fenchel

- *350 g Orecchiette*
- *2 Fenchelknollen*
- *1 Knoblauchzehe*
- *1 Zitrone (unbehandelt)*
- *50 g geriebenes Brot*
- *30 g Schafskäse, gerieben*
- *Peperoncino (Pulver)*
- *Olivenöl*
- *Salz*

Die Fenchelknollen in Scheiben schneiden. Den Knoblauch andrücken und in 5 EL Olivenöl goldgelb anschwitzen, anschließend herausnehmen. Die Fenchelscheiben zum Öl geben und 5 Minuten dünsten lassen. Mit dem Saft einer halben Zitrone ablöschen und salzen. Den Fenchel herausnehmen und warm stellen. In derselben Pfanne das grob geriebene Brot knusprig rösten, den Fenchel wieder dazugeben und die Schale der anderen Zitronenhälfte sowie eine Prise Peperoncino untermischen. Ein paar Minuten ziehen lassen.
Die Orecchiette in Salzwasser al dente kochen, abseihen und zur Sauce geben. Mit geriebenem Schafskäse bestreuen und servieren.

Spaghetti mit Artischocken

32

Von den Artischocken die äußeren, harten Blätter entfernen, die Spitzen abschneiden, halbieren und das Heu entfernen. Die Artischockenherzen kurz in Zitronenwasser legen, abtrocknen und in dünne Spalten schneiden. Die zerdrückte Knoblauchzehe und die fein gehackte Petersilie in Olivenöl leicht anbraten. Die Artischocken hinzufügen und 5 Minuten braten. Mit lauwarmem Wasser aufgießen und zugedeckt weitere 10 Minuten garen. Die Kirschtomaten halbieren, zu den Artischocken geben und alles noch einmal 5 Minuten garen. Mit Salz und Pfeffer abschmecken. In der Zwischenzeit die Spaghetti al dente kochen, abgießen und mit der Artischockensauce vermischen, mit Pfeffer aus der Mühle würzen. Vor dem Servieren mit fein gehackter Petersilie und Parmesan bestreuen.

- ***350 g Spaghetti***
- ***6 Artischocken***
- ***100 g Kirschtomaten***
- ***80 g Parmesan***
- ***1 Knoblauchzehe***
- ***1 Zitrone***
- ***Petersilie***
- ***Salz, Pfeffer***
- ***Olivenöl***

Stracci mit Auberginen und Kichererbsen

33

Die Auberginen waschen und in Stücke schneiden, mit grobem Salz bestreuen und in einem Sieb ca. 30 Minuten ziehen lassen. Erneut waschen und mit Küchenpapier trocken tupfen. Den fein geschnittenen Knoblauch in einer Pfanne mit 3 EL Olivenöl anbraten, Auberginen hinzufügen und bei mittlerer Hitze 5 Minuten braten, dabei des Öfteren umrühren. Die abgetropften Kichererbsen dazugeben und weitere 5 Minuten garen. Das Gemüse vom Feuer nehmen, salzen und großzügig pfeffern. Warm stellen. Die Stracci in Salzwasser al dente kochen, abseihen und mit dem Gemüse vermengen, dann den Joghurt untermischen und mit der klein gehackten Minze bestreuen.

- ***350 g Stracci***
- ***250 g Kichererbsen, aus der Dose***
- ***200 g Joghurt***
- ***2 Auberginen***
- ***2 Knoblauchzehen***
- ***1 Bund frische Minze***
- ***Olivenöl***
- ***Salz, Pfeffer***

34

Bavette mit Auberginen

- *350 g Bavette*
- *2 große feste Auberginen*
- *1 l Sonnenblumenöl*
- *1 kg reife Tomaten*
- *3 EL Olivenöl*
- *4 Knoblauchzehen*
- *2 Paprikaschoten*
- *20 Basilikumblätter, in Streifen geschnitten*
- *4 EL Parmesan, gerieben*
- *1 Mozzarella*
- *Salz*

Die Auberginen in 1 cm dicke Scheiben schneiden. In einer Pfanne das Sonnenblumenöl erhitzen und die Auberginenscheiben pro Seite 2 Minuten frittieren, herausnehmen und auf Küchenpapier abtropfen lassen. Leicht salzen. Die geschälten und entkernten Tomaten in kleine Stücke schneiden. Die Paprikaschoten halbieren, Samenstände und weiße Häutchen entfernen und in dünne Streifen schneiden. Das Olivenöl in einer Pfanne erhitzen und darin die zerdrückten Knoblauchzehen goldgelb anbraten, dann Tomaten, Paprikaschoten und die Hälfte der in Streifen geschnittenen Basilikumblätter hinzufügen. Salzen und ca. 10 Minuten garen.
Die Bavette in Salzwasser al dente kochen, abseihen und mit der Hälfte der Sauce vermengen, den geriebenen Parmesan untermischen.
Einen Teil der Auberginenscheiben nebeneinander auf ein mit Backpapier ausgelegtes Blech legen. Die zu kleinen Nestern aufgerollten Bavette daraufsetzen und mit zwei Auberginenscheiben abdecken, sodass ein „Sandwich“ entsteht. Die „Nester“ mit der restlichen Sauce, mit kleinen Stückchen Mozzarella und zerkleinerten Basilikumblättern belegen und im Backofen bei 180 °C kurz überbacken. Sollten noch frittierte Auberginen übrig sein, kann man diese dazu servieren.

Bucatini mit Brokkoli nach sizilianischer Art

35

Brokkoli waschen und die Röschen vom Stiel schneiden. In Salzwasser bissfest kochen, das Kochwasser aufbewahren. Die angedrückten Knoblauchzehen in einer Pfanne mit 4 EL Olivenöl goldgelb anbraten, dann aus der Pfanne nehmen. Die Brokkoliröschen dazugeben und bei mittlerer Hitze vorsichtig und kurz erwärmen. Die in warmem Wasser eingeweichten Sultaninen ausdrücken und zusammen mit den Pinienkernen zum Brokkoli geben. Mit Salz und Pfeffer abschmecken.
Bucatini im Brokkolikochwasser al dente kochen, abseihen und mit Brokkoli, einem Schuss Olivenöl, Schafskäse und Parmesan vermischen. Sofort servieren.

- *350 g Bucatini*
- *300 g Brokkoliröschen*
- *20 g Pinienkerne*
- *20 g Sultaninen*
- *30 g Schafskäse, gerieben*
- *30 g Parmesan, gerieben*
- *3 Knoblauchzehen*
- *Salz, Pfeffer*
- *Olivenöl*

Maccheroni mit Blumenkohl und Rosinen

36

Die Blumenkohlröschen 8 Minuten in Salzwasser kochen, abgießen und das Kochwasser auffangen. Die Zwiebel fein hacken und in 4 EL Olivenöl goldgelb anrösten, den in einer ½ Tasse Wasser aufgelösten Safran dazugeben und zugedeckt 2 Minuten erhitzen. Den Blumenkohl vorsichtig in die Safransauce geben, mit Salz abschmecken und 2 Minuten garen.
Die Sardellenfilets waschen und abtrocknen. Die eingeweichten und abgetrockneten Rosinen zusammen mit den Pinienkernen in 2–3 EL Olivenöl leicht anrösten, die Sardellenfilets dazugeben und mit einer Gabel zerdrücken, die Blumenkohl-Safransauce vorsichtig hinzufügen und alles vom Feuer nehmen.
Die Maccheroni im Blumenkohlkochwasser al dente kochen, abseihen und vorsichtig mit der Sauce, zerkleinerten Basilikumblättern und geriebenem Schafskäse vermischen.

- *350 g Maccheroni*
- *500 g Blumenkohl*
- *50 g Rosinen*
- *50 g Pinienkerne*
- *1 Zwiebel, fein gehackt*
- *1 Stängel Basilikum*
- *1 Briefchen Safran*
- *2 Sardellenfilets aus der Dose*
- *3 EL Schafskäse, gerieben*
- *Olivenöl*
- *Salz*

37

Maccheroni mit Brokkoli und Sultaninen

- *350 g Maccheroni*
- *500 g Brokkoli*
- *50 g Sultaninen*
- *50 g Pinienkerne*
- *1 Zwiebel, fein gehackt*
- *1 Bund Basilikum*
- *1 Briefchen Safran*
- *2 Sardellenfilets aus der Dose*
- *1 EL Schafskäse, gerieben*
- *Olivenöl*
- *Salz*

Den Brokkoli waschen und die Röschen entfernen, diese 8 Minuten im Salzwasser kochen.
Zwiebel fein hacken und in 4 EL Olivenöl goldgelb dünsten, den in etwas warmen Wasser aufgelösten Safran beigeben und 2 Minuten zugedeckt erwärmen. Die gewaschenen Sultaninen, die Pinienkerne und die zerkleinerten Sardellenfilets beigeben. Den Brokkili hinzugeben und vorsichtig vermengen.
Die Maccheroni im aufgewärmten Brokkoliwasser al dente kochen, abseihen und in die Pfanne zur Soße schütten, den von Hand zerkleinerten Basilikum und den Schafskäse untermischen, gut verrühren und servieren.

38

Orecchiette mit Brokkoli

- *350 g Orecchiette*
- *800 g Brokkoli*
- *100 g Rohschinken, im Stück*
- *50 g Pinienkerne*
- *40 g Butter*
- *Parmesan, gerieben*
- *Olivenöl*
- *Salz, Pfeffer*

Die Brokkoli putzen und die Röschen kurz in Salzwasser garen, abgießen und Kochwasser auffangen. In einer Pfanne die Butter und 2 EL Olivenöl erhitzen, den Rohschinken in Würfel schneiden und darin knusprig braten. Die Pinienkerne dazugeben und mit Pfeffer würzen. Die Brokkoliröschen hinzufügen und mit 2–3 EL Brokkoli-Kochwasser aufgießen.
Die Orecchiette im Brokkoli-Kochwasser al dente kochen, abseihen und zur Brokkolisauce geben. Mit geriebenem Parmesan bestreut servieren.

Pappardelle mit Bohnencreme und Mangold

39

In einer Pfanne 2 EL Olivenöl erhitzen und darin die Hälfte der Schalottenwürfel, die fein geschnittene Selleriestange und den weißen Teil des Speckes einige Minuten braten.
Die Bohnen hinzufügen und einige Minuten dünsten, alles mit heißer Gemüsebrühe auffüllen (die Bohnen sollen bedeckt sein). Das Lorbeerblatt dazugeben und zugedeckt auf kleiner Flamme ca. 50 Minuten garen. Ab und zu mit einem Holzlöffel umrühren. Anschließend Lorbeerblatt und Speck entfernen und die Bohnen im Mixer cremig pürieren. Salzen, pfeffern und warm halten.
Die restlichen Schalottenwürfel zusammen mit dem in Würfel geschnittenen restlichen Speck in Olivenöl anschwitzen. Den in ca. 5 cm breite Streifen geschnittenen Mangold dazugeben und 10 Minuten kochen. Etwas salzen und pfeffern.
Die Pappardelle in Salzwasser al dente kochen, abgießen und mit der Bohnencreme und der Speck-Mangold-Mischung vermengen, großzügig mit Pfeffer aus der Mühle würzen und mit etwas Olivenöl beträufeln.

- ***350 g Pappardelle***
- ***250 g Borlotti-Bohnen, frisch oder aus der Dose***
- ***250 g Mangold oder Spinat***
- ***2 Schalotten, feine Würfel***
- ***1 Stange Sellerie***
- ***1 dicke Scheibe Speck***
- ***1 Lorbeerblatt***
- ***1 Tasse Gemüsebrühe***
- ***Olivenöl***
- ***Salz, Pfeffer***

Rigatoni mit Brokkoli und Quark

40

Die geputzten Brokkoliröschen in Salzwasser ca. 8 Minuten kochen, die Rigatoni dazugeben und al dente kochen. In der Zwischenzeit den Quark in einer Schüssel gut mit 2 EL Sahne verrühren. Die Rigatoni und den Brokkoli dazugeben und vorsichtig mit 2 EL Olivenöl vermengen, mit Pfeffer aus der Mühle würzen.

- ***350 g Rigatoni***
- ***800 g Brokkoli***
- ***200 g Quark***
- ***2 EL Sahne***
- ***Olivenöl***
- ***Salz, Pfeffer***

41

Tagliatelle mit Erbsen

- *350 g Tagliatelle*
- *300 g Erbsen, frisch oder tiefgekühlt*
- *200 g gekochter Schinken*
- *½ Zwiebel, fein gehackt*
- *1 Knoblauchzehe*
- *Parmesan, gerieben*
- *5 EL Sahne*
- *Olivenöl*
- *Salz, Pfeffer aus der Mühle*

Die fein gehackte Zwiebel und die angedrückte Knoblauchzehe in 4 EL Olivenöl goldgelb braten. Den Knoblauch entfernen. Die Erbsen und den in feine Streifen geschnittenen Schinken dazugeben und auf kleiner Flamme so lange kochen lassen, bis die Erbsen weich sind. Die Sahne dazu geben und umrühren.
Die Tagliatelle in Salzwasser al dente kochen, abseihen und zur Erbsen-Schinken-Sauce geben. Gut vermengen und mit Salz und Pfeffer abschmecken. Den Parmesan unterrühren und servieren.

42

Maccheroni mit Spargel

- *350 g Maccheroni*
- *400 g Spargel*
- *60 g Parmesan, gerieben*
- *5 EL Sahne*
- *2 Eigelb*
- *Saft von ½ Zitrone*
- *2 EL Petersilie, fein gehackt*
- *Butter*
- *Salz, Pfeffer*

Den geschälten Spargel (man schält hier nur den unteren Teil) zusammenbinden und kurz in Salzwasser kochen. Abtropfen und in 4–5 cm lange Stücke schneiden. Butter erhitzen und den Spargel darin vorsichtig glasieren, warm stellen. In einer Schüssel die Eier mit der Sahne cremig schlagen, dann Zitronensaft und geriebenen Parmesan unterrühren. Mit Pfeffer aus der Mühle würzen, warm halten.
Die Maccheroni al dente kochen, abgießen und vorsichtig mit dem Spargel und der Eiersauce vermengen, mit Petersilie bestreuen und servieren.

Penne mit grünem Spargel und Ei

43

Vom Spargel nur das untere Ende schälen, zusammenbinden und 15 Minuten in Salzwasser kochen. Die Eier ca. 10 Minuten kochen und in kaltem Wasser abschrecken, pellen und halbieren. Das Eigelb herausnehmen. Butter in einer Pfanne zergehen lassen, den Spargel darin schwenken, salzen und pfeffern.
Die Penne in Salzwasser al dente kochen, abgießen und zum Spargel geben. Die Sahne darübergießen. Mit Parmesan und Pfeffer abschmecken und 5 Minuten ziehen lassen. Die Penne auf vorgewärmte Teller verteilen, das Eigelb durch ein Sieb streichen und darüberstreuen.

- ***350 g Penne***
- ***500 g grüner Spargel***
- ***4 Eier***
- ***4 EL Butter***
- ***3 EL Sahne***
- ***Parmesan, gerieben***
- ***Salz, Pfeffer***

Rigatoni mit Kürbis

44

Sellerie, Zwiebel und Kürbis in kleine Stücke schneiden und mit 100 g Butter und 3 EL Olivenöl in einer Pfanne auf kleiner Flamme kochen, bis das Kürbisfleisch weich ist. Die in Würfel geschnittenen Tomaten hinzufügen, mit Salz und Pfeffer abschmecken und die Sauce dick einkochen lassen.
Rigatoni in Salzwasser al dente kochen, abseihen und zur Kürbissauce geben. Die restlichen 20 g Butter und den geriebenen Parmesan dazugeben, gut vermengen und servieren.

- ***350 g Rigatoni***
- ***1 Zwiebel***
- ***1 Sellerieherz***
- ***1 kg Kürbisfleisch***
- ***120 g Butter***
- ***3 EL Olivenöl***
- ***6 reife mittelgroße Tomaten***
- ***4 EL Parmesan, gerieben***
- ***Salz, Pfeffer***

45

Rotelle mit gratinierter Kürbissauce im Kürbis

- *350 g Rotelle*
- *1 Kürbis, ca. 1 kg*
- *1 Schalotte*
- *½ Knoblauchzehe*
- *1 Karotte*
- *1 Stange Sellerie (weiß)*
- *1 EL Tomatenmark*
- *½ l Gemüsebrühe*
- *100 g Parmesan, gerieben*
- *1 TL Curry-Pulver*
- *Olivenöl*
- *Salz*

Vom Kürbis einen Hut abschneiden. Mit einem Löffel die Kerne herausholen. Das Kürbisfleisch bis auf eine 1 cm dicke Schicht herauskratzen und in Würfel schneiden. Den fein gehackten Knoblauch und die Schalotte in 3 EL Olivenöl anschwitzen, das in Würfel geschnittene Gemüse (Sellerie, Karotte) dazugeben und 5 Minuten dünsten lassen. Das Kürbisfleisch dazugeben, salzen und pfeffern und auf mittlerer Flamme weiterkochen. Curry-Pulver und Tomatenmark dazugeben und mit Gemüsebrühe aufgießen, weitere 10 Minuten garen. Alles mit dem Pürierstab zerkleinern.

Die Rotelle in Salzwasser al dente kochen, abseihen und zur Kürbiscreme geben. Den geriebenen Parmesan untermischen und alles in den ausgehöhlten Kürbis geben. Den Kürbis auf ein mit Backpapier ausgelegtes Blech stellen und im Backofen bei 190 °C 20 Minuten gratinieren. Den Kürbis herausnehmen, mit einem Sellerieblatt garnieren und so servieren.

46

Tagliatelle mit Garnelen und grünem Spargel

- *350 g Tagliatelle*
- *16 Garnelen*
- *12 grüne Spargelstangen, gekocht*
- *1 Porreestange, nur den weißen Teil*
- *1 kleines Gläschen Wodka*
- *3 EL Sahne*
- *Olivenöl*
- *Salz, Pfeffer*

Die Garnelen schälen, waschen und mit Küchenpapier abtupfen. Das Weiße vom Porree in dünne Scheiben schneiden. In einer breiten Pfanne 4 EL Olivenöl erhitzen und den Porree darin anschwitzen. Die Garnelen hinzufügen und kurz anbraten. Mit Wodka ablöschen und flambieren. Den Spargel in kleine Stücke schneiden und mit der Sahne dazugeben, vorsichtig verrühren.

Die Tagliatelle in Salzwasser al dente kochen, abseihen und vorsichtig mit der Sauce vermischen. Mit Pfeffer aus der Mühle würzen und sofort servieren.

Tagliatelle mit grünem Spargel

47

Vom Spargel nur das untere Drittel schälen, portionsweise zusammenbinden und in Salzwasser bissfest kochen. Abkühlen lassen und in 5 cm große Stücke schneiden. Die Butter auf kleiner Flamme erhitzen und den Spargel vorsichtig darin anschwitzen. Mit frisch gemahlenem Pfeffer würzen.
Die Tagliatelle in der Zwischenzeit in Salzwasser al dente kochen, abgießen und auf vorgewärmten Tellern anrichten. Mit der Spargelsauce begießen und mit Schnittlauchröllchen und geriebenem Parmesan garnieren.

- ***350 g Tagliatelle***
- ***500 g grüner Spargel***
- ***50 g Butter***
- ***1 kleines Bund Schnittlauch***
- ***Parmesan, gerieben***
- ***Salz, Pfeffer aus der Mühle***

Tagliatelle mit Kürbis

48

Das Kürbisfleisch in Würfel schneiden und in etwas Wasser weich kochen. Durch ein Sieb streichen und in 30 g zerlassener Butter leicht anbraten. Mit Salz, Pfeffer und etwas Muskatnuss würzen. Zum Schluss den geriebenen Parmesan und die Sahne unterrühren. Tagliatelle in Salzwasser al dente kochen, abseihen und gut mit der Kürbissauce vermengen. Die restliche Butter und etwas Parmesan unterrühren. Sofort servieren.

- ***350 g Tagliatelle***
- ***500 g Kürbis, ohne Schale***
- ***1 Glas Sahne oder Milch***
- ***60 g Butter***
- ***Parmesan, gerieben***
- ***Muskatnuss***
- ***Salz, Pfeffer***

49

Vollkornpenne mit Kürbis und Kresse

- *350 g Vollkornpenne*
- *400 g Kürbis, ohne Schale*
- *120 g Nüsse, ohne Schale*
- *20 g Kresse*
- *2 Schalotten*
- *80 g milder Weichkäse*
- *½ Knoblauchzehe*
- *Olivenöl*
- *Salz, Pfeffer*

Den Kürbis in kleine Würfel schneiden, die Schalotten und die Knoblauchzehe fein hacken, die Nüsse grob zerkleinern. In einer Pfanne 5 EL Olivenöl erhitzen, die Schalotten und den Knoblauch darin andünsten, ohne Farbe nehmen zu lassen. Nüsse und Kürbiswürfel dazugeben, zugedeckt 15 Minuten garen.
Die Penne in Salzwasser al dente kochen, abseihen und zur Kürbissauce geben, etwas Olivenöl darübergießen, den in feine Scheiben geschnittenen Käse und die geputzte und grob zerkleinerte Kresse hinzufügen. Alles vorsichtig vermengen. Mit Pfeffer aus der Mühle abschmecken. Wer es lieber würziger mag, kann die Kresse auch durch Rucola oder Radicchio ersetzen.

50

Vollkornspaghetti mit Avocado

- *320 g Vollkornspaghetti*
- *1 reife Avocado*
- *1 grüne Paprikaschote*
- *180 g Garnelen*
- *½ rote Zwiebel*
- *1 Zitrone*
- *Olivenöl*
- *Tabasco*
- *Zitronensaft*
- *Salz*

Avocado halbieren, den Kern entfernen und schälen. Das Fruchtfleisch in Würfel schneiden und mit Zitronensaft beträufeln, damit es sich nicht verfärbt. Die Zwiebel sehr fein hacken, die Paprikaschote halbieren und die Samenstände sowie die weißen Häutchen entfernen, in kleine Würfel schneiden. Die Garnelen schälen, in kleine Stücke schneiden und ganz kurz in 2 EL Olivenöl anbraten. Alle Zutaten in eine Schüssel geben und mit Salz und Tabasco würzen. Die Spaghetti in Salzwasser al dente kochen, abseihen und sehr vorsichtig mit der Sauce vermengen.

Tagliatelle mit Mohn und Nüssen

Süßspeise

51

Die Tagliatelle in Salzwasser al dente kochen.
Für die feste Béchamelsauce die Butter auf kleiner Flamme zerlassen, Mehl dazugeben und wenn es goldgelb wird, die warme Milch mit einem Schneebesen einrühren. Salzen. Eigelb, etwas geriebene Zitronenschale und die fein gehackten Nüsse verrühren, kurz erwärmen und über die Tagliatelle gießen. Alles gut verrühren. Das Eiweiß steif schlagen und vorsichtig unter die Nudelmasse heben. Die Hälfte der Masse in eine gebutterte Auflaufform geben, mit der Béchamelsauce begießen, dann die restlichen Nudeln darauf verteilen. Mohn, Milch, Zimt und Butter erwärmen, gut vermengen und auf den Tagliatelle verteilen. Im Backofen ca. 40 Minuten bei 180–200 °C backen. Mit Staubzucker bestreuen und warm servieren. Dazu passt sehr gut eine Kugel Vanilleeis oder Vanillesauce.

- ***400 g Tagliatelle***
- ***100 g Butter***
- ***4 Eigelb***
- ***4 Eiweiß***
- ***2 Tassen Milch***
- ***2 EL Mehl***
- ***1 Zitrone, unbehandelt***
- ***100 g Nüsse, fein gehackt***
- ***Salz***
- ***25 g Mohn***
- ***5 EL Milch***
- ***1 Msp. Zimt***
- ***50 g Butter***
- ***Staubzucker***

Tagliatelle mit Löwenzahn und Speck

52

Den Löwenzahn sehr gut waschen, abtrocknen und in 3–5 cm lange Streifen schneiden. Kleine Blütenknospen sind exzellent und können mit verwendet werden! Die Zwiebel und den Bauchspeck in kleine Würfel schneiden und in 3 EL Olivenöl anbraten, die zerdrückte Knoblauchzehe dazugeben und den Löwenzahn untermischen, leicht salzen. Zugedeckt 5 Minuten dünsten und mit Pfeffer würzen. Die geschälten und entkernten Tomaten in Würfel schneiden und zur Löwenzahnsauce geben, weitere 10 Minuten garen.
Tagliatelle in Salzwasser al dente kochen, abgießen und gut mit der Sauce vermengen. Ein paar Minuten ziehen lassen. Auf vorgewärmten Tellern anrichten und mit Petersilie bestreuen. Den geriebenen Parmesan separat reichen. Anstelle von Löwenzahn kann man auch Radicchio verwenden.

- ***350 g Tagliatelle***
- ***500 g Löwenzahn, geputzt***
- ***100 g Bauchspeck***
- ***2 reife Tomaten***
- ***1 kleine Zwiebel***
- ***1 Knoblauchzehe***
- ***Olivenöl***
- ***1 EL Petersilie, fein gehackt***
- ***Parmesan, gerieben***
- ***Salz, Pfeffer***

53

Penne mit Radicchio

- *350 g Penne*
- *300 g Radicchio*
- *50 g Butter*
- *1 Knoblauchzehe*
- *½ Glas trockener Weißwein*
- *Parmesan, gerieben*
- *Salz, Pfeffer*

Den Radicchio waschen und die Blätter 2 Minuten in Salzwasser blanchieren, abseihen und in feine Streifen schneiden. Die Butter in einer Pfanne schmelzen und die angedrückte Knoblauchzehe darin goldgelb anbraten, anschließend herausnehmen. Den Radicchio in die Pfanne geben und 10 Minuten dünsten. Mit Weißwein aufgießen und weitere 5 Minuten garen. Mit Salz und Pfeffer würzen.
Penne in Salzwasser al dente kochen, abseihen, zum Radicchio geben und mit Parmesan bestreuen, alles gut vermischen und einige Minuten ziehen lassen. Auf vorgewärmten Tellern anrichten.

54

Maccheroni mit Rucola

- *350 g Maccheroni*
- *2 Zwiebeln*
- *2 Knoblauchzehen*
- *1 EL Thymian*
- *3 EL Tomatenmark*
- *1 Bund Rucola*
- *Parmesan, gerieben*
- *Olivenöl*
- *Peperoncino*
- *Salz*

In einer Pfanne 4 EL Olivenöl erhitzen. Darin die fein geschnittene Zwiebel und die zerdrückten Knoblauchzehen anschwitzen. Thymian und Tomatenmark untermischen, mit etwas heißem Wasser aufgießen und kurz ziehen lassen. Mit Peperoncino und Salz würzen. Die ca. 5 cm langen Rucolablätter dazugeben, gut vermengen und 5 Minuten garen lassen.
Maccheroni in Salzwasser al dente kochen, abseihen und mit der Sauce vermischen. Auf Tellern anrichten und mit ein paar frischen Rucolablättern und geriebenem Parmesan garnieren.

Lasagne mit Brennnesseln

55

Brennnesselblätter von den Stielen zupfen, waschen und in Salzwasser kochen. Abtropfen lassen, gut ausdrücken und grob schneiden. In einer beschichteten Pfanne den in Würfel geschnittenen Bauchspeck rösten, Brennnesseln dazugeben und kurz schwenken. Die Lasagneblätter in kochendem Salzwasser kurz aufkochen lassen (einige Tropfen Olivenöl im Kochwasser verhindern das Zusammenkleben), vorsichtig herausnehmen und auf Küchentüchern abtropfen lassen.
Eine feuerfeste Form buttern und mit einer Schicht Lasagneblätter auslegen. Darauf etwas Béchamelsauce, Brennnesseln und Parmesan geben. Vorgang so lange wiederholen, bis die Zutaten verbraucht sind. Zum Schluss Brennnesseln, dann Béchamelsauce, geriebenen Parmesan und Butterflöckchen verteilen. Im Backofen bei 200 °C ca. 30 Minuten garen. Kurz vor Ende der Garzeit die Lasagne unter dem Grill gratinieren.

- ***350 g Lasagne (frisch, tiefgekühlt oder getrocknet)***
- ***500 g Brennnesseln***
- ***200 g Bauchspeck***
- ***Béchamelsauce***
- ***100 g Parmesan, gerieben***
- ***Butter***
- ***Olivenöl***
- ***Salz***

Cavatelli mit Löwenzahn

56

Den Löwenzahn sehr gut waschen, grob schneiden und kurz in Salzwasser blanchieren. Über einem Sieb abtropfen lassen und gut auspressen. In einer Pfanne 6 EL Olivenöl erhitzen, die fein gehackten Knoblauchzehen sowie den zerbröckelten Peperoncino dazugeben und leicht anbraten. Den Löwenzahn hinzufügen und mit Salz und Pfeffer würzen. Ein paar Minuten auf kleiner Flamme kochen lassen, öfter umrühren. In der Zwischenzeit die Cavatelli in Salzwasser al dente kochen, abgießen und gut mit dem Löwenzahn vermischen. Mit Parmesan bestreuen und eventuell noch etwas Olivenöl darübergießen.

- ***350 g Cavatelli***
- ***500 g Löwenzahn***
- ***50 g Parmesan, grob gehobelt***
- ***2 Knoblauchzehen***
- ***1 Peperoncino***
- ***Olivenöl***

57

Bucatini gratiniert mit Pilzen

- *350 g Bucatini*
- *250 g gemischte Pilze*
- *70 g gekochter Schinken*
- *80 g Butter*
- *80 g Parmesan, gerieben*
- *3 EL Sahne*
- *3 Eier*
- *2 EL Tomatensauce*
- *½ Zwiebel*
- *etwas Basilikum und Petersilie*
- *Olivenöl*
- *Semmelbrösel*
- *Salz, Pfeffer*

In einer Pfanne 4 EL Olivenöl erhitzen und darin die fein gehackte Zwiebel goldgelb anbraten, dann die geputzten und fein geschnittenen Pilze dazugeben, 10 Minuten garen. Den Schinken in Würfel schneiden, zu den Pilzen geben, kurz mitbraten, salzen und pfeffern. Die Tomatensauce unterrühren.
Die Bucatini in Salzwasser al dente kochen, abseihen und in einer Schüssel mit der Sahne und dem geriebenen Parmesan vermischen. Die Pilz-Tomaten-Sauce dazugeben, eventuell mit Salz und Pfeffer nachwürzen und mit den fein gehackten Kräutern bestreuen. Das Eiweiß steif schlagen. Die mit 3 EL Sahne verquirlten Eigelb und den Eischnee unterheben. Eine feuerfeste Form mit weicher Butter einpinseln und mit Semmelbröseln ausstreuen, die Bucatini hineingeben, mit Parmesan bestreuen und mit kleinen Butterflöckchen belegen. Im Backofen bei 180 °C ca. 45 Minuten garen. Herausnehmen und vor dem Servieren noch einige Minuten ruhen lassen.

58

Bucatini mit Pilzen und Sardellen

- *350 g Bucatini*
- *40 g getrocknete Pilze*
- *8 Sardellenfilets aus der Dose*
- *1 Knoblauchzehe*
- *2 El Semmelbrösel*
- *1 kleines Bund Petersilie, fein gehackt*
- *Olivenöl*
- *Salz, Pfeffer*

Die Pilze in warmem Wasser 30 Minuten einweichen, gut ausdrücken, grob schneiden und zusammen mit der angedrückten Knoblauchzehe in einer Pfanne mit 2 EL Olivenöl garen. Den Knoblauch wieder herausnehmen. Die Sardellenfilets abspülen, trocken tupfen und mit einer Gabel zerdrücken. Zu den Pilzen geben und gut unterrühren.
Bucatini in nur leicht gesalzenem Wasser al dente kochen, abseihen. Mit der Sauce, 1 EL gehackter Petersilie und frisch gemahlenem Pfeffer vermengen. Die Bucatini in eine feuerfeste Form geben, mit einer dünnen Schicht gerösteter Semmelbrösel und 2 EL geriebenem Parmesan bestreuen und im Backofen bei ca. 180 °C 5 Minuten gratinieren.

Lasagnette mit Steinpilzen

59

- *350 g Lasagnette*
- *300 g reife Tomaten*
- *300 g kleine Steinpilze*
- *150 g weicher Parmesan, im Stück*
- *2 Knoblauchzehen*
- *1 Stängel Basilikum*
- *1 kleine Zwiebel oder Schalotte, fein gehackt*
- *Oregano*
- *etwas Butter*
- *Olivenöl*
- *Salz, Pfeffer*

Die geschälten und entkernten Tomaten in kleine Würfel schneiden. In einer Pfanne 3 EL Olivenöl erhitzen, die fein gehackte Zwiebel und die angedrückten Knoblauchzehen darin goldgelb anbraten. Die Tomaten dazugeben und 10 Minuten kochen lassen. Die Knoblauchzehen wieder entfernen. Die Steinpilze putzen und der Länge nach in dünne Scheiben schneiden.
Zur Tomatensauce geben, mit Salz, Pfeffer und Oregano würzen und weitere 10 Minuten kochen lassen. Wenn nötig mit etwas Wasser aufgießen.
Die Lasagnette in Salzwasser al dente kochen, abseihen und in eine vorgewärmte Schüssel geben. Vorsichtig mit ein paar Butterflöckchen verrühren und in eine ausgebutterte feuerfeste Form schichten (eine Schicht Lasagnette, dann Pilzsauce, darüber geriebener Parmesan und Butterflöckchen). Vorgang so lange wiederholen, bis alle Zutaten aufgebraucht sind. Zum Schluss den Parmesan schuppig darüberhobeln. Mit Alufolie abdecken und in den auf 200 °C vorgeheizten Backofen stellen, bis der Käse geschmolzen ist. Auf Tellern anrichten und mit Basilikumblättern garnieren.

Lasagnette mit Spinat und Pilzen

60

- *350 g Lasagnette*
- *300 g Spinat*
- *20 g getrocknete Pilze*
- *100 g Butter*
- *2 Knoblauchzehen*
- *Muskatnuss*
- *Olivenöl*
- *Parmesan, gerieben*
- *Salz, Pfeffer*

Den geputzten Spinat blanchieren, abseihen, gut ausdrücken und grob schneiden. In einer Pfanne ein nussgroßes Stück Butter schmelzen lassen und den Spinat darin mit den angedrückten Knoblauchzehen anbraten. Die Knoblauchzehen wieder herausnehmen. Die getrockneten Pilze in etwas warmem Wasser einweichen, ausdrücken, grob zerkleinern und ebenfalls kurz anbraten. Mit Salz, Pfeffer und Muskatnuss abschmecken.
Die Lasagnette in Salzwasser al dente kochen, abseihen und in eine vorgewärmte Schüssel geben. Die restliche Butter, den Spinat und die Pilze dazugeben und alles gut vermischen. Geriebenen Parmesan separat reichen.

61

Linguine mit Steinpilzen und Rucola

- *400 g Linguine*
- *100 g grüne entsteinte Oliven*
- *1 Peperoncino*
- *2 Knoblauchzehen*
- *400 g Steinpilze*
- *3 Tomaten*
- *80 g Rucola*
- *½ Glas trockener Weißwein*
- *Parmesanspäne*
- *Olivenöl*
- *Salz, Pfeffer*

Das Olivenöl in der Pfanne erhitzen. Darin die angedrückten Knoblauchzehen und die in Scheiben geschnittenen Steinpilze anbraten. Die grob geschnittenen Oliven und den Peperoncino dazugeben, mit Salz und Pfeffer aus der Mühle würzen. Rucola nicht zu klein schneiden, die Tomaten in Scheiben schneiden und beides zu den Pilzen geben, kurz garen und anschließend die Knoblauchzehen wieder entfernen. Mit dem Weißwein aufgießen und 5 Minuten köcheln lassen.

In der Zwischenzeit die Linguine in Salzwasser al dente kochen, abseihen und mit den Pilzen in der Pfanne gut durchschwenken. Auf vorgewärmte Teller verteilen, mit Parmesanspänen garnieren.

62

Pappardelle mit Pfifferlingen und Garnelen

- *350 g Pappardelle*
- *250 g Pfifferlinge*
- *250 g Garnelen, ohne Schale*
- *200 g kleine süße Chilischoten, frisch*
- *2 Knoblauchzehen*
- *Olivenöl*
- *Salz, Pfeffer*

Die Chilischoten waschen und halbieren, die Samenstände entfernen. Zusammen mit den angedrückten Knoblauchzehen in 3 EL Olivenöl leicht anbraten, anschließend die Knoblauchzehen wieder herausnehmen. Chilischoten ebenfalls herausnehmen und beiseitestellen. Die geputzten Pilze nicht zu klein schneiden und bei schwacher Hitze 15 Minuten garen. Salzen und pfeffern. Wenn nötig mit etwas warmen Wasser aufgießen. Die Chilischoten und die Garnelen zu den Pilzen geben und 3–4 Minuten kochen lassen. Pappardelle in Salzwasser al dente kochen, abseihen und gut mit der Sauce vermischen. Auf Tellern anrichten und servieren.

Pappardelle mit Pfifferlingen und Lachs

63

Den Lachs in dünne Streifen schneiden und mit dem Saft von ½ Zitrone marinieren. Die Pfifferlinge putzen und nicht zu klein schneiden. In 3 EL Olivenöl 7–8 Minuten garen, salzen, pfeffern und mit Sahne aufgießen.
Die Pappardelle in Salzwasser al dente kochen, absei-hen und mit der Pilzsauce vermengen. Den marinier-ten Lachs sehr vorsichtig untermischen. Mit gehackter Petersilie bestreuen und mit Salz, Pfeffer und Muskat würzen.

- ***350 g grüne Pappardelle***
- ***200 g Lachs***
- ***200 g Pfifferlinge***
- ***Saft von ½ Zitrone***
- ***100 g Sahne***
- ***2 Stängel Petersilie***
- ***Olivenöl***
- ***Salz, Pfeffer***
- ***Muskatnuss***

Spaghetti mit Pfifferlingen und Fenchel

64

Die Pfifferlinge putzen und die Knoblauchzehe fein hacken. Die Zitrone waschen, abtrocknen und die Schale abreiben. Knoblauch und Zitronenschale in Olivenöl anbraten, Pilze dazugeben und bei starker Hitze 8 Minuten garen, dabei öfter umrühren. Mit Salz abschmecken. Pilze aus der Pfanne nehmen und warm stellen. Den Fenchel waschen und in feine Schei-ben schneiden, bei großer Hitze 5 Minuten kochen lassen. Die Pilze dazugeben, mit etwas Gemüsebrühe aufgießen und öfter umrühren. In einer Pfanne etwas Olivenöl erhitzen und darin den Speck anbraten. Mit Weißwein ablöschen. Den Speck zur Pfifferling-Fen-chel-Sauce geben und warm stellen.
Spaghetti in Salzwasser al dente kochen, abgießen und zur Sauce geben, bei mittlerer Hitze durchschwenken. Mit Pfeffer aus der Mühle würzen.

- ***320 g Spaghetti***
- ***500 g Pfifferlinge***
- ***100 g Speck, fein gehobelter***
- ***2 Fenchelknollen***
- ***1 Zitrone (unbehandelt)***
- ***½ Glas trockener Weißwein***
- ***4 EL Olivenöl***
- ***Gemüsebrühe***
- ***Salz, Pfeffer***

65

kaltes Sommerrezept

Farfalle mit Pilzen

- *350 g Farfalle*
- *250 g Steinpilze, in Öl*
- *1 Zitrone*
- *Olivenöl*
- *1 kleines Bund Petersilie*
- *Salz, Pfeffer*

Die Pilze abtropfen lassen und grob schneiden, 4 EL Olivenöl und den Saft der Zitrone dazugeben, mit Salz und Pfeffer abschmecken.
Die Farfalle in Salzwasser al dente kochen, abseihen und in eine vorgewärmte Schüssel geben, mit den marinierten Pilzen vermischen. Mit Petersilie bestreuen und servieren.

66

Spaghetti-Pizza mit Pilzen und Mozzarella

- *400 g Spaghetti, abgekühlt oder vom Vortag*
- *30 g schwarze entsteinte Oliven*
- *100 g Steinpilze oder Champignons*
- *2 reife Tomaten*
- *1 Mozzarella*
- *1 Knoblauchzehe*
- *50 g Butter*
- *Olivenöl*
- *Salz, Pfeffer*

In einer flachen Pfanne 4 EL Olivenöl und ein nussgroßes Stück Butter erhitzen. Die Spaghetti in die Pfanne geben (sollten die Spaghetti stark zusammenkleben, kurz ins heiße Wasser tauchen und abgießen). Die Oliven untermischen und mit Salz und Pfeffer abschmecken. Die Spaghetti mithilfe einer Gabel zu Nestern aufrollen und auf beiden Seiten knusprig braten.
Die einzelnen Pizzas in eine feuerfeste Form legen.
Die Pilze putzen und fein schneiden, in etwas Olivenöl zusammen mit einer Knoblauchzehe kurz anbraten. Salzen und pfeffern.
Die Tomaten in Scheiben, die Mozzarella in kleine Würfel schneiden und zusammen mit den Pilzen auf die Pizzas legen. Im vorgeheizten Backofen bei 220 °C so lange backen lassen, bis die Mozzarella geschmolzen ist.

Pilztagliatelle mit Ziegenkäse und Rosmarin

67

- *350 g Pilztagliatelle*
- *250 g Ziegenkäserolle (mittel bis reif)*
- *150 g Sauerrahm oder Sahne*
- *4 reife Tomaten*
- *1 Rosmarinzweig*
- *Olivenöl*
- *Salz, Pfeffer*

Die geschälten, entkernten Tomaten gut ausdrücken und in kleine Würfel schneiden, salzen, pfeffern, mit etwas Olivenöl beträufeln und beiseitestellen.
Den Käse in 12 Scheiben schneiden (2 cm dick). In einer beschichteten Pfanne 2 EL Öl erhitzen und die Rosmarinnadeln darin knusprig braten, herausnehmen und auf einem Küchenpapier abtropfen lassen.
In derselben Pfanne, unter Zugabe von 1 EL Öl, die Käsescheiben auf kleiner Flamme auf beiden Seiten goldgelb braten.
Die Tagliatelle in Salzwasser al dente kochen, abseihen und in eine Schüssel geben, mit der Sahne und dem restlichen, in Würfel geschnittenen Käse vermengen, mit reichlich frisch gemahlenem Pfeffer würzen und kurz ziehen lassen. Die Tagliatelle auf Teller verteilen und mit jeweils 3 Scheiben Ziegenkäse, den Tomatenwürfeln und den frittierten Rosmarinnadeln garnieren.

68

Grüne Tagliatelle mit Pilzen und Hummer

- *350 g grüne Tagliatelle*
- *300 g Steinpilze*
- *1 Hummer (ca. 500 g)*
- *1 kleine Zwiebel*
- *1 Knoblauchzehe*
- *1 kleine Karotte*
- *1 kleines Bund Petersilie*
- *1 Lorbeerblatt*
- *1 kleine Stange Sellerie*
- *Olivenöl*
- *Salz, Pfeffer*

Die Pilze putzen und fein schneiden. Die angedrückte Knoblauchzehe in 3 EL Olivenöl goldgelb anbraten, die Pilze dazugeben, salzen und pfeffern, umrühren und kurz braten. Die Knoblauchzehe herausnehmen und die Pilze warm stellen. Für den Hummersud Wasser in einem großen Topf mit Sellerie, Karotte, Zwiebel, Lorbeerblatt zum Kochen bringen, salzen. Den Hummer an einen Kochlöffel binden und in den kochenden Hummersud geben. Auf mittlerer Flamme ca. 15–20 Minuten kochen, den Hummer anschließend im eigenen Sud auskühlen lassen (ca. 25 Minuten). Den Schwanz vom Kopf trennen, aufschneiden und das Fleisch vorsichtig auslösen, in Scheiben schneiden. Zusammen mit den Zangen in die Pfanne zu den Pilzen geben, kurz erwärmen und gut umrühren.

Die Tagliatelle in Salzwasser al dente kochen, abseihen und zur Hummer-Pilz-Sauce gaben, kurz auf kleiner Flamme durchschwenken, wenn nötig etwas Olivenöl dazu geben. Mit der fein gehackten Petersilie bestreuen und sofort servieren.

69

Tagliatelle mit Pilzen

- *350 g Tagliatelle*
- *350 g Pilze*
- *1 Zwiebel, fein gehackt*
- *1 Knoblauchzehe*
- *150 g Sahne*
- *1 EL Petersilie, fein gehackt*
- *Salz, Pfeffer*

Die fein gehackte Zwiebel mit der angedrückten Knoblauchzehe in 3–4 EL Olivenöl goldgelb anbraten. Die Pilze gut putzen, klein schneiden und dazugeben. Mit sehr wenig Salz würzen, pfeffern und bei mittlerer Hitze 5 Minuten garen. Die Sahne dazugeben und zugedeckt auf kleiner Flamme warm halten.

Die Tagliatelle in Salzwasser al dente kochen, abseihen und gut mit der Pilzsauce vermengen. Auf Teller verteilen und mit der Petersilie garnieren.

Ziti mit Pilzen und knusprigen Brotkrumen

70

Die Ziti al dente kochen, im kalten Wasser abschrecken und abgießen. Die Ziti bratpfannengerecht zuschneiden. Den Spinat blanchieren, ein paar Minuten abbrühen, auskühlen lassen, gut ausdrücken und im Mixer mit dem Frischkäse und der Milch pürieren.
Die getrockneten Pilze 10 Minuten im warmen Wasser einweichen, abgießen, gut ausdrücken und klein schneiden. Die frischen oder aufgetauten Pilze halbieren. Den fein gehackten Knoblauch in 3 EL Olivenöl goldgelb anbraten, die Pilze dazugeben, mit 1 EL Thymianblättern würzen, salzen und 10 Minuten köcheln lassen.
Das Brot, die restlichen Thymianblätter, den Parmesankäse und die abgeriebene Zitronenschale im Mixer pürieren. Eine feuerfeste Schüssel ausbuttern. Die Ziti hineingeben und mit der Spinat-Käse-Mischung, den Pilzen und den Brotkrumen belegen. Im Ofen ca. 20 Minuten bei 200 °C garen. Herausnehmen, noch etwas Parmesan darüber streuen und servieren.

- *300 g Ziti*
- *300 g Robiola (Frischkäse)*
- *300 g junger Blattspinat*
- *300 g Pilze, frisch oder tiefgekühlt*
- *30 g getrocknete Pilze*
- *1 Knoblauchzehe*
- *1 Thymianzweig*
- *½ l Milch*
- *1 EL Butter*
- *1 Zitrone*
- *40 g Weißbrot, ohne Rinde und frisch gerieben*
- *30 g Parmesan, gerieben*
- *Salz, Pfeffer*

Conchiglie mit Bauchspeck, Nüssen und Rosmarin

71

Die Nüsse und die Rosmarinnadeln fein hacken, den Bauchspeck nicht zu klein schneiden und mit 2 EL Olivenöl in einer Pfanne goldgelb anbraten.
Mit Weißwein ablöschen und einkochen lassen. Dann die geschälten und klein geschnittenen Tomaten dazugeben, mit Salz und Pfeffer abschmecken und auf kleiner Flamme 20 Minuten kochen lassen.
In der Zwischenzeit die Conchiglie in Salzwasser al dente kochen, abseihen und mit der Sauce vermischen. Mit geriebenem Parmesan bestreut servieren.

- *350 g Conchiglie*
- *130 g Bauchspeck*
- *350 g Tomaten, frisch*
- *oder aus der Dose*
- *50 g Nüsse, ohne Schale*
- *½ Glas trockener Weißwein*
- *2 Rosmarinzweige*
- *Olivenöl*
- *Parmesan, gerieben*
- *Salz, Pfeffer*

72

Farfalle mit Haselnüssen und Semmelbröseln

- *350 g Farfalle*
- *50 g Haselnusskerne, geschält*
- *100 g Butter*
- *3 EL Sahne*
- *50 g Semmelbrösel*
- *Muskatnuss*
- *1 Msp. Nelkenpulver*
- *1 kleines Bund Schnittlauch, feine Röllchen*
- *Salz, Pfeffer*

Die Haselnüsse grob zerkleinern. 70 g Butter, Sahne, etwas Muskatnuss und eine Msp. Nelkenpulver verrühren, mit Salz und Pfeffer abschmecken. Die restliche Butter in einer kleinen Pfanne erwärmen und die Semmelbröseln darin rösten.
Die Farfalle al dente kochen, abseihen und mit der Haselnusscreme sowie den Schnittlauchröllchen vermengen. Auf Teller verteilen und mit gerösteten Semmelbröseln und ein paar Schnittlauchhalmen garnieren.

73

Farfalle mit Wirsing, Mozzarella und Pinienkernen

- *350 g Farfalle*
- *10 Scheiben Bauchspeck, in Würfel geschnitten*
- *200 g Mozzarella di bufala*
- *1 Knoblauchzehe*
- *1 Thymianzweig*
- *1 g Wirsing*
- *½ l Fleischbrühe*
- *1 Handvoll Parmesan, gerieben*
- *2 Handvoll Pinienkerne, leicht geröstet*
- *Olivenöl*
- *Salz, Pfeffer*

Den Speck in 2 EL Olivenöl knusprig anbraten. Den fein gehackten Thymian und die leicht angedrückte Knoblauchzehe dazu geben, goldgelb anbraten, dann den Knoblauch wieder entfernen. Den grob geschnittenen Wirsing und den Parmesan untermischen, mit reichlich Fleischbrühe aufgießen und zugedeckt ca. 15 Minuten dünsten, gelegentlich umrühren. Wenn nötig noch etwas Brühe nachgießen, der Kohl soll bissfest bleiben. Mit Salz und frisch gemahlenem Pfeffer abschmecken und mit 2 EL Olivenöl begießen. In der Zwischenzeit die Farfalle in Salzwasser al dente kochen, abseihen und zum Wirsing geben. Die in Würfel geschnittene Mozzarella und die Pinienkerne dazugeben, alles gründlich vermischen und mit Thymianblättchen garniert servieren.

Fusilli mit Nusspesto

74

- *350 g Fusilli*
- *1 Radicchio di Chioggia*
- *60 g Nüsse, ohne Schale*
- *1 Bund Petersilie*
- *1 Knoblauchzehe*
- *1 Tasse Gemüsebrühe*
- *50 g Rohschinken*
- *30 g Butter*
- *grobes Salz*

Die Petersilienblätter abzupfen und zusammen mit den Nüssen, ½ TL grobem Salz und der Knoblauchzehe im Mixer pürieren.
Vom Radicchio den Strunk entfernen, die Blätter in Stücke schneiden, waschen und abtrocknen. In einer beschichteten Pfanne 20 g Butter zergehen lassen, das Petersilien-Nuss-Püree dazugeben und unter ständigem Rühren ein paar Sekunden auf kleiner Flamme anbraten. Mit heißer Gemüsebrühe aufgießen und 1 Minute kochen lassen. Die restliche Butter in einer anderen Pfanne erhitzen, den Radicchio hinzufügen und dünsten, dann zur Nusssauce geben.
Die dünnen Schinkenscheiben auf ein mit Backpapier ausgelegtes Blech legen und im Backofen (unter dem Grill) knusprig braten, abkühlen lassen und in Stücke schneiden.
Fusilli in Salzwasser al dente kochen, abgießen und zur Nuss-Radicchio-Sauce geben, gut durchschwenken und in eine vorgewärmte Schüssel schütten, mit dem gegrillten Schinken belegen und servieren.

Fusilli mit Wirsing und Pinienkernen

75

- *440 g Fusilli*
- *100 g Wirsing*
- *100 g Pinienkerne*
- *50 g Butter*
- *¼ l Sahne*
- *30 g Parmesan, gerieben*
- *1 schwarzer Trüffel, eventuell aus der Dose*
- *Salz, Pfeffer*

100 g Wirsingblätter waschen, die dicken Rippen entfernen und einige Minuten im kochenden Salzwasser blanchieren. Dasselbe Wasser wird für die Fusilli verwendet. Den Kohl herausnehmen, abkühlen lassen und in Streifen schneiden. Pinienkerne fein hacken. Butter auf kleiner Flamme zergehen lassen, Kohlblätter, Pinienkerne, Sahne und ein paar Trüffelscheiben dazugeben. Mit Salz und Pfeffer abschmecken.
In der Zwischenzeit Fusilli in Salzwasser al dente kochen und mit der Sauce vermischen. Geriebenen Parmesankäse unterrühren und auf Teller verteilen. Trüffel darüberreiben.

76

Garganelli mit Mandelpesto und Salbei

- *400 g Garganelli*
- *15 frische Salbeiblätter*
- *200 g Mandeln, geschält*
- *3 EL Olivenöl*
- *20 g Butter*
- *1 Knoblauchzehe*
- *3 EL Sahne*
- *Salz*

Salbei waschen und trocknen. 10 Salbeiblätter im Mörser mit der Hälfte der Mandeln und etwas Salz zu einem cremigen Brei zerstampfen (wenn kein Mörser zur Hand ist, im Mixer zerkleinern). 2 EL Olivenöl hinzufügen und so lange verrühren bis die Sauce die Konsistenz von Pesto hat. Die restlichen Mandeln fein hacken. Die Butter in einer breiten Pfanne erhitzen, darin die leicht angedrückte Knoblauchzehe goldbraun anbraten. Knoblauchzehe herausnehmen, Pesto dazugeben, gut vermischen und die Sahne vorsichtig unterrühren. Mit Salz abschmecken.
Garganelli in Salzwasser al dente kochen, abgießen und gut mit der Sauce vermengen, kurz ziehen lassen. Das restliche Olivenöl in einer kleinen Pfanne erhitzen und die gehackten Mandeln und die Salbeiblätter darin knusprig braten. Die Garganelli auf Teller verteilen und damit garnieren.

Maccheroni mit Nüssen

77

Die Nüsse in einer beschichteten Pfanne, ohne Zugabe von Fett, leicht rösten, abkühlen lassen und grob hacken. Die Béchamelsauce mit etwas Muskatnuss und Pfeffer würzen und die Hälfte des Parmesans unterrühren.
Die Maccheroni in Salzwasser al dente kochen, abseihen und in einer Schüssel mit der Hälfte der Béchamelsauce verrühren. Dann die Maccheroni mit Parmesan, Nüssen und Béchamelsauce schichtweise in eine mit Butter ausgestrichene Form geben. Butterflöckchen obendrauf geben und bei 200 °C 15–20 Minuten im Backofen gratinieren (die Maccheroni sollen schön goldgelb sein).

Für die selbst gemachte Béchamelsauce:

Das Mehl mit einem Schneebesen in die kalte Milch einrühren, salzen und pfeffern. Butter in einer Pfanne erhitzen und die Sauce darin auf kleiner Flamme so lange kochen bis die Masse dick wird.

- ***350 g Maccheroni***
- ***80 g Nüsse, ohne Schale***
- ***50 g Parmesan, gerieben***
- ***1 Tasse Béchamelsauce***
- ***Muskatnuss***
- ***1 EL Butter***
- ***Salz, Pfeffer***

Béchamelsauce:

- ***¼ l Milch***
- ***1 EL Butter***
- ***2 EL Mehl***
- ***Salz***
- ***Pfeffer***
- ***Muskatnuss***

Tagliatelle mit Nüssen

78

Die Nüsse im Mörser zerstampfen und in einer kleinen Pfanne in 2 EL Olivenöl rösten. Mit Salz und Pfeffer abschmecken. Nach ein paar Minuten die Butter dazugeben und schmelzen lassen. Dann 2 EL Tomatensauce untermischen, mit etwas heißem Wasser aufgießen und ca. 10 Minuten garen.
Die Tagliatelle in Salzwasser al dente kochen, abseihen und mit der Nusssauce und 3 EL geriebenem Parmesan vermischen. Sofort servieren.

- ***350 g Tagliatelle***
- ***8 Nüsse, ohne Schale***
- ***60 g Butter***
- ***1 EL Tomatensauce***
- ***Parmesan, gerieben***
- ***Salz, Pfeffer***

79

Bavette alla Fornaia

- *350 g Bavette*
- *150 g Nüsse, ohne Schale*
- *150 g sardischer Schafskäse, gerieben*
- *150 g Parmesan, gerieben*
- *100 g Basilikum*
- *Olivenöl*
- *Salz, Pfeffer*

Schafskäse und Parmesan zusammen mit Nüssen und Basilikumblättern, frisch gemahlenem schwarzen Pfeffer und 5 EL Olivenöl im Mörser zerstoßen.
Die Bavette in Salzwasser al dente kochen, abseihen und gut mit der Pestosauce vermischen. Wenn nötig salzen, sofort servieren.

80

Tagliolini mit Pesto, Bohnen und Mandeln

- *350 g Tagliolini*
- *300 g kleine frische grüne Bohnen*
- *60 g Parmaschinken, mit der Hand geschnitten*
- *50 g Mandeln*
- *1 Bund Basilikum*
- *1 Knoblauchzehe*
- *2 EL Parmesan, gerieben*
- *½ Glas Olivenöl*
- *Salz, Pfeffer*

Basilikum waschen, abtrocknen und 50 g im Mixer mit ½ TL Salz, Knoblauch, Parmesan und Olivenöl so lange mixen, bis ein cremiges Pesto entsteht. Die grünen Bohnen waschen und 10 Minuten in kochendem Salzwasser garen, in Eiswasser abschrecken. Abtropfen und der Länge nach halbieren. Kleine und sehr dünne Bohnen ganz lassen. Die geschälten Mandeln grob hacken. Den Parmaschinken in kleine Stücke schneiden und in einer beschichteten Pfanne ohne Öl knusprig braten, herausnehmen und auf Küchenpapier entfetten lassen.
In die gleiche Pfanne 1 EL Olivenöl geben und darin die Bohnen und die gehackten Mandeln schwenken. Tagliolini in Salzwasser al dente kochen, abgießen und in eine vorgewärmte Schüssel geben. Zuerst gut mit dem Pesto vermengen, dann den Parmaschinken, die Bohnen und die Mandeln dazugeben, gut vermischen und servieren.

Troccoli mit Spargelragout und Pinienkernen

81

Vom Spargel nur das untere Drittel schälen, in Würfel schneiden, einige Spargelspitzen für die Dekoration aufbewahren. In einer Pfanne 2 EL Öl erhitzen, die in hauchdünne Scheiben geschnittenen Schalotten darin glasig dünsten und die gehackten Pinienkerne untermischen. Den Spargel kurz in Salzwasser blanchieren, herausnehmen und zur Zwiebelsauce geben. Das Spargelkochwasser aufheben. Den Spargel kurz mitkochen, mit der Sahne aufgießen, leicht einkochen lassen, mit etwas Muskatnuss und ein paar gehackten Estragonblättern würzen. Salzen und pfeffern.
Die Troccoli im Spargelwasser al dente kochen, abseihen und vorsichtig mit der Sauce verrühren. Auf vorgewärmten Tellern anrichten und mit den rohen, in dünne Scheiben geschnittenen Spargelspitzen garnieren.

- ***350 g Troccoli***
- ***400 g grüner Spargel***
- ***40 g Pinienkerne***
- ***6 EL Sahne***
- ***2 Schalotten***
- ***1 kleiner Estragonzweig***
- ***Muskatnuss***
- ***Olivenöl***
- ***Salz, Pfeffer***

Bigoli mit Radicchio und Kresse

82

Die Schalotten fein hacken. Den Radicchio nicht zu fein schneiden. Die Butter und 2 EL Olivenöl erhitzen und die Schalotten darin glasig anschwitzen. Den Radicchio dazugeben, mit Salz und Pfeffer würzen und auf kleiner Flamme weich kochen. Die Kresse dazugeben, gut vermengen und nicht mehr kochen lassen.
Die Bigoli in Salzwasser al dente kochen, abseihen und zur Radicchiosauce geben, gut verrühren und 5 Minuten ziehen lassen. Vor dem Servieren nochmals mit Pfeffer aus der Mühle würzen.

- ***350 g Bigoli***
- ***600 g Radicchio***
- ***100 g Kresse***
- ***2 Schalotten***
- ***20 g Butter***
- ***Olivenöl***
- ***Salz, Pfeffer***

83

Pasta mit frischen Kräutern

- *350 g Linguine*
- *25 g Haselnüsse, gehackt*
- *1 Orange, unbehandelt*
- *1 Knoblauchzehe*
- *8–10 Esslöffel gemischte Kräuter, z.B. Basilikum, Minze, Dill, Kerbel, Petersilie, Schnittlauch*
- *50 g Parmesan*
- *Olivenöl*
- *Salz, Pfeffer*

Die Haselnüsse trocken in einer Pfanne anrösten. Die Orange mit heißem Wasser gründlich abwaschen, die Hälfte der Schale abziehen und diese dann fein hacken. Knoblauch schälen und ebenfalls fein hacken. Die Kräuter waschen, trocken tupfen und fein hacken. Zu den trocken gerösteten Haselnüssen das Olivenöl geben, bei schwacher Hitze erwärmen und den Knoblauch kurz darin anschwitzen. Mit einer Kelle des Nudelwassers ablöschen und die Orangenstückchen hinzufügen.
Parallel die Linguine al dente kochen, abgießen und mit dem Pfanneninhalt vermengen. Die Kräuter zu der Pasta geben, mit Olivenöl beträufeln und alles gut miteinander vermengen. Die Pasta mit dem geriebenem Parmesan und frisch gemahlenem Pfeffer bestreut servieren.

84

Farfalle mit Curry und Lachs

- *350 g Farfalle*
- *100 g Mascarpone*
- *4 EL Sahne*
- *100 g Quark, sehr frisch*
- *150 g Räucherlachs*
- *30 g Butter*
- *2 EL Curry*
- *2 EL Parmesan, gerieben*
- *Pfeffer, Salz*

Eine feuerfeste Schüssel auf einen Topf mit kochendem Wasser stellen, den Quark in die Schüssel geben und mit einer Gabel zerdrücken. Sahne und Mascarpone, Curry und 2 EL Parmesan untermischen und so lange rühren, bis eine cremige Masse entsteht. Wenn nötig einige EL heißes Wasser dazugeben. Den Räucherlachs in Streifen schneiden und zur Käsesauce geben, mit Pfeffer und Salz abschmecken.
In der Zwischenzeit die Farfalle in Salzwasser al dente kochen, abseihen und vorsichtig mit der Sauce verrühren und sofort servieren.

Orecchiette mit Brotkrumen und Zitronenduft

85

- ***350 g Orecchiette***
- ***50 g toskanisches oder weißes Bauernbrot***
- ***30 g Schafskäse (Pecorino), gerieben***
- ***2 mittelgroße Fenchelknollen***
- ***1 Zitrone (unbehandelt)***
- ***Peperoncino (Pulver)***
- ***Olivenöl***
- ***Salz***

Den Fenchel waschen und in dünne Scheiben schneiden, etwas Fenchelgrün für die Dekoration zur Seite legen. Die leicht angedrückte Knoblauchzehe in 5 EL Olivenöl goldgelb anbraten, herausnehmen und die Fenchelscheiben 5 Minuten darin dünsten. Mit dem Saft von ½ Zitrone und Salz abschmecken, gut verrühren. Den Fenchel aus der Pfanne nehmen und warm stellen. Das Brot grob reiben und in die Pfanne geben. Auf kleiner Flamme rösten. Den Fenchel, ½ Zitrone und eine Msp. Peperoncino dazugeben und gut vermischen.
Die Orecchiette in Salzwasser al dente kochen, abseihen und mit der Fenchel-Zitronen-Sauce vermengen. Mit geriebenem Pecorino und Fenchelgrün garnieren.

Pappardelle mit Rosmarin

86

- ***350 g Pappardelle***
- ***2 Rosmarinzweige***
- ***1 Knoblauchzehe***
- ***1 Dose Tomatensauce***
- ***Olivenöl***
- ***Salz***

In einer Pfanne 3 EL Olivenöl erhitzen und die angedrückte Knoblauchzehe darin goldgelb anbraten. Die Rosmarinnadeln sehr fein hacken und hinzufügen. Die Tomatensauce untermischen und 10 Minuten kochen lassen, den Knoblauch wieder entfernen. Pappardelle in Salzwasser al dente kochen, abseihen, mit der Rosmarin-Tomaten-Sauce vermischen.

87

- *350 g Pennette*
- *200 g Ricotta romana (ersatzweise Quark)*
- *2–3 EL Sahne*
- *8–10 Minzeblätter*
- *2 EL Parmesan, gerieben*
- *Salz, Pfeffer*

Pennette mit Minze

Die Ricotta in eine feuerfeste Schüssel geben und mit der Sahne vermischen. Zum Erwärmen auf den Topf stellen, in dem die Penne kochen. Ein paar EL Kochwasser dazugießen, salzen, pfeffern und die fein gehackten Minzeblätter untermischen.
Penne al dente kochen, abgießen und zur Ricotta geben. Geriebenen Parmesan unterrühren und sofort servieren.

88

- *350 g Rigatoni*
- *300 g Erbsen*
- *500 g Tomatensauce*
- *1 rote Paprikaschote*
- *1 Stängel Basilikum*
- *1 Thymianzweig*
- *1 EL Pinienkerne*
- *Olivenöl*
- *Salz*

Rigatoni tricolori mit Paprika und Thymian

Die Paprikaschote unter dem Grill so lange rösten, bis die Haut Blasen wirft. Häuten, Kerne entfernen und in Streifen schneiden. 3 EL Olivenöl erhitzen, die Tomatensauce, 4 Basilikumblätter und 2 EL Thymianblätter hinzufügen. Mit Salz abschmecken und 15 Minuten garen. Pinienkerne ohne Fett in einer beschichteten Pfanne goldgelb rösten. Die Erbsen 10 Minuten in 2 EL Olivenöl dünsten. Alle Zutaten zur Tomatensauce geben.
Die Rigatoni in Salzwasser al dente kochen, abseihen und mit der Sauce gut vermengen. Sofort servieren.

Spaghetti mit verschiedenen Kräutern

89

Basilikum, Petersilie und Rosmarin fein hacken und in einer Schüssel mit den Semmelbröseln vermischen. Die Zwiebeln und die Knoblauchzehe ebenfalls zerkleinern und zusammen mit den Kapern und den entsteinten Oliven in 4 EL Olivenöl 5 Minuten braten. Die Kräuter hinzufügen und 3 Minuten mitkochen.
Basilikumblätter sorgfältig abtrocknen und im heißen Öl frittieren.
Spaghetti in Salzwasser al dente kochen, abseihen und in eine vorgewärmte Schüssel geben, mit dem Kräuter-Mix und einem Schuss Olivenöl vermischen, mit Pfeffer aus der Mühle würzen und mit den frittierten Basilikumblättern garnieren.

- ***350 g Spaghetti***
- ***4 EL Kräuter (Basilikum, Petersilie und Rosmarin), fein gehackt***
- ***2 Schalotten***
- ***1 Knoblauchzehe***
- ***1 EL Kapern, gehackt***
- ***1 EL Semmelbrösel***
- ***50 g Oliven***
- ***16 Basilikumblätter***
- ***4 EL Olivenöl***
- ***Öl zum Frittieren***
- ***Salz, Pfeffer***

Spaghettini mit Kräuterpesto und Mozzarella

90

Die Blätter von den Kräutern waschen, abtrocknen und zusammen mit 2 EL Olivenöl, Knoblauch, Pinienkernen, geriebenem Schafskäse, Salz und Pfeffer im Mixer pürieren. Von den Mozzarellakugeln das obere Drittel abschneiden und die Kugeln vorsichtig aushöhlen; mit dem Kräuterpesto und den zerkleinerten Oliven füllen.
Die Spaghettini in Salzwasser al dente kochen, abseihen und die Nudeln mit einer Gabel portionsweise zu Nestern aufrollen, auf Tellern anrichten. Pro Teller mit 2 gefüllten Mozzarellakugeln und Basilikumblättchen garnieren. Mit Pfeffer aus der Mühle würzen.

- ***350 g Spaghettini***
- ***8 kleine Mozzarellakugeln***
- ***50 g Oliven (z. B. aus Ligurien und in Öl eingelegt)***
- ***300 g Kräuter (Minze, Rucola, Basilikum und Petersilie)***
- ***1 Knoblauchzehe***
- ***1 EL Pinienkerne***
- ***2 EL sardischer Schafskäse, gerieben***
- ***Olivenöl***
- ***Salz, Pfeffer***

91

Farfalle mit roten Rosen

- *350 g Farfalle (mittelgroß)*
- *1 Glas trockener Sekt oder Prosecco*
- *½ Glas Sahne*
- *1 Handvoll rote Rosenblüten aus dem Garten, ungespritzt*
- *70 g Butter, in kleine Würfel geschnitten*
- *1 TL Tomatenmark*
- *Salz, Pfeffer*

Den Sekt erhitzen und über die Rosenblüten gießen, 24 Stunden ziehen lassen. Abseihen und die Flüssigkeit bei schwacher Hitze reduzieren. Tomatenmark mit Sahne verrühren und zum Sekt geben. Noch einmal auf die Hälfte einkochen lassen. Im Mixer (den Behälter vorher mit heißem Wasser ausspülen) zusammen mit den Butterwürfeln mixen, sodass eine dicke Paste entsteht. Mit Salz und Pfeffer würzen.
Farfalle in Salzwasser al dente kochen, abgießen und mit der Rosenpaste verrühren. Auf Tellern anrichten und mit einer Rosenknospe garnieren. Sofort servieren.

92

Tagliatelle mit Kräutern und Speck

- *320 g Tagliatelle*
- *100 g Bauchspeck*
- *1 kleine Zwiebel*
- *1 kleines Bund Petersilie*
- *4–5 Basilikumblätter*
- *Olivenöl*
- *50 g Schafskäse, gerieben*
- *½ Tasse Gemüsebrühe*
- *Salz, Pfeffer*

Die Petersilien- und Basilikumblätter fein hacken. Die Zwiebel und den Speck klein schneiden und in 2 EL Olivenöl anbraten, Kräuter hinzufügen, salzen und pfeffern und mit der Gemüsebrühe aufgießen, 4–5 Minuten dünsten.
Die Tagliatelle in Salzwasser al dente kochen abseihen und sofort mit der Sauce vermischen.
Mit geriebenem Schafkäse bestreut servieren.

Trenette mit Kräutern

93

Die geschälten und entkernten Tomaten in kleine Stücke schneiden. Die Kräuter waschen, abtrocknen und alle sehr fein hacken. Die fein gehackte Zwiebel in einer Pfanne mit 3 EL Olivenöl anschwitzen, die leicht angedrückte Knoblauchzehe dazugeben und kurz mitbraten, dann die Kräuter hinzufügen. Die Knoblauchzehe wieder herausnehmen und die Tomaten dazugeben, 3–5 Minuten bei starker Hitze kochen, dann auf kleiner Flamme ca. 40 Minuten zugedeckt köcheln lassen. Ab und zu umrühren. Mit Salz und Peperoncino abschmecken.
Die Trenette in Salzwasser al dente kochen, abseihen und mit der Sauce vermischen und mit Rucola servieren. Den geriebenen Parmesan extra reichen.

- *350 g Trenette*
- *400 g Tomaten*
- *1 Zwiebel, fein hacken*
- *1 Knoblauchzehe*
- *etwas Basilikum, Salbei, Thymian, Majoran, Oregano und Minze*
- *½ Bund Rucola*
- *Parmesan, gerieben*
- *Olivenöl*
- *Peperoncino (Pulver)*
- *Salz*

Trofie mit Basilikumsauce

94

Die großen Basilikumblätter zerkleinern, ein paar kleine ganz lassen und zur Seite legen. Tomaten vierteln und mit den in dünne Scheiben geschnittenen Knoblauchzehen und den Basilikumblättern in eine Schüssel geben, 6 EL Olivenöl dazugeben, salzen, pfeffern und gut verrühren. Die Pinienkerne in einer beschichteten Pfanne ohne Fett leicht rösten.
Die Trofie in Salzwasser al dente kochen, abgießen und im kalten Wasser abschrecken. Zu den Tomaten geben und gut verrühren.
Den Parmesan in 4 kleinen Häufchen auf das mit Backpapier belegte Backblech geben, vorsichtig kreisförmig glatt streichen. Im Backofen bei 220 °C 4–5 Minuten schmelzen lassen. Die Parmesanplätzchen herausnehmen und in Stücke brechen. Die Trofie auf Teller verteilen und mit den gerösteten Pinienkernen, den kleinen Basilikumblättern und den Parmesanplätzchen garnieren.

- *300 g Trofie*
- *40 g Basilikumblätter*
- *25 g Pinienkerne*
- *4 Knoblauchzehen*
- *150 g Kirschtomaten*
- *40 g Parmesan, gerieben*
- *Olivenöl*
- *Salz, Pfeffer*

95

Bucatini mit Gemüseragout

- *350 g Bucatini*
- *500 g Auberginen*
- *200 g reife Tomaten*
- *10 ligurische Oliven*
- *10 Basilikumblätter*
- *1 Knoblauchzehe*
- *2 EL Schafskäse, gerieben*
- *Olivenöl*
- *Salz, Pfeffer*

Die Auberginen in unregelmäßige Stücke schneiden, auf ein schräg gestelltes Schneidebrett legen, salzen und ½ Stunde ziehen lassen. Waschen, ausdrücken und auf ein sauberes Küchentuch legen. Die Basilikumblätter zerkleinern, die Knoblauchzehe zerdrücken. In einer beschichteten Pfanne 3 EL Olivenöl erhitzen, die Knoblauchzehe, das Basilikum und die Oliven dazugeben und 4–5 Minuten erwärmen. Dann die Auberginenstücke hinzufügen, mit Salz und Pfeffer abschmecken und auf mittlerer Flamme 10 Minuten garen, öfter umrühren. Die geschälten und entkernten Tomaten in Stücke schneiden und zu den Auberginen geben, gut verrühren und auf großer Flamme noch einmal 10 Minuten kochen lassen, öfter umrühren. Die Bucatini in Salzwasser al dente kochen, abseihen und mit dem Gemüseragout vermischen, großzügig mit frisch geriebenem Schafskäse bestreuen, mit Pfeffer aus der Mühle würzen und sofort servieren.

96

Farfalle mit Gemüse-Ratatouille

- *350 g Farfalle*
- *80 g grüne Bohnen*
- *80 g Erbsen (ohne Schale)*
- *300 g Kirschtomaten*
- *2 Zucchini*
- *1 gelbe Paprikaschote*
- *1 rote Paprikaschote*
- *1 Aubergine*
- *1 Kartoffel*
- *1 Porreestange*
- *1 Stange Sellerie*
- *1 kleiner Thymianzweig*
- *Schafskäse, gerieben*
- *Olivenöl*
- *Salz, Pfeffer*

Das Gemüse putzen, waschen und in kleine Stücke schneiden. Zuerst den Porree in 4 EL Olivenöl andünsten, dann das restliche Gemüse hinzufügen und alles bissfest garen. Mit Salz, Pfeffer und 1 EL Thymianblättchen würzen.
In der Zwischenzeit die Farfalle in Salzwasser al dente kochen, abseihen und mit dem Gemüse vermengen, kurz ziehen lassen. Mit dem geriebenen Pecorino bestreuen und servieren.

Garganelli mit Puntarelle und grünen und schwarzen Oliven

97

Puntarelle waschen, die äußeren Blätter entfernen, die Knospen teilen und in dünne Scheiben schneiden. Die angedrückte Knoblauchzehe in 2 EL Olivenöl goldgelb anbraten, dann wieder herausnehmen. Puntarelle in die Pfanne geben und ein paar Minuten auf großer Flamme garen.
In der Zwischenzeit die Garganelli in Salzwasser sehr al dente kochen, abseihen und zum Gemüse geben. Mit Gemüsebrühe aufgießen, die zerkleinerten Oliven untermischen und mit Pfeffer und etwas Peperoncino abschmecken. Auf großer Flamme kurz aufkochen lassen. Servieren.

- *400 g Garganelli*
- *1 Puntarelle*
- *1 Knoblauchzehe*
- *1 Peperoncino*
- *80 g grüne und schwarze Oliven, entsteint*
- *1 Tasse Gemüsebrühe*
- *Olivenöl*
- *Salz, Pfeffer*

Pappardelle mit gemischtem Gemüse

98

Das Gemüse waschen, putzen und in ca. 3 cm lange Streifen schneiden. In einer Pfanne mit 6 EL Olivenöl 10 Minuten dünsten, salzen und mit dem Weißwein ablöschen, kurz einkochen lassen und das Ganze vom Herd nehmen.
Die Pappardelle in Salzwasser al dente kochen, abgießen und zum Gemüse geben. Den Parmesan mit der Sahne verquirlen und über die Pappardelle gießen, gut verrühren und kurz erwärmen. Mit Pfeffer abschmecken, nochmals gut verrühren und anschließend sofort auf vorgewärmten Tellern anrichten.

- *350 g Pappardelle*
- *20 Spargelspitzen*
- *20 dünne grüne Bohnen*
- *1 Karotte*
- *2 Zucchini*
- *1 Porreestange*
- *¼ gelbe Paprikaschote*
- *¼ rote Paprikaschote*
- *100 g Parmesan, gerieben*
- *250 g Sahne*
- *1 Glas trockener Weißwein*
- *Olivenöl*
- *Salz, Pfeffer*

99

Bucatini mit Porree und Schafskäse

- *350 g Bucatini*
- *300 g Porree*
- *50 g Schafskäse, gut abgelagert*
- *Olivenöl*
- *Salz, Pfeffer*

Den Porree putzen, dabei das obere Drittel vom Grünen abschneiden. In dünne Scheiben schneiden und in 4 EL Olivenöl bei mittlerer Hitze 15 Minuten dünsten. Kurz vor Ende der Garzeit ein paar EL Nudelkochwasser angießen und die Hälfte des geriebenen Schafskäses unterrühren. Mit Pfeffer abschmecken.
In der Zwischenzeit die Bucatini in Salzwasser al dente kochen, abseihen und zur Porreesauce geben, ein paar Minuten ziehen lassen. Den restlichen Schafskäse untermischen und sofort servieren.

100

Maccheroncini mit Eiern und Pecorino à la Calabrese

- *350 g Maccheroncini*
- *400 g Kartoffeln*
- *4 Eier*
- *4 EL Pecorino, gerieben*
- *1 Tasse Öl zum Frittieren*
- *Olivenöl*
- *Salz, Pfeffer*

Die Kartoffeln schälen und in kleine Würfel schneiden. In einem Topf das Öl zum Frittieren erhitzen und die Kartoffeln darin goldgelb ausbacken, auf Küchenpapier abtropfen lassen, salzen. Die Eier mit dem Käse verquirlen, salzen und pfeffern.
Die Maccheroncini in Salzwasser al dente kochen, abseihen. In einer Pfanne 4 EL Olivenöl erhitzen, die Maccheroncini dazugeben und die Eier-Käse-Mischung und die Kartoffeln unterheben. Kurz durchschwenken und auf vorgewärmten Tellern anrichten.

Cellentani mit Caciocavallo und gegrilltem Gemüse

101

kaltes Sommerrezept

- *350 g Cellentani*
- *100 g Feta (Schafskäse)*
- *80 g Caciocavallo*
- *80 g Fontina (Käse)*
- *200 g kleine Zucchini*
- *1 kleine gelbe Paprikaschote*
- *1 kleine rote Paprikaschote*
- *2 Lauchzwiebeln*
- *3 Majoranzweige*
- *½ TL Fenchelsamen*
- *Olivenöl*
- *Salz, Pfeffer*

Die Zucchini und die Zwiebeln putzen, der Länge nach in dicke Scheiben schneiden und grillen. Die Paprikaschoten putzen, Samenstände und weiße Häutchen entfernen und ebenfalls grillen. Den Feta zerbröckeln. Den Caciocavallo und den Fontina in kleine Würfel schneiden, die Fenchelsamen im Mörser zerdrücken.

Die Cellentani in Salzwasser al dente kochen, abseihen, auskühlen lassen und dann mit dem gegrillten Gemüse, den Fenchelsamen und den Majoranblättchen vermengen. Mit Salz und Pfeffer aus der Mühle abschmecken und mit 5–6 EL Olivenöl übergießen. Ca. 1 Stunde ziehen lassen, dann die Käsestückchen dazugeben, gut vermengen und servieren.

Überbackene Maccheroni mit Käse und Tomaten

102

- *350 g Maccheroni*
- *200 g Weißbrot, ein paar Tage alt*
- *800 g sehr reife Tomaten*
- *1 Knoblauchzehe*
- *2 Handvoll Basilikum*
- *50 g getrocknete Tomaten*
- *1 Mozzarella, in Würfel geschnitten*
- *2 Sardellenfilets*
- *2 Handvoll Parmesan, gerieben*
- *1 Tasse Sahne*
- *1 EL Rotweinessig*
- *½ Handvoll Thymianblättchen*
- *Olivenöl*
- *Salz, Pfeffer*

Das Weißbrot im Mixer zerkleinern. Die Tomaten mit Knoblauch, Basilikum, getrockneten Tomaten, Sardellen, Salz und Pfeffer im Mixer ca. 30 Sekunden pürieren. Eine Handvoll Parmesan, Sahne und Essig dazugeben und so lange weiter mixen, bis eine sämige Sauce entstanden ist. Mit Muskatnuss und evtl. Salz und Pfeffer abschmecken.

Die Maccheroni in Salzwasser al dente kochen, abgießen und einen Teil des Kochwassers auffangen. Mit der Sauce und etwas Nudelkochwasser vermischen und in eine feuerfeste, ausgebutterte Form füllen. Mit Mozzarellawürfeln belegen. Den restlichen Parmesan mit den Bröseln und den Thymianblättchen vermengen und darüberstreuen. Großzügig mit Olivenöl beträufeln. Im vorgeheizten Backofen bei 200 °C 15 Minuten garen. Die Kruste sollte goldbraun sein. Mit etwas Parmesan bestreut servieren.

103

Spaghetti mit Schafskäse auf sardische Art

- *350 g Spaghetti*
- *400 g Tomaten*
- *1 Stängel Basilikum*
- *1 kleines Bund Petersilie*
- *1 Knoblauchzehe*
- *etwas Butter*
- *150 g frischer sardischer Schafskäse, in Scheiben geschnitten*
- *Olivenöl*
- *Salz, Pfeffer*

Die gewaschenen und getrockneten Kräuter und die Knoblauchzehe fein hacken. Mit 3 EL Olivenöl anbraten. Dann die geschälten, entkernten und in Würfel geschnittenen Tomaten dazugeben, salzen. Alles so lange kochen, bis die Sauce sämig ist.
In der Zwischenzeit die Spaghetti in Salzwasser al dente kochen, abseihen und mit der Tomatensauce vermengen, mit Pfeffer aus der Mühle würzen. Alles in eine gebutterte Form füllen und den in feine Scheiben geschnittenen Schafskäse darüberlegen. Im Backofen bei 180 °C garen, bis der Käse geschmolzen und goldbraun ist.

104

Spaghetti mit Käseklößchen

- *350 g Spaghetti*
- *250 g Kirschtomaten*
- *125 g Mozzarella*
- *100 g Schafskäse, gerieben*
- *2 EL Semmelbrösel*
- *2 Eier*
- *2 Knoblauchzehen*
- *1 Bund Petersilie*
- *Olivenöl*
- *Salz, Pfeffer*

Für die Käseklößchen die Mozzarella in kleine Stücke schneiden und gut abtrocknen. Im Mixer pürieren. Dann Schafskäse, Eier, Semmelbrösel, fein gehackte Petersilie, Salz und Pfeffer dazugeben und verrühren. Sollte die Masse zu locker sein, noch etwas Semmelbrösel untermischen. Aus der Masse Klößchen formen (so groß wie Kirschen) und zur Seite stellen. Kirschtomaten waschen, halbieren und leicht eindrücken.
In einer Pfanne mit etwas Olivenöl die zerhackten Knoblauchzehen anbraten.
In der Zwischenzeit die Spaghetti in Salzwasser al dente kochen, abseihen und mit der Tomatensauce vermengen, mit Pfeffer würzen. Anschließend die Käseklöschen dazugeben und servieren.

Pilztagliatelle mit Ziegenkäse

105

Die geschälten und entkernten Tomaten leicht ausdrücken und in Würfel schneiden. Mit Olivenöl, Salz und Pfeffer würzen und zur Seite stellen. Vom Käse 12 Scheiben abschneiden (2 cm dick), den restlichen Käse zur Seite legen.
In einer beschichteten Pfanne 2 EL Olivenöl erhitzen und darin 1 El Rosmarinnadeln frittieren, herausnehmen und auf Küchenpapier abtropfen lassen. Noch 1 EL Olivenöl in die Pfanne geben und darin die Käsescheiben auf einer Seite goldgelb ausbacken.
In der Zwischenzeit die Tagliatelle in Salzwasser al dente kochen, abseihen und in eine Schüssel geben. Sauerrahm und den restlichen, in Würfel geschnittenen Ziegenkäse untermischen, mit reichlich Pfeffer aus der Mühle würzen und gut verrühren.
Die Tagliatelle auf vorgewärmten Tellern anrichten, den gebackenen Ziegenkäse vorsichtig darauf anrichten. Mit marinierten Tomatenwürfeln und frittierten Rosmarinnadeln garnieren.

- ***350 g Pilz- oder Trüffeltagliatelle***
- ***250 g Ziegenkäse (Rolle), mittelreif***
- ***150 g Sauerrahm***
- ***4 reife Tomaten***
- ***1 Rosmarinzweig***
- ***Olivenöl***
- ***Salz, Pfeffer***

Tagliatelle mit Auberginen und Caciocavallo

106

Die Auberginen waschen, abtrocknen und in 1 cm dicke Scheiben schneiden, auf einen Rost legen, mit Salz bestreuen und 20 Minuten ziehen lassen. Die angedrückte Knoblauchzehe und die Chilischote in 2 EL Olivenöl anbraten und wieder herausnehmen. Dann die Tomatenviertel in die Pfanne geben und zusammen mit 4 Basilikumblättern ca. 10–12 Minuten auf mittlerer Flamme garen. Die Auberginen mit Küchenpapier trocken tupfen, in Streifen schneiden und in heißem Öl knusprig ausbacken, herausnehmen und auf Küchenpapier abtropfen lassen.
Die Tagliatelle in Salzwasser al dente kochen, abseihen und zu den Tomaten geben, gut durchschwenken und ein paar Minuten ziehen lassen. Auf Teller verteilen, die frittierten Auberginen darüber geben und mit kleinen Basilikumblättern garnieren.

- ***350 g Tagliatelle***
- ***350 g reife Flaschentomaten (z. B. San Marzano)***
- ***150 g Caciocavallo (Käse)***
- ***1 große Aubergine***
- ***1 Knoblauchzehe***
- ***1 Stängel Basilikum***
- ***1 kleine Chilischote***
- ***Olivenöl***
- ***Öl zum Frittieren***
- ***Salz***

107

Linguine mit geräucherter Mozzarella

- ***350 g Linguine***
- ***200 g geräucherte Mozzarella***
- ***1 kleines Bund Petersilie, fein gehackt***
- ***3 EL Olivenöl***
- ***Salz, Pfeffer***

Den Mozzarella in sehr kleine Würfel schneiden, die Petersilienblätter fein hacken.
Die Linguine in Salzwasser al dente kochen, abseihen und in eine vorgewärmte Schüssel geben. Mit Olivenöl, Mozzarellawürfeln und Petersilie verrühren und servieren.

108

Tagliolini mit jungem Spinat und Pecorino

- ***350 g frische Tagliolini***
- ***100 g junger Spinat***
- ***100 g dünne grüne Bohnen***
- ***1 Karotte***
- ***2 Tomaten***
- ***1 Stange Sellerie***
- ***½ Schalotte***
- ***100 g Rohschinken***
- ***40 g Pecorino mit Pfefferkörnern***
- ***etwas trockener Weißwein***
- ***4 EL Olivenöl***
- ***Salz***

Die Bohnen in 5 cm lange Stücke schneiden. Die Karotte, die Selleriestange und die Schalotte in Würfel schneiden. Alles zusammen in 3 EL Olivenöl anschwitzen. Dann den in Streifen geschnittenen Rohschinken hinzufügen. Mit ½ Glas Weißwein aufgießen und 5 Minuten dünsten. Die Spinatblätter und die geschälten, entkernten und in Würfel geschnittenen Tomaten dazugeben, salzen und weitere 5 Minuten köcheln lassen.
Die Tagliolini in Salzwasser al dente kochen, abgießen, zum Gemüse geben und durchschwenken. Den gehobelten Pecorino darüberstreuen.

Bucatini mit Kartoffeln und Primosale-Käse

109

Die Kartoffeln schälen und in kleine Würfel schneiden, kurz sieden und abkühlen lassen.
Die gekochten Kartoffeln, die in dünne Streifen geschnittenen Tomaten, den fein gehackten Basilikum, die getoasteten Pinienkerne, die kurz aufgeweichten und ausgedrückten Sultaninen, eine Messerspitze Oregano und den Orangensaft gemeinsam in eine große Schüssel geben; mit einer Kelle Pasta-Kochwasser übergießen und sehr gut verrühren.
In der Zwischenzeit die Bucatini in Salzwasser al dente kochen, abseihen und in die Schüssel zu den anderen Zutaten schütten; vorsichtig vermengen und den Primosale-Käse in Schuppen auf die Pasta reiben.
Eine feuerfeste Form mit Öl auspinseln und mit etwas Semmelbröseln bestreuen.
Die Bucatini mit einer Gabel in den Semmelbröseln zu Nestern aufrollen, in die feuerfeste Form geben und bei 180° C 15 Minuten backen. Herausnehmen und in der Form servieren.

- ***350 g Bucatini***
- ***200 g Primosale-Käse (Reibkäse)***
- ***50 g getrocknete Tomaten***
- ***20 g getoastete Pinienkerne***
- ***20 g Sultaninen***
- ***100 g Semmelbrösel***
- ***1 l Orangensaft***
- ***2 Kartoffeln***
- ***1 Basilikumzweig***
- ***Oregano***
- ***Olivenöl***
- ***Salz***

Tagliolini mit Parmesan-Fondue

110

In einem kleinen Topf Eigelb mit 80 g geriebenem Parmesan verquirlen, mit Muskatnuss würzen, die erwärmte Milch dazugeben und auf kleiner Flamme so lange kochen, bis die Sauce sämig wird.
Die Tagliolini in Salzwasser al dente kochen, abseihen und in eine vorgewärmte Schüssel geben. Zuerst mit der Butter, dann mit dem Parmesan-Fondue vermengen. Mit den Majoranblättchen garnieren, mit Pfeffer würzen und mit einigen Parmesanspänen bestreut servieren.

- ***350 g frische Tagliolini***
- ***200 g Parmesan***
- ***1 Glas Milch***
- ***40 g Butter***
- ***1 Majoranzweig***
- ***Muskatnuss***
- ***Salz, Pfeffer***

111

Tagliolini mit jungem Spinat und Ziegenkäse

- *350 g Tagliolini*
- *100 g harter Ziegenkäse, Späne*
- *500 g junger Spinat*
- *6 EL Sahne*
- *Salz, Pfeffer*

Den Spinat waschen und in einem Topf auf kleiner Flamme, ohne Zugabe von Wasser, zugedeckt dünsten, gut ausdrücken und grob schneiden.
Die Tagliolini in Salzwasser al dente kochen, abseihen und in eine vorgewärmte Schüssel geben. Die lauwarme Sahne untermischen, den Spinat und den in Späne gehobelten Ziegenkäse dazugeben und gut verrühren. Mit Salz und Pfeffer aus der Mühle abschmecken.

112

Tubetti mit Kartoffeln und geräuchertem Provolone

- *350 g Tubetti*
- *500 g Kartoffeln*
- *3 Thymianzweige*
- *1 große Zwiebel, fein gehackt*
- *40 g geräucherter Provolone (Käse)*
- *Olivenöl*
- *Salz, Pfeffer*

Die fein gehackte Zwiebel zusammen mit den Thymianblättchen in 3 EL Olivenöl glasig anschwitzen. Die Kartoffeln in kleine Würfel schneiden und dazugeben, zugedeckt 10 Minuten garen, ab und zu umrühren. Dann ½ l Wasser aufgießen, salzen und pfeffern und auf sehr kleiner Flamme 20 Minuten kochen lassen. Danach die Flamme größer schalten und noch so lange kochen, bis die Sauce sehr cremig ist. Den in kleine Stücke geschnittenen Käse untermischen und noch so lange kochen bis der Käse geschmolzen ist.
Die Tubetti in Salzwasser al dente kochen, abseihen, mit der zubereiteten Sauce vermischen.

Bavette mit Sardellen und Fontina

113

Die Sardellenfilets mit einer Gabel zerkleinern, den Käse in kleine Würfel schneiden. Eigelb in einer Schüssel aufschlagen, mit dem Käse vermengen, salzen, pfeffern und etwas ruhen lassen. Die zerkleinerten Sardellen in 3 EL Olivenöl erhitzen, die Eiersauce dazugeben, verrühren und leicht stocken lassen.
In der Zwischenzeit die Bavette in Salzwasser al dente kochen, abseihen und zur Sauce geben, gut verrühren, mit gemahlenem Pfeffer und der fein gehackten Petersilie bestreuen und servieren.

- *350 g Bavette*
- *100 g Fontina (Käse)*
- *8 Sardellenfilets aus der Dose*
- *3 Eigelb*
- *1 Stängel Petersilie*
- *Olivenöl*
- *Salz, Pfeffer*

Bavette mit Quark, frischen Lauchzwiebeln und gerösteten Brotwürfeln

114

Die Zwiebeln sehr dünn schneiden. Die gemischten Kräuter ca. 10 Minuten in 1 EL Olivenöl legen. In einer Pfanne 4 EL Olivenöl erhitzen, die Zwiebeln darin glasig dünsten; salzen und die geriebene Orangenschale untermengen. Zugedeckt, auf kleiner Flamme 10 Minuten dünsten. Den Quark mit dem geriebenen Parmesankäse, etwas Salz, Muskatnuss und 1 Kelle vom Nudelkochwasser verrühren. Die Kräuter und das in Würfel geschnittene Brot auf ein gefettetes Backpapier legen und unter dem Grill goldgelb braten. In der Zwischenzeit die Lasagnette in Salzwasser al dente kochen, abseihen und gut mit der Quarkmischung vermengen. Mit den Kräuter-Brotwürfeln bestreuen und sofort servieren.

- *350 g Bavette*
- *16 frische Zwiebeln*
- *150 g Quark*
- *40 g Parmesan, gerieben*
- *100 g Vollkornbrot*
- *1 EL getrocknete Kräuter der Provence*
- *1 Orange (unbehandelt)*
- *Muskatnuss*
- *Olivenöl*
- *Salz*

115

Maltagliati mit Porreecreme und geräuchertem Scamorza

- *350 g Maltagliati*
- *150 g geräucherter Scamorza (Käse)*
- *4 mittelgroße Porreestangen*
- *2 Knoblauchzehen*
- *3 Minzezweige*
- *Olivenöl*
- *Salz, Pfeffer*

Den weißen Teil vom Porree und die Knoblauchzehen klein schneiden und in einer Pfanne mit 5 EL Olivenöl anschwitzen, Minzeblätter dazugeben, salzen und pfeffern. Bei kleiner Hitze so lange garen, bis das Gemüse sehr weich und cremig ist. Eventuell mit etwas warmem Wasser aufgießen.
Die Maltagliati in Salzwasser al dente kochen, abseihen und mit der Porreesauce vermengen, mit dem Scamorza-Käse belegen und kurz im Ofen überbacken.

116

Mezze Penne mit Mascarpone

- *350 g Mezze Penne*
- *100 g Mascarpone*
- *80 g Bauchspeck, in Scheiben geschnitten*
- *2 EL Wodka*
- *1 Rosmarinzweig*
- *25 g Parmesan, gerieben*
- *30 g Butter*
- *Salz, Pfeffer*

Den Mascarpone mit Parmesan und Wodka verrühren. Den Bauchspeck und 1 EL Rosmarinnadeln grob schneiden. Die Butter zerlassen bis sie schaumig wird, Speck und Rosmarin 1 Minute darin braten.
In der Zwischenzeit die Mezze Penne al dente kochen, abseihen (etwas Kochwasser auffangen) und zurück in den Topf geben. Mit der Mascarponecreme, 2 EL Nudelkochwasser, dem gerösteten Speck vermengen. Großzügig mit Pfeffer aus der Mühle würzen.

Orecchiette mit Kirschtomaten, Rucola und Provolone

117

kaltes Sommergericht

Orecchiette in Salzwasser al dente kochen und auf einem Küchentuch abkühlen lassen. Die geteilten Tomaten in eine große Schüssel geben, mit Salz und Pfeffer würzen, die fein gehackten Knoblauchzehen unterrühren und alles mit ½ Glas Olivenöl übergießen. Die abgekühlten Orecchiette dazugeben und gut unterrühren, dann den in Würfel geschnittenen Provolone und den zerkleinerten Rucola hinzufügen. Gut verrühren, mit Salz und Pfeffer abschmecken. Wenn nötig noch etwas Olivenöl dazugeben.

- *350 g Orecchiette*
- *200 g Kirschtomaten*
- *100 g Rucola*
- *200 g pikanter Provolone (Käse)*
- *2 Knoblauchzehen*
- *Olivenöl*
- *Salz, Pfeffer*

Pappardelle mit Birne und Gorgonzola

118

Birnen schälen, entkernen und in feine Scheiben schneiden. Mit Zitrone beträufeln, damit sie sich nicht verfärben. Mangold waschen und grob schneiden.
In einer Pfanne ½ Wasserglas Olivenöl erhitzen, die angedrückten Knoblauchzehen darin goldgelb anbraten, den Mangold dazugeben und darin garen, salzen und vom Feuer nehmen. Den Gorgonzola zerdrücken und auf kleiner Flamme schmelzen lassen. Nüsse grob hacken und hinzufügen.
Pappardelle in Salzwasser al dente kochen, abgießen und in die Pfanne zum Mangold geben, Gorgonzolacreme und Birnen hinzufügen, kurz vermischen und sofort servieren.

- *350 g Pappardelle*
- *500 g Mangold*
- *150 g Gorgonzola*
- *100 g Nüsse, ohne Schale*
- *2 Birnen (z. B. Gute Luise)*
- *2 Knoblauchzehen*
- *1 Zitrone*
- *Olivenöl*
- *Salz*

119

Pappardelle mit Radicchio und Mascarpone

- *350 g Pappardelle*
- *300 g Radicchio*
- *4 Knoblauchzehen*
- *250 g Mascarpone*
- *20 g Parmesan, gerieben*
- *¼ l Sahne*
- *1 Glas trockener Rotwein*
- *3 EL Olivenöl*
- *Salz, Pfeffer*

Den gewaschenen Radicchio ca. 20 Minuten in warmes Wasser legen, damit er die Bitterstoffe verliert. Abtrocknen und in Streifen schneiden. Die Knoblauchzehen leicht andrücken und in Olivenöl goldgelb anbraten. Die Radicchiostreifen dazugeben, kurz dünsten und mit Rotwein ablöschen. Mascarpone und Sahne in einer Schüssel gut verrühren und unter den Radicchio mischen. Parmesan hinzufügen, mit Salz und Pfeffer abschmecken.
Pappardelle in Salzwasser al dente kochen, abgießen und zur Radicchiosauce geben, gut verrühren und auf vorgewärmten Tellern anrichten.

120

Penne mit Gorgonzola und grünen Bohnen

- *350 g Penne*
- *250 g grüne Bohnen*
- *220 g Gorgonzola*
- *1 Porreestange*
- *150 g Sahne*
- *100 ml Weißwein*
- *Salz, Pfeffer*

Die Bohnen putzen, waschen und halbieren. Den gewaschenen Porree in Streifen schneiden und in 2 EL Olivenöl andünsten. Mit Weißwein aufgießen und einkochen lassen. Die Sahne dazugeben und ein paar Minuten erhitzen. Den in kleine Würfel geschnittenen Gorgonzola unterrühren und bei kleiner Flamme schmelzen lassen. Immer wieder umrühren.
Die Penne zusammen mit den Bohnen in Salzwasser al dente kochen, abseihen und zur Gorgonzolasauce geben, sehr gut vermengen und 3 Minuten ziehen lassen. Mit Salz und Pfeffer aus der Mühle abschmecken. Sofort auf vorgewärmten Tellern anrichten und servieren.

Tagliatelle mit Paprika-Frischkäse

121

Zwiebeln schälen, würfeln, Paprika und Tomaten waschen und klein schneiden. Olivenöl in der Pfanne erhitzen, darin erst die Zwiebeln andünsten bis sie glasig werden, dann den Schinken dazufügen und kurz anbraten. Danach den Paprika dazugeben und auch kurz mit andünsten. Nun den Frischkäse dazugeben, zerlaufen lassen und erhitzen. Zum Schluss die Tomaten dazugeben und das ganze noch ca. 5 Minuten leicht köcheln lassen. Tagliatelle in Salzwasser al dente kochen, abseihen und mit der Soße vermischen. Mit Salz und Pfeffer abschmecken und servieren.

- ***350 g Tagliatelle***
- ***150 g gewürfelten Schinken***
- ***2 Zwiebeln***
- ***2 Paprikaschoten***
- ***200 g Frischkäse mit Paprika***
- ***10 Kirschtomaten***
- ***Olivenöl***
- ***Salz, Pfeffer***

Rigatoni mit Gorgonzola

122

Eine Keramikschüssel mit einer Knoblauchzehe ausreiben, dann die Schüssel warm stellen. Gorgonzola und Mozzarella in Würfel schneiden und mit einer Gabel zerdrücken, in die Schüssel geben und mit Sahne, Milch, Parmesan und frisch gemahlenem Pfeffer zu einer cremigen Masse verrühren, warm stellen.
In der Zwischenzeit die Rigatoni in Salzwasser al dente kochen, abseihen und zur Käsecreme geben, gut verrühren und nochmals mit Pfeffer bestreuen.

- ***500 g Rigatoni***
- ***200 g Gorgonzola***
- ***100 g Mozzarella***
- ***200 g Sahne***
- ***100 g Milch***
- ***50 g Parmesan, gerieben***
- ***1 Knoblauchzehe***
- ***Pfeffer***

123

Spaghetti alla chitarra mit Käsecreme

- *350 g Spaghetti alla chitarra*
- *600 g Zucchini*
- *120 g milder Gorgonzola*
- *120 g Ricotta*
- *50 g Parmesan, gerieben*
- *3 EL Sahne*
- *40 g Butter*
- *1 Stängel Basilikum*
- *1 Tasse Öl zum Frittieren*
- *Salz, Pfeffer*

Zucchini in feine Scheiben schneiden und in Öl goldgelb frittieren, herausnehmen und auf Küchenpapier abtropfen lassen. Warm stellen. Die Butter schmelzen lassen und den würfelig geschnittenen Gorgonzola und die Sahne dazugeben, so lange verrühren, bis eine cremige Masse entsteht. Anschließend auch den geriebenen Parmesan und die Ricotta untermischen. Auf sehr kleiner Flamme cremig rühren.
Spaghetti in Salzwasser al dente kochen, abgießen und zur Käsesauce geben. Auf kräftiger Flamme kurz aufkochen und gut verrühren, die gebackenen Zucchini untermischen. In eine vorgewärmte Schüssel geben, mit zerkleinerten Basilikumblättern garnieren und mit Pfeffer aus der Mühle würzen. Sofort servieren.

124

Spaghetti mit Kürbis und Mascarpone

- *350 g Spaghetti*
- *500 g Kürbis, ohne Schale*
- *200 g Mascarpone*
- *1 Schalotte, fein gehackt*
- *1 EL Butter*
- *3 EL Parmesan, gerieben*
- *1 Salbeiblatt*
- *Olivenöl*
- *Salz, Pfeffer*

Kürbis in Scheiben schneiden. Die fein gehackte Schalotte in 1 EL Butter und 1 EL Olivenöl glasig dünsten, Kürbisscheiben und 1 Salbeiblatt dazugeben und weich kochen. Salbeiblatt entfernen. Den Mascarpone in eine vorgewärmte Schüssel geben, den Parmesan und die fein gehackten Kräuter untermischen, mit Salz und Pfeffer aus der Mühle abschmecken, etwas Spaghettikochwasser dazugeben und gut verrühren.
Spaghetti in Salzwasser al dente kochen, abgießen und in die Schüssel zum Mascarpone geben. Gut vermengen und die Kürbissauce vorsichtig unterheben. Sofort servieren.

Spaghetti mit Auberginen und Ricotta

125

Die gewaschenen und getrockneten Auberginen der Länge nach in 1 cm dicke Scheiben schneiden. In einer Pfanne 8 EL Olivenöl erhitzen und die Auberginenscheiben darin auf beiden Seiten goldgelb frittieren. Aus dem Öl nehmen, auf Küchenpapier abtropfen lassen und warm stellen.
Die geschälten und entkernten Tomaten in kleine Würfel schneiden. Etwas Olivenöl in einer Pfanne erhitzen und darin die leicht angedrückten Knoblauchzehen und die Chilischote anbraten, dann wieder herausnehmen. Die Tomaten dazugeben, salzen und 15 Minuten kochen. Eine Handvoll Basilikumblätter in Streifen schneiden und unter die Tomatensauce mischen.
In der Zwischenzeit die Spaghetti in Salzwasser al dente kochen, abgießen und mit der Tomatensauce und geriebenem Ricotta vermengen. Die Auberginenscheiben sternförmig auf der Pasta verteilen, leicht salzen und mit fein gehacktem Basilikum bestreuen.

- *400 g Spaghetti*
- *4 Auberginen*
- *750 g reife Tomaten*
- *2 Knoblauchzehen*
- *100 g frisch geriebener Ricotta (evtl. geräucherter Ricotta)*
- *1 kleine scharfe Chilischote*
- *1 Stängel Basilikum*
- *Olivenöl*
- *Salz*

Tagliatelle mit jungem Spinat, Mascarpone und Parmesan

126

In einer großen Pfanne 4 EL Olivenöl und die Butter erhitzen, die angedrückten Knoblauchzehen goldgelb braten, mit etwas Muskatnuss abschmecken. Die Knoblauchzehen wieder entfernen. Den gut gewaschenen und in Streifen geschnittenen Spinat dazugeben und zugedeckt ca. 3–5 Minuten garen. Mit Salz und Pfeffer abschmecken. Sahne, Mascarpone und eine kleine Schöpfkelle Nudelkochwasser hinzufügen, kurz aufkochen lassen und erneut abschmecken.
In der Zwischenzeit die Tagliatelle in Salzwasser al dente kochen, abseihen, dabei einen Teil des Kochwassers auffangen, und unter die Käsesauce mischen, 4 EL frisch geriebenen Parmesan darüber streuen, nochmals gut durchschwenken. Wenn nötig die Sauce mit etwas Kochwasser geschmeidiger machen. Noch einmal abschmecken und sofort servieren.

- *400 g Tagliatelle*
- *400 g junger Spinat*
- *1 Tasse Sahne*
- *150 g Mascarpone*
- *2 TL Butter*
- *2 Knoblauchzehen*
- *Parmesan, gerieben*
- *Muskatnuss*
- *Olivenöl*
- *Salz, Pfeffer*

127

Tagliolini mit Zucchini, Kirschtomaten und Feta

- *400 g Tagliolini*
- *300 g Kirschtomaten*
- *280 g Feta (Käse)*
- *240 g Zucchini*
- *1 Knoblauchzehe*
- *1 EL Pesto (Fertigprodukt)*
- *Peperoncino*
- *Olivenöl*
- *Salz, Pfeffer*

Die Zucchini in dünne Streifen schneiden und in 3 EL Olivenöl dünsten, mit Salz und Pfeffer abschmecken. Den gehackten Knoblauch und den zerbröselten Peperoncino dazugeben.
Die Tagliolini in Salzwasser al dente kochen, abseihen und in die Pfanne mit den Zucchini geben, durchschwenken. Die geviertelten Kirschtomaten, Pesto und den zerkleinerten Feta unterrühren und gleich servieren.

128

Tagliolini-Nester mit Scamorza und Kirschtomaten

- *200 g Tagliolini*
- *1 Aubergine, mittelgroß*
- *1 große gelbe Paprikaschote*
- *1 große rote Paprikaschote*
- *80 g geräucherter Scamorza (Käse)*
- *4 Kirschtomaten*
- *2 Knoblauchzehen*
- *Basilikum*
- *Olivenöl*
- *Salz, Pfeffer*

Die Paprikaschoten unterm Grill so lange braten, bis die Haut aufplatzt, dann schälen, grob schneiden und in eine Schüssel geben. Mit angedrücktem Knoblauch, Salz und Pfeffer, gehacktem Basilikum und 4 EL Olivenöl gut verrühren und 30 Minuten ziehen lassen. Den Knoblauch wieder herausnehmen. Die Auberginen putzen und in 4 dicke Scheiben schneiden, diese auf beiden Seiten grillen und auf ein mit Backpapier ausgelegtes Backblech geben, mit etwas Olivenöl beträufeln, salzen und pfeffern.
Die Tagliolini in Salzwasser al dente kochen, abseihen. Mit den Paprikaschoten und der Hälfte des grob geriebenen Käses vermengen. Mit einer Gabel von den Nudeln Nester drehen und auf die Auberginenscheiben legen, mit dem restlichen Käse bestreuen und in die Mitte eines jeden „Nestes“ eine Kirschtomate legen. Bei 250° für 2–3 Minuten im Ofen überbacken, dann auf warme Teller geben und mit etwas Olivenöl beträufelt servieren.

Ziti mit Roter Bete und Quarkcreme

129

Rote Bete wenn nötig schälen und ¾ davon im Mixer pürieren. Die Schalotten fein hacken und in Olivenöl anschwitzen. Die pürierte Rote Bete dazugeben, mit Salz und Pfeffer abschmecken und auf kleiner Flamme 3–4 Minuten kochen. Vom Feuer nehmen und den Quark untermischen. Die restliche Rote Bete in kleine Würfel schneiden, die Zitrone gut waschen, in dünne Scheiben schneiden und halbieren.
Ziti in drei Teile brechen und in Salzwasser al dente kochen, abgießen und in die Pfanne zur Roten Bete geben, durchschwenken. Nun auch die übrige Rote Bete hinzufügen und ca. 1 Minute köcheln lassen, wenn nötig etwas Nudelkochwasser dazugeben. Die Ziti mit frisch gemahlenem Pfeffer würzen, mit Mohn, den Zitronenscheibchen und dem fein gehackten Schnittlauch dekorieren. Zum Schluss mit geriebenem Parmesan bestreuen.

- ***350 g Ziti***
- ***150 g Quark***
- ***200 g Rote Bete, gekocht***
- ***3 Schalotten***
- ***150 g Quark***
- ***1 kleines Bund Schnittlauch***
- ***1 kleine Zitrone (unbehandelt)***
- ***1 TL Mohn***
- ***20 g Parmesan, gerieben***
- ***2 EL Olivenöl***
- ***Salz, Pfeffer***

Lasagnette mit Ricotta romana

130

In einer Schüssel Ricotta mit geriebenem Parmesan, Salz und Pfeffer gut verrühren.
Lasagnette in Salzwasser al dente kochen, ½ Kelle Nudelkochwasser zur Ricottasauce geben und vermengen. Die Pasta abgießen und mit der Ricottasauce gut vermischen. Mit den grob zermörserten Pfefferkörnern bestreut servieren.

- ***320 g Lasagnette***
- ***200 g Ricotta***
- ***40 g Parmesan, gerieben***
- ***schwarze Pfefferkörner***
- ***Salz, Pfeffer***

131

Nudeln mit vier Sorten Käse

- *350 g kurze Nudeln (z. B. Maccheroni, Penne oder Maltagliati)*
- *100 g Butter*
- *100 g junger Parmesan, gerieben*
- *70 g Gorgonzola*
- *70 g Taleggio (Käse)*
- *1 kleine Mozzarella*
- *1 Knoblauchzehe*
- *Salz, Pfeffer*

Käse würfelig aufschneiden und zusammen mit der Butter mit einer Gabel zerdrücken. Geriebenen Parmesan dazugeben. Den zerkleinerten Käse in eine feuerfeste Schüssel geben, die vorher mit einer angeschnittenen Knoblauchzehe ausgerieben wurde, und in den vorgewärmten Backofen stellen.

Nudeln in Salzwasser al dente kochen, abgießen und zum Käse geben. Die zerkleinerte Knoblauchzehe unterrühren, großzügig Pfeffer darüber mahlen und sofort auf vorgewärmte Teller verteilen.

132

Bucatini mit Kartoffeln und Primosale

- *350 g Bucatini*
- *200 g Primosale (Käse) oder Mozzarella*
- *50 g getrocknete Tomaten*
- *20 g Pinienkerne, geröstet*
- *20 g Sultaninen*
- *100 g Semmelbrösel*
- *Saft von 1 Orange*
- *2 Kartoffeln*
- *1 Stängel Basilikum*
- *Oregano*
- *Olivenöl*
- *Salz*

Die Kartoffeln schälen und in kleine Würfel schneiden, kurz kochen, abkühlen lassen. Die gekochten Kartoffeln, die in dünne Streifen geschnittenen Tomaten, das fein gehackte Basilikum, die gerösteten Pinienkerne, die eingeweichten und ausgedrückten Sultaninen, eine Msp. Oregano und den Orangensaft in eine große Schüssel geben und mit 1 Kelle Nudelkochwasser übergießen, gut verrühren.

Die Bucatini in Salzwasser kochen (sehr al dente), abseihen und in die Schüssel mit den Zutaten für die Sauce geben, gut vermengen. Die Bucatini und den in Würfel geschnittenen Primosale mit einer Gabel in den Semmelbröseln zu Nestern drehen und in eine gefettete Form setzen. Bei 200 °C im Ofen so lange garen, bis der Käse schmilzt. Mit Basilikumblättchen garnieren und in der Form servieren.

133

Bucatini all'amatriciana mit Rindswange und Gemüse

- *350 g Bucatini*
- *100 g Rindswange*
- *350 g geschälte Tomaten aus der Dose (Pelati)*
- *1 kleine Zwiebel*
- *1 Paprikaschote*
- *2 EL Basilikum und Petersilie, fein gehackt*
- *1 Stange Sellerie*
- *trockener Weißwein*
- *Pecorino, gerieben*
- *1 kleiner Peperoncino*
- *Olivenöl*
- *Salz*

Das Gemüse putzen, waschen und in Würfel schneiden. Die Zwiebel in 2 EL Olivenöl anbraten, Gemüse dazugeben und ca. 5 Minuten garen, dabei öfter umrühren. Vom Feuer nehmen. Die Rindswange in Würfel schneiden und in einer Pfanne mit 1 EL Olivenöl und dem Peperoncino auf kräftiger Flamme einige Minuten anbraten, mit Weißwein aufgießen und einkochen lassen. Die Tomaten hinzufügen, mit einer Gabel zerdrücken, mit Salz abschmecken und 10–15 Minuten garen.
Die Bucatini in Salzwasser al dente kochen, abseihen und in die Pfanne zum Fleisch geben, kurz durchschwenken. Mit 3 EL Pecorino bestreuen und gut verrühren. Das Gemüse und die gehackten Kräuter dazugeben und servieren.

134

Pici mit Fleischsauce

- *350 g Pici*
- *500 g Rinderhackfleisch*
- *1,5 kg Eiertomaten aus der Dose*
- *3 Lorbeerblätter*
- *1 Rosmarinzweig*
- *2 Knoblauchzehen*
- *1 rote Zwiebel*
- *Parmesan*
- *Salz, Pfeffer*

In einem großen Topf 3 EL Olivenöl erhitzen und die fein gehackte Zwiebel und die Knoblauchzehen 10 Minuten goldgelb dünsten. Lorbeerblätter, Rosmarinzweig, Hackfleisch und die zerkleinerten Tomaten dazugeben und gut verrühren. Auf kleiner Hitze zugedeckt ca. 2 Stunden köcheln lassen. Sollte die Sauce ansetzen, sofort mit warmem Wasser aufgießen. Immer wieder umrühren. Zuletzt mit Salz und frisch gemahlenem Pfeffer würzen. Lorbeerblätter und Rosmarinzweig entfernen.
Die Pici in Salzwasser al dente kochen, abseihen und unter die Sauce mischen, mit einem Schuss Olivenöl abrunden und servieren. Dazu frisch geriebenen Parmesan reichen.

Spaghetti alla chitarra mit Hasenrücken, Oliven und scharfen Mandeln

Den Hasenrücken in kleine Stücke schneiden, salzen und zusammen mit den ungeschälten Knoblauchzehen in 4 EL Olivenöl bei mittlerer Hitze ca. 5 Minuten braten. Mit Weißwein aufgießen, einkochen lassen, die Flamme reduzieren und weitere 20 Minuten schmoren. Die Oliven und den fein gehackten Rosmarin dazugeben, mit Salz abschmecken.
Die Mandeln in Lamellen schneiden, mit einem EL Olivenöl und einem ½ TL Paprikapulver verrühren und in einer beschichteten Pfanne goldgelb braten.
Die Spaghetti alla chitarra in Salzwasser al dente kochen, abseihen, mit der Hasensauce vermengen, mit den Mandeln bestreuen. Eventuell mit den Knoblauchzehen garnieren.

- ***350 g Spaghetti alla chitarra***
- ***400 g Hasenrücken, ohne Knochen***
- ***80 g schwarze Oliven***
- ***50 g Mandeln, ungeschält***
- ***4 Knoblauchzehen***
- ***1 Glas Weißwein***
- ***1 Rosmarinzweig***
- ***Olivenöl***
- ***Paprikapulver, scharf***
- ***Salz***

136

Pappardelle mit Kaninchen, Rosmarin und frittiertem Porree

- *350 g Pappardelle*
- *2 Kaninchenlenden, ohne Knochen*
- *Kaninchenherz, -leber und -nieren (je nach Geschmack)*
- *1 Zwiebel*
- *1 Knoblauchzehe*
- *1 Rosmarinzweig*
- *60 g Butter*
- *2 mittelgroße Porreestangen*
- *etwas Gemüsebrühe*
- *trockener Weißwein*
- *Parmesan, gerieben*
- *Olivenöl*
- *Salz, Pfeffer*

Das Kaninchen muss 24 Stunden im Kühlschrank marinieren. Für die Marinade 5 EL Olivenöl, Salz, Pfeffer, die fein gehackte Knoblauchzehe, 1 EL fein gehackter Rosmarin und den Saft von ½ Zitrone verrühren und über die Kaninchenkeulen gießen. Zugedeckt im Kühlschrank marinieren lassen.
Das Kaninchen in heißem Olivenöl auf beiden Seiten gut anbraten, dann 20 Minuten bei 110 °C im Backofen garen lassen. Herausnehmen, abkühlen und das Fleisch in Würfel schneiden. Die Kaninchenwürfel mit der Hälfte der Butter leicht anrösten, mit Weißwein ablöschen und mit etwas Gemüsebrühe aufgießen, einkochen lassen. Erneut etwas Weißwein dazugeben und wieder einkochen lassen. 1 EL fein gehackten Rosmarin darüberstreuen und kurz mitkochen, wenn die Sauce zu sehr eingekocht ist, mit etwas Gemüsebrühe aufgießen. Den Porree gut waschen und nur den weichen Teil in kurze Stäbchen (Julienne) schneiden, in Mehl wälzen und in Olivenöl frittieren.
Die Pappardelle in Salzwasser al dente kochen, abseihen und mit der Kaninchensauce vermischen, ein nussgroßes Stück Butter und geriebenen Parmesan unterrühren. Den frittierten Porree auf den Pappardelle verteilen und servieren.
Die Innereien mit gehackter Zwiebel und fein gehacktem Rosmarin kurz anbraten, salzen und pfeffern und mit Weißwein (besser noch Dessertwein) aufgießen, einkochen lassen. Die Innereien abkühlen lassen, klein schneiden und auf getoasteten Brotscheiben zu den Pappardelle reichen.

Farfalle mit Truthahn

137

Die fein gehackte Zwiebel in Olivenöl goldgelb anbraten, die Bauchspeckwürfel und die in Streifen geschnittenen Truthahnschnitzel dazugeben und kurz braten.
Mit Salz und Pfeffer würzen. Die Tomatensauce, die Erbsen und etwas Oregano dazugeben und ca. 30 Minuten bei mittlerer Hitze kochen lassen, wenn nötig Wasser zugießen.
Farfalle al dente kochen und mit der Sauce vermischen.

- ***400 g Farfalle***
- ***200 g Truthahnschnitzel***
- ***100 g geräucherter Bauchspeck, in Würfel geschnitten***
- ***400 g Tomatensauce***
- ***200 g Erbsen (frisch oder tiefgekühlt)***
- ***3 EL Olivenöl***
- ***1 kleine Zwiebel, fein gehackt***
- ***Oregano***
- ***Salz, Pfeffer***

Fettuccine mit Tomatensauce, Pilzen und Innereien vom Huhn

138

Die Pilze in lauwarmem Wasser ca. 1 Stunde einweichen. Die Innereien vom Huhn putzen, waschen, abtrocknen und klein schneiden. Das Wurzelgemüse mit der angedrückten Knoblauchzehe und dem fein aufgeschnittenen Speck anschwitzen, die Knoblauchzehe wieder entfernen. Dann die Tomatensauce hinzufügen, mit Salz und Pfeffer abschmecken und 15–20 Minuten kochen lassen. 30 g Butter erhitzen, die Innereien darin anbraten. Dann die gut ausgedrückten Pilze hinzufügen, salzen, pfeffern und mit einem Schuss Weißwein aufgießen. Bei guter Hitze den Wein einreduzieren lassen, die Fleischbrühe dazugeben und alles zusammen bei mittlerer Hitze 15 Minuten garen. Die Fettuccine in Salzwasser al dente kochen, abseihen und mit der zubereiteten Sauce anrichten. Die restliche Butter hinzufügen, mit Parmesan bestreuen und servieren.

- ***320 g Fettuccine***
- ***100 g Innereien vom Huhn (Leber, Herz und Magen)***
- ***100 g Wurzelgemüse (Porree, Sellerie, Karotte)***
- ***50 g Speck***
- ***400 g Tomatensauce***
- ***50 g getrocknete Pilze***
- ***70 g Butter***
- ***1 Knoblauchzehe***
- ***etwas trockener Weißwein***
- ***½ Glas Fleischbrühe***
- ***30 g Parmesan, gerieben***
- ***Salz, Pfeffer***

139

Fusilli mit gebratenen Wachteln und Pilzen

- *350 g Fusilli*
- *200 g Waldpilze*
- *4 Wachteln, küchenfertig*
- *1 Rosmarinzweig*
- *1 Lorbeerblatt*
- *1 Majoranzweig*
- *½ Tasse Tomatensauce*
- *1 Knoblauchzehe*
- *1 Glas Weißwein*
- *Parmesan*
- *Olivenöl*
- *Salz*

Bei den Wachteln die Schenkel vom Körper trennen. Die Wachtelteile zusammen mit den geputzten und fein geschnittenen Pilzen, dem Lorbeerblatt, dem Rosmarin, etwas frisch gemahlenem Pfeffer und 2 EL Olivenöl in eine Schüssel geben und ca. 1 Stunde marinieren lassen. Die Wachteln waschen, salzen und pfeffern und in den Bauch etwas Rosmarin stecken, mit Küchengarn zusammenbinden. In einer Pfanne 4 EL Olivenöl erhitzen und die Wachteln auf beiden Seiten 8–10 Minuten (mittlere Flamme) anbraten, ab und zu mit Wein aufgießen. Die Wachteln aus der Pfanne nehmen und mit Alufolie abgedeckt warm stellen. In die Pfanne noch 1 EL Öl geben und darin die zerquetschte Knoblauchzehe goldgelb braten, die Pilze dazugeben, salzen und pfeffern und die Tomatensauce untermischen.
In der Zwischenzeit die Fusilli in Salzwasser al dente kochen, abseihen und vorsichtig mit der Sauce vermengen. Auf vorgewärmte Teller verteilen, pro Portion eine Wachtel anlegen. Mit Parmesanschuppen und Majoranblättchen garnieren.

140

Fusilli mit Entenbrust à l'Orange und Pfifferlingen

Die fein gehackte Zwiebel in 3 EL Olivenöl andünsten, die geputzte und abgetrocknete Entenbrust dazugeben, salzen und 2–3 Minuten pro Seite anbraten. Mit dem Orangensaft aufgießen, den Sternanis dazugeben und 10 Minuten auf kleiner Flamme garen. Die Entenbrust aus der Pfanne nehmen, die Haut entfernen und das Fleisch in kleine Würfel schneiden, zurück in die Pfanne geben und weitere 10 Minuten, auf kleinster Flamme garen.
Die Pfifferlinge putzen, evtl. zerkleinern und in die Pfanne zur Entenbrust geben. Mit Salz abschmecken und zugedeckt 15 Minuten garen. Die in feine Streifen geschnittene Orangenschale dazugeben und weitere 2–3 Minuten auf lebendiger Flamme kochen.
Die Fusilli in Salzwasser al dente kochen, abseihen und mit der Entensauce vermengen, mit dem fein geschnittenen Schnittlauch und einigen zerquetschten Pfefferkörnern bestreuen und sofort servieren.

- *300 g Fusilli*
- *300 g Entenbrust*
- *1 Orange (unbehandelt)*
- *200 g Pfifferlinge*
- *½ Zwiebel, fein gehackt*
- *1 Sternanis*
- *Schnittlauch*
- *Olivenöl*
- *Salz, Pfefferkörner*

141

Fusilli mit Truthahn

Truthahnbrust mit Karotte, Selleriestange und Tomaten mit kaltem Wasser aufsetzen und ca. 15 Minuten kochen. Abkühlen lassen und in Würfel schneiden. Etwas Olivenöl erhitzen, dann die gekochten Erbsen, die Pfefferkörner und die Truthahnwürfel dazugeben, salzen, gut verrühren und einige Minuten goldgelb anbraten.
Die Fusilli in Salzwasser al dente kochen, abgießen und mit dem Truthahn vermischen. Mit frisch gehackter Petersilie bestreuen.

- *320 g Fusilli*
- *300 g Truthahnbrust*
- *1 Karotten*
- *1 Stange Sellerie*
- *½ Zwiebel*
- *2 reife Tomaten*
- *4 EL Erbsen*
- *12 rosa Pfefferkörner*
- *1 EL Petersilie, fein gehackt*
- *Olivenöl*
- *Salz*

142

Fusilli mit Kaninchen

- *350 g Fusilli*
- *500 g Kaninchen, küchenfertig zerteilt*
- *1 Zwiebel*
- *1 Stange Sellerie*
- *2 EL Pinienkerne*
- *3 Nusskerne*
- *20 Oliven (z. B. aus Ligurien)*
- *2 Lorbeerblätter*
- *2 Thymianzweige*
- *1 Glas Rotwein*
- *1 Rosmarinzweig*
- *Schafskäse, gerieben*
- *Gemüsebrühe*
- *weißer Essig*
- *Olivenöl*
- *Salz, Pfeffer*

Das Kaninchen für ein paar Stunden in Essigwasser (2–3 EL Essig auf 1 l Wasser) legen, dann gut abwaschen und abtrocknen. Die Zwiebel und die Selleriestange fein schneiden und in 6 EL Olivenöl anbraten. Die Pinienkerne, die zerkleinerten Nüsse sowie die Lorbeerblätter und den fein gehackten Rosmarin, die Thymianblättchen und die Kaninchenstücke in die Pfanne geben. Gut anbraten, leicht salzen und pfeffern und mit dem Rotwein aufgießen.
Ca. 45 Minuten garen, immer wieder mit dem eigenen Saft übergießen. Die Kaninchenstücke herausnehmen, das Fleisch von den Knochen lösen, klein schneiden und zurück in die Pfanne geben. Noch 1 Kelle Gemüsebrühe und die Oliven dazugeben und weitere 15 Minuten garen.
Die Fusilli in Salzwasser al dente kochen, abseihen und mit der Kaninchensauce vermischen. Mit dem Schafskäse bestreuen und auf vorgewärmten Tellern anrichten und servieren.

143

Garganelli mit geräuchertem Stör und Fenchel

- *250 g Garganelli*
- *100 g geräucherter Stör*
- *2 Fenchelknollen*
- *1 Schalotte*
- *½ Glas trockener Weißwein*
- *1 EL Pernod*
- *Olivenöl*
- *Salz, schwarze Pfefferkörner*

Den Fenchel putzen und in feine Streifen schneiden, in Eiswasser legen. Das Fenchelgrün aufbewahren. Die Schalotten fein hacken und in einer Pfanne mit 5 EL Olivenöl 3–4 Minuten dünsten, mit dem Weißwein aufgießen. Die Fenchelstreifen aus dem Wasser nehmen, gut abtropfen lassen und zur Zwiebel geben, auf mittlerer Hitze einige Minuten garen, salzen, den Pernod untermischen, einkochen lassen, vom Herd nehmen. Den Stör in feine Streifen schneiden, einige Pfefferkörner zerquetschen, das Fenchelgrün fein hacken.
Die Garganelli in Salzwasser al dente kochen, abseihen, zur Sauce geben und auf mittlerer Flamme kurz durchschwenken. Zwei Drittel vom Stör, das Fenchelgrün und die Pfefferkörner zu den Garganelli geben, gut vermengen und auf die Teller verteilen. Mit dem restlichen Stör garnieren.

144

Conchiglie mit Bauchspeck, Nüssen und Rosmarin

Die Nüsse und die Rosmarinnadeln fein hacken, den Bauchspeck grob aufschneiden und mit 2 EL Olivenöl in einer Pfanne so lange garen, bis der Speck goldgelb gebraten ist; mit dem Weißwein löschen, verdunsten lassen, dann die geschälten und klein geschnittenen Tomaten dazu geben, mit Salz und frisch geriebenem Pfeffer abschmecken und auf kleiner Flamme 20 Minuten kochen.
In der Zwischenzeit die Conchiglie im Salzwasser kochen, al dente abseihen, mit der Soße anmachen und mit Parmesankäse bestreuen. Servieren.

- ***350 g Conchiglie***
- ***130 g Bauchspeck***
- ***350 g Tomaten, frisch oder aus der Dose***
- ***50 g Nüsse***
- ***½ Glas trockener Weißwein***
- ***2 Zweige Rosmarin***
- ***Olivenöl***
- ***geriebener Parmesankäse***
- ***Salz, Pfeffer***

145

Orecchiette mit Fleischrouladen „Vögerln“

Die dünnen Schnitzel leicht klopfen und mit der fein gehackten Petersilie und dem Knoblauch bestreuen, in die Mitte eine Scheibe Bauchspeck und eine Scheibe Schafskäse legen. Aufrollen und mit zwei Zahnstochern fixieren. Die gehackte Zwiebel in 3 EL Olivenöl goldgelb dünsten, die Vögerln dazugeben und anbraten, mit Salz und Pfeffer abschmecken. Mit Rotwein ablöschen und diesen einkochen lassen. Dann die Tomatensauce hinzufügen, die Basilikumblätter untermischen und zugedeckt ca. 30 Minuten auf sehr kleiner Flamme garen. Wenn nötig mit heißem Wasser aufgießen.
Die Orecchiette in Salzwasser al dente kochen, abseihen und unter die Sauce mischen. Mit dem restlichen geriebenen Schafskäse bestreuen, mit den Vögerln und einem Basilikumblatt garnieren.

- ***500 g Orecchiette***
- ***8 dünne Schnitzel (Rind, Pute oder Kalb)***
- ***80 g Schafskäse***
- ***60 g Bauchspeck, in Scheiben***
- ***450 g Tomatensauce***
- ***1 Knoblauchzehe, fein gehackt***
- ***3 Stängel Petersilie, fein gehackt***
- ***1 Stängel Basilikum***
- ***½ Zwiebel***
- ***½ Glas Rotwein***
- ***Olivenöl***
- ***Salz, Pfeffer***

146

Lumaconi mit Wildschwein und Steinpilzen

- *350 g Lumaconi*
- *400 g Wildschweinschulter (ersatzweise Hirsch oder Reh)*
- *¼ l kräftiger Rotwein*
- *¼ Sellerieknolle*
- *1 Karotte*
- *2 Zwiebeln*
- *1 Knoblauchzehe*

Gewürze: (3 Chilischoten, 4 Wacholderbeeren, 5 Pfefferkörner)

- *2 Nelken*
- *1 Lorbeerblatt*
- *3 mittelgroße Steinpilze (evtl. getrocknet)*
- *1 l Fleischbrühe*
- *1 EL Petersilie, fein gehackt*
- *etwas Mehl*
- *Olivenöl*
- *Salz, Pfeffer*

Das Fleisch vorsichtig von Sehnen und Knorpeln befreien, in Würfel schneiden, salzen, pfeffern, in Mehl wälzen und in 2 EL Olivenöl anbraten. Das in Würfel geschnittene Gemüse dazugeben und 5 Minuten mitrösten. Die Gewürze mit der flachen Seite eines breiten Küchenmessers zerdrücken und zum Fleisch geben. Das Lorbeerblatt und die Nelken dazugeben. Mit ½ Glas Rotwein aufgießen, den Wein einkochen lassen, dann ½ Glas Rotwein nachgießen. Leicht einkochen lassen und dann mit ½ l Brühe aufgießen. Zugedeckt im Backofen bei 180 °C 1 Stunde garen (statt im Ofen kann man das Ganze auch ca. 30 Minuten im Schnellkochtopf garen). Das Fleisch immer wieder wenden und wenn nötig mit Brühe aufgießen. Am Ende der Garzeit nochmals mit Salz und Pfeffer abschmecken. Die Lumaconi in Salzwasser al dente kochen. In der Zwischenzeit die geputzten und in dicke Scheiben geschnittenen Pilze zusammen mit der zerdrückten Knoblauchzehe in 2 EL Olivenöl goldgelb anbraten. Salzen, pfeffern und mit der Petersilie bestreuen. Die Lumaconi abseihen und gut mit der Wildschweinsauce vermengen. Mit Steinpilzen garniert servieren.

147

Pappardelle mit Hasensauce

- *500 g Pappardelle*
- *1 Hase (mit Innereien), küchenfertig*
- *4 EL Wurzelgemüse (Zwiebel, Sellerie, Karotte), fein gehackt*
- *500 g Tomaten*
- *1 Salbeiblatt, fein gehackt*
- *1 Rosmarinzweig, fein gehackt*
- *Olivenöl*
- *Gemüsebrühe*
- *Salz, Pfeffer*

Den Hasen waschen, in kleine Stücke teilen und in einer beschichteten Pfanne zugedeckt so lange dünsten, bis das Wasser aus dem Hasenfleisch völlig verkocht ist. In 3 EL Olivenöl die fein gehackte Zwiebel und das in Würfel geschnittene Gemüse anbraten, das Hasenfleisch und die in Streifen geschnittenen Innereien dazugeben und ca. 10 Minuten braten, dann die in Würfel geschnittenen Tomaten hinzufügen, salzen und pfeffern und die fein gehackten Kräuter untermischen. Mit Gemüsebrühe aufgießen und 30 Minuten auf mittlerer Flamme garen.

Pappardelle in Salzwasser al dente kochen, abseihen und in einer vorgewärmten Schüssel mit der Hasensauce vermengen. Sofort servieren.

Pappardelle mit Wildhase „Jägerart“

148

Den Wildhasen zerlegen und in eine Schüssel geben. Eine halbe Zwiebel und eine halbe Selleriestange in kleine Stücke schneiden, Thymian, Lorbeerblätter und Pfefferkörner dazugeben, mit Rotwein übergießen und alles ca. 2 Stunden marinieren. Die übrige Zwiebel, den Sellerie und die Karotte fein hacken und in Öl anschwitzen. Wildhasenstücke mit Küchenpapier abtupfen, salzen, pfeffern und anbraten. Sobald das Fleisch Farbe annimmt, mit der Marinade (ohne Gemüse) aufgießen, einkochen lassen. Auf kleiner Flamme 30 Minuten langsam schmoren, nach Bedarf mit Fleischbrühe aufgießen. Wenn das Fleisch weich ist, aus der Sauce nehmen, von den Knochen lösen und in Stücke schneiden. Sauce durch ein Sieb gießen und alles wieder in den Kochtopf geben und noch einige Minuten garen. Den Hasenrücken auslösen, salzen, pfeffern und im Ofen bei 200 °C ca. 20 Minuten braten. (Er muss innen schön rosa bleiben.)
Pappardelle in Salzwasser al dente kochen, abseihen und unter die Sauce mischen, mit geriebenem Parmesan verrühren. Auf vorgewärmte Teller verteilen, mit Scheiben vom Hasenrücken anrichten.

Tipp: Nach toskanischer Art wird die Hasenleber erst am Ende der Garzeit zum Hasenfleisch gegeben. (Natürlich nur wenn man Hasenleber mag!)

Rezept: 1 EL fein gehackte Zwiebel in 2 EL Öl glasig andünsten, die in Streifen geschnittene Hasenleber und 2–3 Salbeiblätter dazugeben, salzen, pfeffern und 5 Minuten kochen. Mit 2 EL Rotwein ablöschen und einkochen lassen. Die Salbeiblätter herausnehmen und die Leber zum Hasenfleisch geben, zusammen noch ca. 5 Minuten garen.

- ***350 g Pappardelle***
- ***1 kg Wildhase, küchenfertig***
- ***1 Zwiebel***
- ***1 Stange Sellerie***
- ***1 Karotte***
- ***2 Lorbeerblätter***
- ***2–3 Salbeiblätter***
- ***Thymian***
- ***2–3 Gläser Rotwein***
- ***3 EL Parmesan, gerieben***
- ***etwas Fleischbrühe***
- ***Olivenöl,***
- ***Salz, Pfeffer***
- ***ganze Pfefferkörner***

149 Rigatoni mit Kalbfleischbällchen

- *400 g Rigatoni*
- *500 g Hackfleisch vom Kalb*
- *800 g Tomatensauce*
- *180 g Semmelbrösel*
- *2 Eier*
- *1 kleine Zwiebel*
- *2 Stängel Petersilie*
- *Olivenöl*
- *eine Prise Oregano*
- *schwarze Pfefferkörner*
- *Parmesan*
- *Muskatnuss*
- *Salz, Pfeffer*

Zwiebel fein hacken und in 2 EL Olivenöl goldgelb anbraten, Tomatensauce dazugeben, salzen und 15 Minuten kochen. 100 g Semmelbrösel mit den verquirlten Eiern, dem Hackfleisch, 2 EL geriebenem Parmesan, der fein gehackten Petersilie und einer Prise Oregano gut vermengen. Salzen, pfeffern und mit etwas Muskatnuss abschmecken, ca. 15 Minuten zugedeckt ruhen lassen. Aus dieser Masse kleine Bällchen formen (so groß wie eine Kirsche), in den Semmelbröseln wälzen und in einer Pfanne in ½ Glas Olivenöl 5 Minuten frittieren. Vorsichtig aus der Pfanne nehmen und auf Küchenpapier abtropfen lassen, dann zur Tomatensauce geben und weitere 5 Minuten mitkochen.
Rigatoni in Salzwasser al dente kochen, abgießen und vorsichtig unter die Klößchensauce rühren.

150 Tagliatelle mit Hühnerleber

- *350 g Tagliatelle*
- *200 g Hühnerleber*
- *30 g Butter*
- *30 g Olivenöl*
- *100 g Rohschinken*
- *6 Salbeiblätter*
- *¼ Zwiebel*
- *½ Glas trockener Weißwein*
- *Parmesan, gerieben*
- *Salz, Pfeffer*

Zwiebel fein hacken, Hühnerleber in Streifen schneiden. Olivenöl in einer Pfanne erhitzen und die Zwiebel darin goldgelb anbraten, Salbeiblätter und die Hühnerleber dazugeben, kurz braten. Mit Weißwein ablöschen und 3–4 Minuten garen. Den in Streifen geschnittenen Rohschinken hinzufügen, salzen und pfeffern. Die Butter einrühren.
Tagliatelle in Salzwasser al dente kochen, abgießen und in der Pfanne mit der Hühnerleber kurz vermengen, mit Parmesan bestreuen.

Tagliatelle alla Bolognese

151

Die getrockneten Pilze ca. 20 Minuten in lauwarmem Wasser einweichen. Den klein geschnittenen Schinken in einer Pfanne in 2 EL Olivenöl anbraten, die in kleine Würfel geschnittene Selleriestange, die Karotte und die Zwiebel dazugeben und kurz dünsten. Dann das Rinderhackfleisch und die ausgedrückten und grob gehackten Pilze dazugeben und einige Minuten auf mittlerer Flamme kochen. Mit dem Wein ablöschen, die gehackten Kräuter und das Lorbeerblatt hinzufügen und mit Salz, Pfeffer und etwas Muskatnuss abschmecken. Sobald der Wein verdunstet ist, das Mehl dazugeben (Pfanne vom Feuer nehmen und kräftig verrühren, damit die Sauce nicht am Topfboden anklebt), wieder auf die Flamme stellen, das Mehl kurz anbraten und dann die klein geschnittenen Tomaten dazugeben. Die Sauce sehr langsam einkochen lassen und immer wieder mit der Gemüsebrühe aufgießen. Tagliatelle in Salzwasser al dente kochen, abgießen und mit der Fleischsauce anrichten. Parmesan extra reichen.

- *350 g Tagliatelle*
- *250 g Rinderhackfleisch*
- *50 g Rohschinken*
- *15 g getrocknete Pilze*
- *200 g reife Tomaten (ersatzweise Dosentomaten)*
- *½ Karotte*
- *½ Stange Sellerie*
- *½ Zwiebel*
- *1 Lorbeerblatt*
- *1 EL Petersilie und Majoran, fein gehackt*
- *Muskatnuss*
- *3 EL Rotwein*
- *¼ l Gemüsebrühe*
- *½ EL Mehl*
- *Parmesan, gerieben*
- *Salz, Pfeffer*

Tagliatelle mit Kalbfleisch und grünen Bohnen

152

Die fein gehackte Zwiebel in 3 EL Olivenöl glasig dünsten. Das Kalbfleisch waschen, abtrocknen, in dünne Steifen schneiden und zur Zwiebel geben. Kurz anbraten, salzen und pfeffern und mit dem Weißwein ablöschen. Zugedeckt auf kleiner Flamme 5 Minuten garen.
Die Bohnen putzen und bissfest kochen. Zum Fleisch geben, mit der Sahne aufgießen und mit Salz und Pfeffer würzen.
Die Tagliatelle in Salzwasser al dente kochen, abseihen und mit der Kalbfleisch-Bohnen-Sauce vermischen. Mit grob gehackter Petersilie bestreut servieren.

- *350 g Tagliatelle*
- *400 g Kalbfleisch, zart und küchenfertig*
- *250 g grüne Bohnen*
- *1 Zwiebel, fein gehackt*
- *2 Stängel Petersilie*
- *½ Glas trockener Weißwein*
- *5 EL Sahne*
- *1 TL Butter*
- *Parmesan, gerieben*
- *Olivenöl*
- *Salz, Pfeffer*

153 Tagliatelle mit Hasenragout

- *350 g Tagliatelle*
- *500 g Hase, küchenfertig ohne Knochen*
- *1 Stange Sellerie*
- *1 Zwiebel*
- *1 Schalotte*
- *1 Karotte*
- *1 Lorbeerblatt*
- *2 Thymianzweige*
- *3 Rosmarinzweige*
- *5 Pfefferkörner*
- *20 g Pinienkerne*
- *30 g Butter*
- *½ Glas trockener Weißwein*
- *½ Glas Essig*
- *etwas Fleischbrühe*
- *Salz, Pfeffer*

Das Hasenfleisch in kleine Stücke schneiden und in eine große Schüssel legen, mit einer Marinade aus Essig, Wein, ein paar Gläsern Wasser, Thymian und den Pfefferkörnern übergießen und 1 Stunde ruhen lassen. Karotte, Zwiebel und Sellerie klein schneiden und in 2 EL Olivenöl anschwitzen. Lorbeerblatt dazugeben und 5 Minuten braten. Das Fleisch dazugeben, mit Salz und Pfeffer abschmecken und 15 Minuten braten, dann ½ Kelle Fleischbrühe dazugießen und weitere 20 Minuten garen.
In einer kleinen Pfanne die Butter zerlassen. Die Pinienkerne, den fein gehackten Rosmarin und die würfelig geschnittene Schalotte so lange auf kleinster Flamme dünsten, bis die Schalotte glasig ist.
Die Tagliatelle in Salzwasser al dente kochen, abseihen und in einer vorgewärmten Schüssel mit der Hasensauce und der aromatisierten Butter vermischen. Sofort servieren.

Tagliatelle mit Hirschragout

154

Zwiebel und Selleriestange fein hacken, den Speck in Würfel schneiden, die Knoblauchzehe zerdrücken und alles zusammen in 5 EL Olivenöl dünsten. Das küchenfertige Fleisch in dicke Würfel schneiden, in die Pfanne geben und von allen Seiten gut anbraten, mit 2 EL Mehl bestäuben, gut verrühren und mit einem Glas sehr trockenen Rotwein ablöschen, einkochen lassen. Den Apfel schälen, fein reiben und zum Fleisch geben. Lorbeerblatt, Rosmarinzweig und die angedrückten Wacholderbeeren hinzufügen, Preiselbeermarmelade unterrühren. Mit Salz und Pfeffer abschmecken und mit 2 Tassen Gemüsebrühe aufgießen, sehr gut umrühren. Zugedeckt, 30 Minuten auf lebendiger Flamme kochen, dabei immer wieder umrühren und wenn nötig mit Brühe aufgießen. Am Ende der Garzeit nochmals mit etwas Rotwein und frisch gemahlenem Pfeffer abschmecken. Sahne und 2 EL Zitronensaft dazugeben, gut verrühren und alles noch ein paar Minuten ziehen lassen. Das Hirschfleisch aus der Pfanne nehmen, kurz warm stellen. Die Sauce passieren, dann das Fleisch wieder dazugeben. In der Zwischenzeit die Tagliatelle in Salzwasser al dente kochen, abseihen und zum Hirschragout geben, gut umrühren und servieren.

- ***350 g Tagliatelle***
- ***600 g Hirsch, küchenfertig ohne Knochen***
- ***100 g fetter Speck***
- ***1 Zwiebel***
- ***1 Stange Sellerie***
- ***1 Knoblauchzehe***
- ***6 Wacholderbeeren***
- ***2 Lorbeerblätter***
- ***1 kleiner Rosmarinzweig***
- ***1 Zitrone***
- ***1 Apfel***
- ***1 Glas trockener Rotwein***
- ***5 EL Sahne***
- ***2 EL Preiselbeermarmelade***
- ***1 l Gemüsebrühe***
- ***2 EL Mehl***
- ***Olivenöl***
- ***Salz, Pfeffer***

155 Gebratene Eiernudeln mit Huhn und Pilzen

- *350 g Vermicelli oder Eiernudel*
- *300 g Hühnerbrust (in kleinen Stücken)*
- *125 g Chinakohl*
- *2 kleine Zwiebeln*
- *2 Knoblauchzehen*
- *3 Scheiben frischen Ingwer*
- *5 EL Olivenöl*
- *Petersilie*
- *Sojasauce*
- *Zucker*
- *Salz, Pfeffer*

Die Hähnchenstücke in einer Gewürzmischung aus Salz, Pfeffer, Sojasauce marinieren und ca. 20 Min. ziehen lassen. Die Nudeln al dente kochen und abseihen. Herausnehmen und gut abtropfen lassen. Die Hälfte des Öls erhitzen, die Hälfte der Zwiebeln darin hellbraun anbraten. Die Nudeln und den Chinakohl dazugeben und unter Rühren 5 Min. braten.
Alles aus der Pfanne auf eine Servierplatte geben. Das restliche Öl erhitzen, die verbliebenen Zwiebeln, den Knoblauch und Ingwer hinein geben und hellbraun braten. Das Fleisch und die Pilze dazugeben und etwa 5 Min. mit braten. Nun das Wasser hinzufügen und alles zum Kochen bringen. Nach Geschmack würzen. Die Hähnchen-Sauce über die Nudeln gießen, mit der Petersilie garnieren und heiß servieren.

156 Bucatini mit Brokkoli, Pfifferlingen und Salsiccia

- *350 g Bucatini*
- *200 g Brokkoli*
- *150 g Pfifferlinge*
- *150 g frische pikante Salsiccia*
- *1 Peperoncino*
- *2 Knoblauchzehen*
- *5 EL Olivenöl*
- *Salz, Pfeffer*

Die Pilze putzen und grob schneiden. Brokkoliröschen 10 Minuten in Salzwasser blanchieren, abseihen. In einer breiten Pfanne 5 EL Olivenöl erhitzen. Darin den zerkleinerten Peperoncino, die zerdrückten Knoblauchzehen und die Pfifferlinge einige Minuten dünsten, öfter umrühren. Salsiccia enthäuten, das Fleisch mit einer Gabel zerkleinern, in die Pfanne geben und 3 Minuten braten, den Brokkoli untermischen. Den Knoblauch wieder herausnehmen, salzen und pfeffern. Bucatini in Salzwasser al dente kochen, abgießen und zum Gemüse geben, gut durchschwenken und einige Minuten ziehen lassen. Eventuell noch etwas Peperoncino über die Nudeln streuen.

Bucatini mit Salsiccia, Tomaten und Ricotta

157

Die Würstchen mit einem Zahnstocher an mehreren Stellen einstechen und in 3 EL Olivenöl zusammen mit der fein gehackten Zwiebel und dem Lorbeerblatt goldgelb braten. Mit einem Schuss Weißwein aufgießen, einkochen lassen. Dann die passierten Tomaten untermischen. Den Majoran und die gehackte Petersilie hinzufügen, mit Salz und Pfeffer abschmecken und auf mittlerer Flamme 20 Minuten köcheln lassen. Sollte die Sauce zu stark einkochen, mit ein paar EL warmem Wasser aufgießen.
Die Sauce vom Feuer nehmen, die Würstchen herausnehmen und in mitteldicke Scheiben schneiden, zurück in die Pfanne geben, gut verrühren und warm stellen.
Bucatini in Salzwasser al dente kochen, abgießen und zur Sauce geben. Kurz durchschwenken und auf vorgewärmte Teller verteilen. Mit geriebener Ricotta oder Parmesan bestreuen und mit ein paar Majoranblättchen garnieren.

- *350 g Bucatini*
- *300 g kleine Salsiccia*
- *50 g Ricotta salata*
- *1 Zwiebel*
- *1 Lorbeerblatt*
- *4 passierte Tomaten (frisch oder aus der Dose)*
- *Weißwein*
- *Olivenöl*
- *Majoran*
- *Petersilie, fein gehackt*
- *Salz, Pfeffer*

Conchiglie mit Eiern, Spargel und Speck

158

Die holzigen Enden vom Spargel abschneiden, gut waschen und schräg in Stücke schneiden. Im Dampfgarer oder im Dämpfeinsatz 8–10 Minuten dämpfen. Eigelb leicht aufschlagen, salzen, pfeffern und gut mit dem Parmesan verrühren.
Die Speckwürfel mit der Butter in einer beschichteten Pfanne knusprig braten. Den gut abgetropften Spargel dazugeben, mit Salz und Pfeffer abschmecken und ein paar Minuten ziehen lassen.
Die Conchiglie in Salzwasser al dente kochen, abseihen und in eine vorgewärmte Schüssel geben. Zuerst die Eier untermischen, dann den Speck und den Spargel. Sofort servieren.

- *350 g Conchiglie*
- *400 g grüner Spargel*
- *100 g Speck, in Würfel geschnitten*
- *60 g Butter*
- *4 Eigelb*
- *3 EL Parmesan, gerieben*
- *Salz, Pfeffer*

159

Spaghetti-Eierkuchen mit Salamini und Mozzarella

- *400 g Spaghetti*
- *3 Eier*
- *1 hart gekochtes Ei*
- *70 g Salamino (pikante Salami), ersatzweise Schinken oder Speck*
- *60 g Mozzarella*
- *100 g Parmesan, gerieben*
- *2 EL Tomaten aus der Dose*
- *1 Bund Petersilie*
- *1 Bund Basilikum*
- *Olivenöl*
- *Salz, Pfeffer*

Die Eier mit Parmesan, etwas Salz und frisch gemahlenem Pfeffer in einer Schüssel verrühren. Petersilie und Basilikum zerkleinern. Die Spaghetti in Salzwasser al dente kochen, abseihen und mit kaltem Wasser abschrecken. Mit 2 EL Olivenöl, den Kräutern und den Eiern vermengen. Das gekochte Ei, Salamino und die Tomaten in kleine Stücke schneiden, den Mozzarella in dünne Scheiben. Die Hälfte der Spaghetti in 3 EL Olivenöl anbraten, mit dem harten Ei, Mozzarella, Salamino und Tomaten belegen und die restlichen Spaghetti daraufgeben, mit einem Löffel oder einem Pfannenwender fest andrücken. Den Eierkuchen auf kleiner Flamme langsam braten. Wenn die Nudeln knusprig angebraten sind, mithilfe eines Tellers oder eines großen Deckels umdrehen und auch auf der anderen Seite anbraten. Mit Tomatenspalten und Basilikum garnieren.

160

Conchigliette mit Bauchspeck, Kichererbsen und Rosmarin

- *350 g Conchigliette*
- *100 g Bauchspeck*
- *1 Dose Kichererbsen*
- *1 Porreestange*
- *1 Rosmarinzweig*
- *20 g Schafskäse, gerieben*
- *Peperoncino*
- *3 EL Olivenöl*
- *Salz*

Porree putzen und in dünne Scheiben schneiden. Olivenöl in der Pfanne erhitzen, Porree und Bauchspeck dazugeben und auf kleiner Flamme 3–5 Minuten dünsten. Die gewaschenen und abgetropften Kichererbsen, den Peperoncino und 1 EL klein gehackten Rosmarin dazugeben. Salzen und 5 Minuten garen. Die Conchigliette in Salzwasser al dente kochen, abgießen und zur Sauce geben, kurz durchschwenken. Mit dem geriebenen Schafskäse bestreut servieren.

Dischi volanti mit knusprigem Rohschinken und Melone

kaltes Sommerrezept

161

Die Melone in nicht zu dünne Scheiben schneiden, den Käse in den zerquetschten Gewürzen wälzen und in Würfel schneiden. Den Rohschinken in Stücke schneiden und in einer beschichteten Pfanne mit etwas Olivenöl knusprig anbraten. Auf Küchenpapier entfetten. Die Kresse waschen und trocken schleudern.

Die Dischi volanti in Salzwasser al dente kochen, abseihen, auskühlen lassen und dann in einer Schüssel mit den anderen Zutaten, 4–5 EL Olivenöl und dem Saft von 1 Zitrone vorsichtig vermengen.

- ***350 g Dischi volanti (ersatzweise Maccheroni)***
- ***80 g Parmaschinken***
- ***100 g Primosale-Käse (ersatzweise Mozzarella oder Ricotta romana)***
- ***½ Honigmelone***
- ***1 Bund Kresse***
- ***1 Zitrone***
- ***Koriander, grüner, schwarzer und rosa Pfeffer***
- ***Olivenöl***
- ***Salz***

Eliche mit Wirsing, Kichererbsen und Speck

162

Von den Kichererbsen ⅔ im Mixer grob pürieren. In einer Pfanne 2 EL Olivenöl erhitzen, die fein gehackte Zwiebel darin andünsten, den in Würfel geschnittenen Speck und den in Streifen geschnittenen Wirsing dazugeben. Mit der Gemüsebrühe ablöschen und 10 Minuten, zugedeckt auf kleiner Flamme dünsten. Mit Salz und Pfeffer abschmecken und die pürierten sowie die ganzen Kichererbsen untermischen. Alles weitere 5 Minuten köcheln lassen.

Die Eliche in Salzwasser al dente kochen, abgießen und in die Pfanne zur Sauce geben, gut durchschwenken und mit Peperoncino würzen. Servieren.

- ***350 g Eliche***
- ***200 g Kichererbsen aus der Dose***
- ***200 g Wirsing***
- ***50 g Speck***
- ***1 Zwiebel***
- ***1 Tasse Gemüsebrühe***
- ***Peperoncino***
- ***Olivenöl***
- ***Salz, Pfeffer***

163

Eliche mit Kürbis und Salsiccia

- *500 g Eliche*
- *500 g Kürbis, ohne Schale*
- *400 g pikante Salsiccia*
- *1 weiße Zwiebel*
- *12 Salbeiblätter*
- *2 EL Balsamicoessig*
- *Olivenöl*
- *Salz*

Salsiccia enthäuten und mit einer Gabel zerkleinern. In einer beschichteten Pfanne 2 EL Olivenöl erhitzen, die Salsiccia darin 6–7 Minuten braten, mit Balsamicoessig ablöschen, einkochen lassen und vom Feuer nehmen. Die Zwiebel fein hacken und in 3 EL Olivenöl glasig dünsten, das in Würfel geschnittene Kürbisfleisch und die Salbeiblätter dazugeben. Mit Salz abschmecken und ca. 10 Minuten zugedeckt köcheln lassen. Anschließend ohne Deckel weitere 5 Minuten kochen lassen, dabei öfter umrühren. Die Salsiccia mit ihrem Bratensaft dazugeben, gut verrühren und vom Herd nehmen.
Die Eliche in Salzwasser al dente kochen, abseihen und gut mit der Kürbissauce verrühren, kurz ziehen lassen und servieren.

164

Farfalle mit Speck und Erbsen

- *500 g Farfalle*
- *12 Scheiben durchwachsener Räucherspeck*
- *1 Ei*
- *100 g Sahne*
- *3 Handvoll Erbsen (frisch oder tiefgekühlt)*
- *2 Stängel Minze*
- *2 Handvoll Parmesan, gerieben*
- *Olivenöl*
- *Salz, Pfeffer*

Das Ei in einer kleinen Schüssel mit der Sahne verquirlen, salzen und pfeffern. Den Speck knusprig und goldbraun braten.
Die Farfalle in Salzwasser al dente kochen, 1 ½ Minuten vor Ende der Garzeit die Erbsen mit ins Wasser geben. Abgießen (einen Teil des Kochwassers auffangen) und zum Speck in die Pfanne geben. Die fein geschnittene Minze unterrühren.
Die Ei-Sahne-Mischung unter die heiße Pasta rühren, sodass das Ei leicht stockt. Das Ei soll durch die heiße Pasta gerade so fest werden, dass eine sämig gebundene Sauce entsteht. Alles durchmischen und wenn nötig etwas Pastakochwasser zum Auflockern dazugeben. Mit Salz und Peffer abschmecken, den Parmesan und die restlichen Minzeblätter darüberstreuen und sofort servieren.

Garganelli mit Kürbis und Speck

165

Den Speck in dünne Streifen schneiden, die Schalotten fein hacken und den Kürbis in 2 cm dicke Stücke schneiden. Die Schalotten in 4 EL Öl anschwitzen, Kürbis, Rosmarin und Chilischoten dazugeben und 10 Minuten kochen, öfter umrühren. Den Speck hinzufügen und auf mittlerer Flamme 5 Minuten mitkochen. Mit Weißwein aufgießen, einkochen lassen und mit Salz abschmecken. Die Kürbissauce mit 1 TL Mehl bestäuben, gut verrühren und leicht eindicken lassen. Die Garganelli in Salzwasser al dente kochen, abseihen und zur Sauce geben, gut vermischen und 3 Minuten ziehen lassen, wenn nötig etwas Olivenöl dazugeben. Mit dem fein gehackten Schnittlauch und der Petersilie garnieren.

- ***350 g Garganelli***
- ***180 g Speck, am Stück***
- ***500 g Kürbis, ohne Schale***
- ***½ Glas trockener Weißwein***
- ***3 Schalotten***
- ***1 Rosmarinzweig***
- ***1 Stängel Petersilie***
- ***1 kleines Bund Schnittlauch***
- ***1 TL Mehl***
- ***2 kleine Chilischoten***
- ***Olivenöl***
- ***Salz***

Linguine mit Auberginen, Schinken und Kirschtomaten

166

Die Auberginen waschen, schälen und in Würfel schneiden. Die Zwiebel fein hacken und mit der angedrückten Knoblauchzehe in 3 EL Olivenöl goldgelb anbraten. Die Auberginen und den Schinken dazugeben und kurz mitkochen. Die gewaschenen und halbierten Kirschtomaten hinzufügen, mit Salz und Pfeffer abschmecken und weitere 10–15 Minuten garen.
Die Linguine in Salzwasser al dente kochen, abseihen und zur Schinkensauce geben, gut durchschwenken, kurz ziehen lassen und mit Basilikumblättchen garnieren.

- ***350 g Linguine***
- ***200 g Auberginen***
- ***100 g Schinken***
- ***200 g Kirschtomaten***
- ***½ Zwiebel***
- ***1 Knoblauchzehe***
- ***1 Stängel Basilikum***
- ***Salz, Pfeffer***

167

Tagliatelle mit Spargel und Rohschinken

- *350 g Tagliatelle*
- *500 g Spargel*
- *50 g Butter*
- *50 g Rohschinken*
- *1 Schalotte*
- *4 ½ EL Sahne*
- *Olivenöl*
- *Parmesan, gerieben*
- *Salz, Pfeffer*

Den Spargel schälen und in 1 cm lange Stücke schneiden, die Spitzen ganz lassen. Olivenöl und Butter in einer Pfanne erhitzen, die fein gehackte Zwiebel darin glasig anschwitzen, dann den in feine Streifen geschnittenen Rohschinken dazugeben und 2–3 Minuten braten. Die Spargelstücke untermischen und 5–6 Minuten kochen lassen, der Spargel soll bissfest sein. Immer wieder umrühren. Die Sahne dazugeben, einmal aufkochen lassen und mit Salz und Pfeffer abschmecken. Sollte die Sauce zu dick geraten sein, mit 1–2 EL Nudelkochwasser verdünnen.
In der Zwischenzeit die Tagliatelle in Salzwasser al dente kochen, abseihen und vorsichtig mit der Sauce vermischen. Sofort servieren.

168

Linguine mit Schinken, Safran und Sahne

- *350 g Linguine*
- *150 g gekochter Schinken*
- *1 TL Safranfäden*
- *2 EL Petersilie, fein gehackt*
- *50 g Parmesan, gerieben*
- *½ Tasse Sahne*
- *Salz, Pfeffer*

Den Safran in 2 EL heißem Wasser ca. 10 Minuten einweichen lassen. Die Sahne, den in kleine Würfel geschnittenen Schinken und 50 g frisch geriebenen Parmesan in eine Pfanne geben und vorsichtig erhitzen, ohne zu kochen. Die aufgelösten Safranfäden dazugeben, mit Salz und Pfeffer abschmecken und gut verrühren.
In der Zwischenzeit die Linguine in Salzwasser al dente kochen, abseihen (etwas Kochwasser auffangen) und gut mit der Sauce vermengen. Wenn nötig ein paar EL Kochwasser dazugeben. Mit der fein gehackten Petersilie bestreuen und sofort servieren. Eventuell etwas geriebenen Parmesan extra reichen.

169

Linguine mit Speck, Eiern und Salsiccia

- *350 g Linguine*
- *4 Salsicce (ital. Wurst)*
- *4 dicke Scheiben durchwachsener Bauchspeck, in Würfel geschnitten*
- *4 Eigelb*
- *100 g Sahne*
- *100 g Parmesan, gerieben*
- *Schale von 1 Zitrone (unbehandelt)*
- *1 Stängel Petersilie*
- *Olivenöl*
- *Salz, Pfeffer*

Die Salsicce mit einem scharfen Messer häuten und das Fleisch herauslösen. Mit den Händen kleine Bällchen daraus formen. In einer großen Pfanne 3 EL Olivenöl erhitzen und die Wurstbällchen langsam darin braten, bis sie rundherum goldbraun sind.
Dann den Speck noch einige Minuten braten. In einer Schüssel Eigelb mit Sahne, der Hälfte des Parmesans, der Zitronenschale und der fein gehackten Petersilie verquirlen.
Inzwischen die Linguine in Salzwasser al dente kochen, abseihen und zurück in den Topf geben.
Sehr schnell mit der Eiersauce vermengen, dann die heißen Wurstbällchen und den Speck untermischen.
Durch die Hitze der Nudeln gart das Eigelb, sollte das Ganze zu trocken wirken, gibt man einige Löffel vom Kochwasser dazu. Den Rest des Parmesans und frisch geriebenen schwarzen Pfeffer darüberstreuen. Wenn nötig mit Salz abschmecken. Zum Schluss mit etwas Olivenöl beträufeln und sofort servieren.

170

Maccheroni mit Salsiccia und Porree

- *350 g Maccheroni*
- *350 g Salsiccia*
- *350 g Champignons*
- *40 g Butter*
- *200 g Fontina (Käse)*
- *2 Lorbeerblätter*
- *1 Salbeizweig*
- *2 kleine Porreestangen*
- *150 g Brühe*
- *40 g Parmesan, gerieben*
- *Salz, Pfeffer*

Béchamelsauce:

- *½ l Milch*
- *60 g Butter*
- *40 g Mehl*
- *Salz*

In einer Pfanne die Butter zergehen lassen und die enthäutete und mit einer Gabel zerkleinerte Salsiccia darin anrösten. Die in Scheiben geschnittenen Champignons, einige Salbeiblätter und die Lorbeerblätter dazugeben und kurz garen. Die Porreestangen gut waschen und in sehr dünne Streifen schneiden, zur Salsiccia geben, mit der Brühe aufgießen und 10 Minuten weiterkochen. Mit Salz und Pfeffer abschmecken.
Die Maccheroni in Salzwasser al dente kochen, abseihen und mit der Sauce gut vermischen. In eine feuerfeste, ausgebutterte Form etwas von der Béchamelsauce geben, darauf eine Schicht Maccheroni legen, darauf wieder Béchamelsauce, Parmesan, würfelig geschnittenen Fontina und so weiter, bis alle Zutaten aufgebraucht sind. Mit Béchamelsauce, Parmesan und einigen Butterflöckchen abschließen. 15 Minuten bei 200 °C im Backofen garen.

171

Maltagliati mit Spargel und knusprigem Speck

- *350 g Maltagliati*
- *400 g Spargel*
- *100 g Speck (nicht zu mager), fein geschnitten*
- *1 Sellerieknolle*
- *2 reife Tomaten*
- *Olivenöl*
- *Salz, Pfeffer*
- *Pfefferkörner*

Den Spargel schälen, in Scheiben schneiden, die Spitzen ganz lassen, und 3–4 Minuten dämpfen.
Die geschälten und entkernten Tomaten in Streifen schneiden. Den Sellerie waschen und grob hacken.
Den Spargel in 3 EL Olivenöl anschwitzen, die Tomaten dazugeben, salzen und pfeffern und 4–5 Minuten kochen. Den Speck klein schneiden und in einer beschichteten Pfanne mit dem Sellerie gut vermengen, kurz anbraten und vom Feuer nehmen.
Die Maltagliati in Salzwasser al dente kochen, abseihen und sofort mit Spargel, Speck und Sellerie sowie 6–7 zerdrückten Pfefferkörnern vorsichtig vermengen und servieren.

Mezze Maniche mit frischer Salsiccia

172

Paprikaschoten waschen, abtrocknen, Stiel und Samen entfernen und in Streifen schneiden. Die Wurst enthäuten und mit einer Gabel zerkleinern, die Zwiebel in Würfel schneiden. In einer Pfanne das Olivenöl erhitzen, Salsiccia zugeben und auf kleiner Flamme 4–5 Minuten braten, gut umrühren. Die Zwiebeln dazugeben, salzen. Mit Weißwein aufgießen und einige Minuten einkochen lassen, Paprika dazugeben und auf mittlerer Flamme 5 Minuten kochen.
Mezze Maniche al dente kochen, abgießen und in die Pfanne geben. Gut umrühren. Darüber den Schafskäse hobeln und mit frisch gemahlenem Pfeffer würzen.

- *350 g Mezze Maniche*
- *300 g frische scharfe Paprikaschoten*
- *150 g pikante Salsiccia*
- *20 g Schafskäse, gerieben*
- *½ Glas trockener Weißwein*
- *1 kleine rote Zwiebel*
- *3 EL Olivenöl*
- *Salz, Pfeffer*

Orecchiette mit Kichererbsen, Endivien und Speck

173

Die Kichererbsen einen Tag vorher einweichen, ca. 2 ½ Stunden weich kochen. Rosmarinnadeln und Salbeiblätter mit dem Speck und der Zwiebel fein hacken. Alles zusammen in 4 EL Olivenöl anschwitzen, das Lorbeerblatt und die gewaschenen und abgetrockneten Endivienblätter, teils in Stücke und teils in Streifen geschnitten, untermengen. Mit Salz und Pfeffer abschmecken und zugedeckt 10–15 Minuten dünsten. Deckel abnehmen und die Kichererbsen dazugeben, weitere 5–10 Minuten garen.
Die Orecchiette in Salzwasser al dente kochen, abseihen und zur fertigen Sauce geben, gut vermengen und dann auf Teller verteilen. Mit Pecorino bestreuen und mit frisch gemahlenem Pfeffer würzen.

- *350 g Orecchiette*
- *120 g getrocknete Kichererbsen*
- *2 Endivien (Brüsseler Spitzen)*
- *50 g Speck*
- *2 Rosmarinzweige*
- *1 Zwiebel*
- *2 Salbeizweige*
- *1 Lorbeerblatt*
- *40 g Pecorino, gerieben*
- *Olivenöl*
- *Salz, Pfeffer*

174

Pasta mit getoastetem Bauchspeck in Bohnensauce

- *300 g Pasta egal welche Form*
- *4 Tomaten*
- *400 g braune Bohnen, gekocht oder aus der Dose*
- *500 g längliche Bohnen, gekocht*
- *40 g geräucherter Bauchspeck, in Scheiben*
- *2 Rosmarinzweige*
- *1 Knoblauchzehe*
- *1 EL Balsamicoessig*
- *20 g Schafskäse, gerieben (ersatzweise Parmesan)*
- *1 kleines Bund Bachkresse (ersatzweise Rucola)*
- *Olivenöl, Salz*

Die geschälten und entkernten Tomaten in Würfel schneiden und in eine Schüssel geben. Die Knoblauchzehe reiben, die Rosmarinnadeln fein hacken und alles zusammen mit dem Balsamicoessig zu den Tomaten geben. Mit 4 EL Olivenöl übergießen, gut verrühren und ca. 30 Minuten stehen lassen. Die Bohnen dazugeben. Den Bauchspeck in kleine Stücke schneiden und in einer beschichteten Pfanne bei mittlerer Hitze goldgelb und knusprig braten. Auf Küchenpapier entfetten lassen.
Die Pasta in Salzwasser al dente kochen, abseihen und mit der Sauce, dem Bauchspeck, der gehackten Bachkresse (oder Rucola) sowie dem geriebenen Käse gut vermengen und servieren.

175

Penne mit Auberginen und pikanter Wurst

- *350 g Penne*
- *400 g Auberginen*
- *200 g Kirschtomaten*
- *5 Flaschentomaten (z. B. San Marzano)*
- *1 Knoblauchzehe*
- *½ Zwiebel*
- *1 Rosmarinzweig*
- *1 Peperoncino*
- *200 g pikante Wurst*
- *6 EL Olivenöl*

Die Auberginen waschen, abtrocknen und in kleine Würfel schneiden. Das Olivenöl in einer Pfanne erhitzen und die Auberginenwürfel darin anbraten, salzen. Die Zwiebel fein hacken, die Knoblauchzehe leicht zerquetschen und gemeinsam mit dem Rosmarin und dem Peperoncino in die Pfanne geben, bei kleiner Flamme 5 Minuten braten. Die Kirschtomaten halbieren, die Tomaten vierteln und zu den Auberginen hinzufügen, den zerbröselten Peperoncino dazugeben. Die Wurst in gleichmäßige mitteldicke Scheiben schneiden und in einer beschichteten Pfanne ohne Öl rösten, dann zur Sauce geben.
Penne in Salzwasser al dente kochen, abseihen und gut mit der Auberginensauce vermengen. Wenn nötig mit Salz abschmecken.

Penne mit Tomaten und Salsiccia

176

Die Schalotte sehr fein schneiden und zusammen mit einer leicht angedrückten Knoblauchzehe in 3 EL Olivenöl glasig dünsten. Die Tomatensauce dazugeben, salzen, pfeffern und 15 Minuten kochen.
Die Salsiccia in 1 cm dicke Scheiben schneiden und in einer anderen Pfanne mit 1 EL Olivenöl, der anderen Knoblauchzehe und dem Rosmarin kurz anbraten, mit Salz und Pfeffer abschmecken.
Die Penne in Salzwasser al dente kochen, abseihen und mit der Tomatensauce und der Salsiccia (samt Bratensaft) gut vermischen. Mit fein gehackter Petersilie bestreuen.

- *350 g Penne*
- *400 g frische pikante Salsiccia*
- *250 g Tomatensauce*
- *1 Schalotte*
- *3 reife Tomaten*
- *2 Knoblauchzehen*
- *1 Rosmarinzweig*
- *2 Stängel Petersilie*
- *Olivenöl*
- *Salz, Pfeffer*

Penne mit Löwenzahn und Speck

177

Löwenzahn gut waschen und in Salzwasser 10 Minuten kochen. Herausnehmen und abtropfen lassen. Zwiebel fein hacken, Knoblauchzehe zerdrücken und mit dem Speck in Olivenöl leicht anschwitzen, den grob gehackten Löwenzahn dazugeben. Kirschtomaten halbieren und zum Löwenzahn geben, gut verrühren und mit Salz und frisch gemahlenem Pfeffer abschmecken. Ca. 10 Minuten zugedeckt garen.
Penne in Salzwasser al dente kochen, abgießen und zum Gemüse in die Pfanne geben, gut durchschwenken. Mit zerkleinerten Basilikumblättern garnieren.

- *350 g Penne*
- *300 g Löwenzahn*
- *150 g fein gewürfelter Speck*
- *1 kleine Zwiebel*
- *1 Knoblauchzehe*
- *200 g Kirschtomaten*
- *4–5 Basilikumblätter*
- *2 EL Olivenöl*
- *Salz, Pfeffer*

178

Pipe rigate mit Rucola und Bauchspeck

- *350 g Pipe rigate*
- *200 g Rucola*
- *100 g Bauchspeck, am Stück*
- *Parmesan, gerieben*
- *Olivenöl*
- *Salz, Pfeffer*

Den Bauchspeck in Würfel schneiden und in 2 EL Olivenöl knusprig braten. Das Pastawasser zum Kochen bringen, salzen und die in 3–4 cm geschnittene Rucola dazugeben.
Die Pipe rigate ins Wasser geben, al dente kochen, abseihen und in die Pfanne zum Speck schütten, mit frisch gemahlenem Pfeffer würzen.
Die Pipe rigate auf vorgewärmten Tellern anrichten, Parmesan darüberstreuen und mit etwas Rucola garniert servieren.

179

Reginette mit Speck

- *350 g Reginette*
- *200 g Speck, in dicke Scheiben geschnitten*
- *100 g Erbsen ohne Schale*
- *2 Knoblauchzehen*
- *½ Glas trockener Weißwein*
- *Parmesan, gerieben*
- *Olivenöl*
- *Salz, Pfeffer*

Die Erbsen kurz in Salzwasser kochen, abgießen und warm halten. Den Speck in Würfel schneiden und mit den angedrückten Knoblauchzehen und den Erbsen in ein paar EL Olivenöl anschwitzen. Den Knoblauch entfernen, mit Wein aufgießen und einkochen lassen, mit Salz und gemahlenem Pfeffer abschmecken.
10 Minuten bei schwacher Flamme garen.
Die Reginette in Salzwasser al dente kochen, abgießen und kurz in die Pfanne geben, gut durchschwenken und auf Teller verteilen. Nochmals mit frischem Pfeffer würzen und mit Parmesan bestreuen.

Spaghetti-Kuchen

180

Für die Tomatensauce die fein gehackte Zwiebel und die ganze Knoblauchzehe in Olivenöl goldgelb anbraten, Tomatensauce dazugeben, salzen und mit Cayennepfeffer (Peperoncino) würzen, ½ Stängel Basilikum dazugeben und 20 Minuten auf lebendiger Flamme kochen.
Spaghetti in Salzwasser al dente kochen, abseihen und unter fließendem Wasser abkühlen, in eine Schüssel geben und mit einem Teil der Tomatensauce vermischen. Die Eier mit Parmesan und dem restlichen gehackten Basilikum verquirlen, mit einer Prise Muskatnuss, Salz und Pfeffer würzen. In einer Pfanne die Butter erhitzen, die Spaghetti dazugeben und anschließend die Eier untermischen. Bei mittlerer Hitze so lange garen, bis die Masse eine Kruste bekommt, dann mithilfe eines Deckels oder Tellers umdrehen und auch auf der anderen Seite knusprig braten.
Auf einem vorgewärmten Teller servieren. Die restliche Tomatensauce und den geriebenen Parmesan extra servieren. (Kann auch kalt gegessen werden.)

- ***300 g Spaghetti***
- ***200 g Tomatensauce***
- ***1 Zwiebel***
- ***1 Knoblauchzehe***
- ***1 Stängel Basilikum***
- ***2 EL Olivenöl***
- ***40 g Butter***
- ***100 g Parmesan, gerieben***
- ***4 Eier***
- ***Muskatnuss***
- ***Salz, Cayennepfeffer***

Spaghetti mit weißen Trauben und Salsiccia

181

Die Salsiccia häuten und mit einer Gabel zerkleinern. In einer Pfanne etwas Olivenöl erhitzen und die Salsiccia und die Weintrauben darin braten. Mit Weißwein aufgießen und auf kleiner Flamme langsam garen.
Spaghetti in Salzwasser al dente kochen, abseihen und in eine vorgewärmte Schüssel geben. Mit einem nussgroßen Stück Butter und geriebenem Parmesan vermischen, dann erst die Salsiccia und die Weintrauben untermischen. Mit frisch gemahlenem Pfeffer würzen und sehr heiß servieren.

- ***350 g Spaghetti***
- ***250 g Salsiccia***
- ***½ Glas Weißwein***
- ***1 weiße Weintraube***
- ***Butter***
- ***Olivenöl***
- ***Parmesan, gerieben***
- ***Salz, Pfeffer***

182

Spaghetti mit Salsiccia

- *350 g Spaghetti*
- *200 g Salsiccia*
- *2 EL Tomatenmark*
- *1 Knoblauchzehe*
- *Olivenöl*
- *1 Peperoncino*
- *1 kleiner Rosmarinzweig*
- *Schafskäse, gerieben (ersatzweise Parmesan)*
- *Salz*

Die angedrückte Knoblauchzehe und den ganzen Peperoncino in 3 EL Olivenöl goldgelb anbraten. Die enthäutete und mit einer Gabel zerkleinerte Salsiccia und Rosmarin dazugeben, einige Minuten anbraten. Dann das Tomatenmark dazugeben, 2 EL Wasser hinzufügen und zugedeckt ca. 10 Minuten bei schwacher Hitze garen. Die Sauce dick einkochen lassen. Die Knoblauchzehe entfernen.
Spaghetti in Salzwasser al dente kochen und mit der Sauce vermischen, mit geriebenem Schafskäse bestreuen.

183

Tagliatelle mit Prager Schinken und Champignons

- *500 g Tagliatelle*
- *150 g Prager Schinken, am Stück*
- *350 g Champignons*
- *4 Schalotten*
- *1 Msp. Safran*
- *trockener Weißwein*
- *½ Tasse Gemüsebrühe*
- *2 Lorbeerblätter*
- *1 Bund Petersilie*
- *Salz, Pfeffer*

Champignons putzen und in feine Scheiben schneiden. In einer beschichteten Pfanne den in dünne Streifen geschnittenen Schinken anbraten, herausnehmen und warm halten. In derselben Pfanne die fein gehackten Schalotten in 2 EL Olivenöl glasig dünsten, die Champignons und die Lorbeerblätter dazugeben und so lange kochen, bis die Pilzflüssigkeit eingekocht ist, mit einem Schuss Weißwein aufgießen und einkochen lassen. Die Gemüsebrühe dazugeben und weitere 5 Minuten garen.
In der Zwischenzeit die Tagliatelle in Salzwasser, dem Safran zugefügt wurde, al dente kochen, abseihen und in die Pfanne zur Schinkensauce geben. Gut durchschwenken und mit der fein gehackten Petersilie bestreuen.

Tagliatelle mit Parmaschinken

184

Parmaschinken und Petersilie fein schneiden und zusammen mit einer angedrückten Knoblauchzehe in Olivenöl anbraten. Die geschälten, entkernten Tomaten in dünne Streifen schneiden und dazugeben, mit Salz und Pfeffer abschmecken und ca. 15–20 Minuten auf mittlerer Flamme kochen lassen, dabei öfter umrühren.
Die Tagliatelle in reichlich Salzwasser al dente kochen, abseihen und in die Pfanne zur Sauce geben, kurz durchschwenken, Knoblauch entfernen. Mit reichlich Parmesan und fein gehackter Petersilie bestreuen und servieren.

- *350 g Tagliatelle*
- *2 dicke Scheiben Parmaschinken*
- *3 reife Tomaten*
- *1 Knoblauchzehe*
- *1 kleines Bund Petersilie*
- *Parmesan, gerieben*
- *Olivenöl*
- *Salz, Pfeffer*

Tagliatelle mit Speck und Kapern

185

Speck in kleine Würfel schneiden. Olivenöl in einer großen Pfanne erhitzen, den Speck darin knusprig braten.
Tagliatelle in Salzwasser al dente kochen, abgießen und zum Speck in die Pfanne geben. Salzen, gut pfeffern, die gewaschenen Kapern untermischen und servieren.

- *350 g Tagliatelle*
- *200 g magerer Speck*
- *40 g Kapern*
- *2 EL Olivenöl*
- *Salz, Pfeffer*

186

Tagliatelle mit Kräutern und Speck

- *350 g Tagliatelle*
- *100 g Bauchspeck*
- *50 g Schafskäse, gerieben*
- *1 kleine Zwiebel*
- *1 kleines Bund Petersilie*
- *4–5 Basilikumblätter*
- *Olivenöl*
- *3 EL Fleischbrühe*
- *Salz, Pfeffer*

Die Petersilie und das Basilikum fein hacken. Die Zwiebel und den Speck klein schneiden und in 2 EL Olivenöl anbraten. Kräuter hinzufügen, salzen und pfeffern und mit der Fleischbrühe aufgießen, 4–5 Minuten dünsten.
Die Tagliatelle in Salzwasser al dente kochen, abseihen und sofort mit der Sauce vermischen. Mit geriebenem Käse bestreuen und servieren.

187

Torchietti mit Bauchspeck und Kürbis

- *300 g Torchietti (ersatzweise Eliche)*
- *200 g Kürbis, ohne Schale*
- *1 Zwiebel*
- *2 EL Tomatenmark*
- *1 Thymianzweig*
- *80 g Bauchspeck, in Würfel geschnitten*
- *Olivenöl*
- *Salz, Pfeffer*

Die Zwiebel fein hacken und zusammen mit dem in Würfel geschnittenen Speck in einer beschichteten Pfanne mit 1 EL Olivenöl anschwitzen. Den in Würfel geschnittenen Kürbis dazugeben, mit 2 EL warmem Wasser aufgießen und weich kochen. Das Tomatenmark untermischen, salzen, pfeffern und einige Minuten auf kleiner Flamme garen. Ein paar Thymianblätter dazugeben.
Die Pasta in Salzwasser al dente kochen, abseihen und in die Pfanne zur Sauce geben, gut verrühren, noch ein paar Minuten in der Pfanne ziehen lassen. Mit Thymianblättchen garnieren.

188

Bucatini mit Thunfisch und Gemüse

- *350 g Bucatini*
- *400 g frischer Thunfisch*
- *500 g Flaschentomaten*
- *1 grüne Paprikaschote*
- *1 Aubergine*
- *12 schwarze entsteinte Oliven (z. B. aus Ligurien)*
- *2 Knoblauchzehen*
- *1 EL Kapern*
- *5 Sardellenfilets*
- *4 EL Olivenöl*
- *1 EL Basilikum, fein gehackt*
- *½ Rosmarin, fein gehackt*
- *Salz, Pfeffer*

Paprikaschoten unter dem Grill garen, bis sich die Haut ablöst, schälen, entkernen, weiße Häutchen entfernen und in dünne Streifen schneiden. Die Aubergine schälen und in kleine Würfel schneiden. Die geschälten Tomaten in dünne Scheiben schneiden. In einer Pfanne etwas Olivenöl erhitzen und den Thunfisch ca. 3 Minuten braten. Dann die Aubergine dazugeben und kurz garen, anschließend die Paprikaschote, die Tomaten, die zerquetschen Knoblauchzehen, die Oliven, die Kapern, die zerkleinerten Sardellenfilets und die Kräuter untermischen, mit Salz und Pfeffer abschmecken und 15 Minuten kochen.
In der Zwischenzeit die Bucatini in Salzwasser al dente kochen, abgießen und sehr vorsichtig mit der Sauce vermengen, sofort servieren.

189

kaltes Sommerrezept

Casarecce mit Tomaten und Thunfisch

- *400 g Casarecce (möglichst frisch)*
- *400 g Flaschentomaten*
- *150 g Thunfisch aus der Dose*
- *100 g schwarze Oliven (z. B. aus Ligurien)*
- *2 Lauchzwiebeln*
- *1 Hand voll Kapern*
- *1 kleines Bund Basilikum*
- *Parmesanspäne*
- *Salz, Cayennepfeffer*

Die geschälten und entkernten Tomaten leicht ausdrücken, um den Saft zu entfernen. In Würfel schneiden und in eine große Schüssel geben. Mit dem zerkleinerten Thunfisch, den gewaschenen Kapern, den entsteinten Oliven, den in Ringe geschnittenen Lauchzwiebeln und einem Teil des gehackten Basilikums vermengen. Mit Salz und Cayennepfeffer abschmecken, ½ Glas Olivenöl dazugeben, gut verrühren und 2 Stunden kalt stellen.
Die Casarecce in Salzwasser al dente kochen, abgießen und in die Schüssel zu den anderen Zutaten geben, gut vermengen. Mit Parmesanspänen und dem restlichen Basilikum garnieren.

Farfalle mit Räucherlachs, frischen Erbsen und Minzpesto

190

Die Erbsen in der Butter vorsichtig dünsten, salzen und mit etwas Muskatnuss würzen, mit Wermut aufgießen. Die Sahne und den Zitronensaft dazugeben, mit Salz abschmecken.
Die Minze- und Petersilienblätter im Mixer pürieren, die Mandeln und den Parmesan dazugeben, mit Salz und Pfeffer abschmecken, Olivenöl unterrühren. Pesto sofort kalt stellen, damit sich die Farbe nicht verändert.
Die Farfalle in Salzwasser al dente kochen, abseihen und gut mit der Erbsensauce vermischen. Etwas Pesto dazugeben und gut unterrühren. Auf Teller verteilen und mit dem in 2 cm dicke Scheiben geschnittenen Lachs, einem TL Pesto sowie einem Minzeblatt garnieren

- ***350 g Farfalle***
- ***350 g frische Erbsen***
- ***150 g Räucherlachs***
- ***100 g Sahne***
- ***1 Zitrone***
- ***20 g Butter***
- ***1 kleines Bund Minze***
- ***2 Stängel Petersilie***
- ***1 EL Parmesan, gerieben***
- ***1 EL Mandeln, fein gehackt***
- ***4 EL Olivenöl***
- ***Muskatnuss***
- ***1 kleines Glas trockener weißer Wermut***
- ***Salz, Pfeffer***

Fusilli mit rotem Thunfisch

191

Das Olivenöl in eine Schüssel geben und mit 2 EL warmem Wasser, 1 EL fein gehackter Petersilie, der angedrückten Knoblauchzehe, dem Oregano und dem Zitronensaft aufschlagen. Mit Salz und Pfeffer abschmecken, noch ein paar Minuten weiter schlagen, bis eine homogene Sauce entsteht. Im Wasserbad warm halten. Die Tomaten waschen und in kleine Würfel schneiden. Den Thunfisch auf beiden Seiten mit der Olivenöl-Emulsion einpinseln und in eine mit Backpapier ausgelegte feuerfeste Form legen, im Backofen bei 250 °C 12–15 Minuten garen.
Die Fusilli in Salzwasser al dente kochen. In der Zwischenzeit die Tomatenwürfel in die Olivenöl-Emulsion geben und gut verrühren; den Thunfisch aus dem Rohr nehmen, abkühlen lassen und in Streifen schneiden. Die Fusilli abseihen und vorsichtig mit der Olivenöl-Tomaten-Emulsion und dem Thunfisch vermengen und mit fein gehackter Petersilie bestreuen.

- ***350 g kurze Fusilli***
- ***300 g rote Thunfischfilets***
- ***3 reife Tomaten***
- ***1 Zitrone***
- ***8 EL Olivenöl***
- ***1 TL Oregano***
- ***½ Knoblauchzehe***
- ***1 kleines Bund Petersilie***
- ***Salz, Pfeffer***

192

Lasagnette mit Belgischer Endivie und Lachs

- *350 g Lasagnette*
- *250 g Räucherlachs*
- *2 Köpfe Belgische Endivie*
- *½ rote Zwiebel*
- *2 EL Kapern*
- *1 Stängel Dill*
- *1 kleines Glas Cognac*
- *Salz, rosa Pfefferkörner*

Die Zwiebel fein schneiden und in 2 EL Öl anschwitzen, die gewaschenen und ausgedrückten Kapern und den in feine Streifen geschnittenen Salat dazugeben und kurz dünsten. Mit dem Cognac ablöschen, salzen und 1 TL rosa Pfefferkörner untermischen. Mit warmem Wasser aufgießen und bei kleiner Flamme 5 Minuten garen.
Die Lasagnette in Salzwasser al dente kochen, abseihen und zur Sauce geben, den in Würfel geschnittenen Lachs dazugeben, sehr vorsichtig vermengen und kurz ziehen lassen. Auf vorgewärmte Teller verteilen und mit Dill garnieren.

193

Linguine mit frischem Thunfisch, Tomaten und Kapern

- *350 g Linguine*
- *350 g frischer Thunfisch*
- *7 reife kleine Tomaten*
- *1 Knoblauchzehe*
- *1 Handvoll gewaschene Kapern*
- *1 Bund Minze*
- *Olivenöl*
- *Salz, Pfeffer*

Den Thunfisch 2 Stunden in Salzwasser legen, damit der das überschüssige Blut verliert. Den angedrückten Knoblauch zusammen mit den Kapern und einem Teil der fein gehackten Minze in 2 EL Olivenöl braten, mit Pfeffer würzen. Die Knoblauchzehe entfernen, den zerpflückten Thunfisch in die Pfanne geben und ca. 10 Minuten kochen, die zerdrückten, aber nicht geschnittenen Tomaten dazugeben und weitere 10 Minuten garen.
Die Liunguine in Salzwasser al dente kochen, abseihen und zur Thunfischsauce geben. Sehr vorsichtig vermengen und kurz ziehen lassen, dann auf Teller verteilen und mit Minzeblättern garnieren.

Linguine mit Lachs und Zitronenmelisse

194

Das Lachsfilet in Streifen schneiden. Fischfond und Crème fraîche in einem Topf verrühren, leicht einkochen lassen. Lachs in die Sauce geben und darin 2–3 Minuten bei schwacher Hitze ziehen lassen. Mit Salz, Pfeffer, Zitronenschale und -saft abschmecken. Zitronenmelisse waschen, trocken schütteln, Blätter abzupfen, in feine Streifen schneiden und untermischen.
In der Zwischenzeit die Linguine in Salzwasser al dente kochen, abseihen und mit der Lachssauce anrichten. Auf vorgewärmten Tellern servieren.

- ***350 g Linguine***
- ***300 g Lachsfilet, ohne Haut***
- ***250 g Fischfond***
- ***150 g Crème fraîche***
- ***½ TL abgeriebene Zitronenschale***
- ***2 EL Zitronensaft***
- ***½ Bund Zitronenmelisse***
- ***Salz, Pfeffer***

Penne mit Räucherlachs und Nüssen

195

Die fein gehackte Zwiebel, die Nüsse und die Pistazien in 3 EL Olivenöl anbraten. Mit Cognac ablöschen, diesen einkochen lassen und dann den in feine Streifen geschnittenen Lachs und die Pfefferkörner dazugeben, und ein paar Minuten ziehen lassen. Die Sahne dazugeben und aufkochen lassen.
Die Penne in Salzwasser al dente kochen, abseihen und vorsichtig mit der Sauce vermengen, sofort servieren.

- ***350 g Penne***
- ***200 g Räucherlachs***
- ***10 Nüsse, ohne Schale***
- ***50 g Pistazien, ohne Schale***
- ***1 Schalotte***
- ***200 ml Sahne***
- ***1 EL Cognac***
- ***Olivenöl***

196

Reginette mit Thunfischragout

- *350 g Reginette*
- *250 g Thunfisch (eine dicke Scheibe)*
- *400 g Tomatensauce (evtl. Fertigprodukt)*
- *80 g entsteinte Oliven (z. B. aus Ligurien)*
- *½ Zwiebel*
- *1 Knoblauchzehe*
- *1 kleines Bund Basilikum*
- *1 Prise Oregano*
- *Olivenöl*
- *Salz, Pfeffer*

Zwiebel und Knoblauch fein hacken und in 3 EL Olivenöl goldgelb anbraten, die Tomatensauce dazugeben, mit Salz und Pfeffer abschmecken, mit Oregano würzen und bei mittlerer Hitze 15 Minuten kochen lassen, ab und zu umrühren.
Den Thunfisch in dicke Würfel schneiden und zur Tomatensauce geben, wenn diese dicklich eingekocht ist. Die halbierten Oliven untermischen und alles 10 Minuten garen.
Die Reginette in Salzwasser al dente kochen, abseihen und in die Pfanne zur Thunfischsauce geben. Das grob gehackte Basilikum dazugeben, vorsichtig umrühren und kurz durchschwenken. Auf vorgewärmte Teller verteilen und großzügig mit Pfeffer aus der Mühle würzen.

197

kaltes Sommerrezept

Spaghetti mit Thunfisch und weißen Bohnen

- *350 g Spaghetti*
- *200 g Thunfisch aus der Dose*
- *200 g weiße Bohnen aus der Dose*
- *1 Schalotte*
- *1 Bund Petersilie (ersatzweise Rucola)*
- *3 EL Olivenöl*

Den Thunfisch mit der Gabel zerkleinern, die Bohnen zerquetschen und mit fein gehackter Schalotte und ¾ der Petersilie (ersatzweise grob gehackter Rucola) vermengen. Mit 3 EL Olivenöl übergießen, mit frisch gemahlenem Pfeffer würzen und mit Parmesan bestreuen. Zugedeckt ca. 20 Minuten ziehen lasen.
Spaghetti in Salzwasser al dente kochen, abseihen und in eine Schüssel geben. Mit Olivenöl beträufeln und auskühlen lassen. Mit der Thunfischsauce vermischen und mit der restlichen Petersilie bestreuen.

Spaghetti mit Thunfisch, Gemüse und frischem Thymian

198

Thunfisch in Würfel schneiden und in Mehl wälzen, Zucchini in feine Streifen schneiden. In einer breiten Pfanne die Knoblauchzehe in Olivenöl leicht anbraten, die zerbröckelten Peperoncini, die Oliven und die zerkleinerten Thymianblätter dazugeben, kurz erhitzen, salzen. Die Thunfischwürfel und die Zucchinistreifen untermischen und bei mittlerer Hitze 5–6 Minuten garen. Mit Weißwein aufgießen und so lange kochen, bis der Wein verdunstet ist.
Spaghetti in Salzwasser al dente kochen, abgießen und mit der Sauce vermengen, noch etwas frischen Thymian darüberstreuen und servieren.

- ***350 g Spaghetti***
- ***300 g frischer Thunfisch***
- ***2 Peperoncini***
- ***3 Zucchini***
- ***1 Knoblauchzehe***
- ***20 schwarze Oliven***
- ***1 Glas trockener Weißwein***
- ***1 EL frische Thymianblätter***
- ***4 EL Olivenöl***
- ***etwas Mehl***
- ***Salz***

Tagliolini mit Lachs

199

Den angedrückten Knoblauch in Butter goldgelb anbraten, dann die Knoblauchzehe wieder herausnehmen. Die Sahne dazugießen, den in dünne Streifen geschnitten Lachs dazugeben und salzen.
Die Tagliolini in Salzwasser al dente kochen, abseihen und in die Pfanne zur Lachssauce geben. Kurz verrühren und mit Pfeffer aus der Mühle würzen. Sofort auf warme Teller verteilen und servieren.

- ***350 g Tagliolini (frisch)***
- ***150 g Räucherlachs***
- ***1 Knoblauchzehe***
- ***1 Tasse Sahne***
- ***30 g Butter***
- ***Salz, Pfeffer***

200 Tagliolini mit Thunfischsauce

- *350 g Tagliolini*
- *400 g Thunfisch (frisch oder aus der Dose, aber naturell)*
- *300 g Tomatenwürfel*
- *2 Artischockenherzen*
- *1 Schalottenzwiebel*
- *2 Knoblauchzehen*
- *1 EL Kapern*
- *½ Glas trockener Weißwein*
- *4 EL Olivenöl*
- *1 Stängel Petersilie*
- *Peperoncino*
- *Salz*

Schalotten und Knoblauch fein hacken. (Knoblauch kann auch nur angedrückt und nach dem Anschwitzen wieder entfernt werden.) Petersilienblätter fein hacken. 3–4 EL Olivenöl in einer Pfanne erhitzen, Zwiebeln, Knoblauch, Petersilie und die in feine Scheiben geschnittenen Artischockenherzen darin andünsten. Mit Weißwein aufgießen und einkochen lassen. Nun die Tomatenwürfel dazugeben und bei mäßiger Hitze kurz garen. Thunfisch aus der Dose abtropfen lassen, zerpflücken und mit den fein gehackten Kapern zur Sauce geben. Frischen Thunfisch in Würfel schneiden und sehr vorsichtig mit der Sauce vermengen, kurz aufkochen. Mit Salz, Perperoncino und Oregano abschmecken.

Die Tagliolini in Salzwasser al dente kochen, abgießen und in der Pfanne mit der Sauce schwenken, sofort servieren.

201 Castellane mit Venusmuscheln

- *350 g Castellane*
- *1 kg Venusmuscheln*
- *600 g Flaschentomaten*
- *2 Knoblauchzehen*
- *1 Stängel Basilikum*
- *1 Thymianzweig*
- *½ Glas trockener Weißwein*
- *Peperoncino*
- *Olivenöl*
- *Salz*

Die Venusmuscheln mindestens 1 Stunde in Salzwasser wässern, dann gut abspülen und abtropfen lassen. Die Muscheln in einen Topf geben und zusammen mit einer Knoblauchzehe, einigen Thymianblättchen und dem Weißwein zugedeckt so lange kochen, bis alle Muscheln geöffnet sind. Die Muscheln aus dem Topf nehmen und die Hälfte davon von der Schale befreien. Das gefilterte Muschelwasser ins Nudelwasser gießen. Die andere Knoblauch leicht andrücken und in 5 EL Olivenöl anschwitzen, die grob geschnittenen Tomaten dazugeben, mit Salz und einem kleinen Stück Peperoncino abschmecken. 5–6 Minuten kochen, dann die Venusmuscheln dazugeben.

Die Castellane sehr al dente kochen, abgießen und auskühlen lassen. Unter die Muschelsauce geben und mit dem zerkleinerten Basilikum bestreuen.

Farfalle mit Jakobsmuscheln, Spargel und Steinpilzen

202

Beim Spargel das untere Drittel schälen, kurz in Salzwasser blanchieren. Die Pilze putzen, in Lamellen schneiden und in 3 EL Olivenöl anbraten, mit Salz und Pfeffer abschmecken und noch ein paar Minuten garen, dann die Pfanne vom Feuer nehmen. Die Schalotte fein hacken und in 2 EL Olivenöl glasig dünsten, das in kleine Stücke geschnittene Muschelfleisch dazugeben, mit Salz und Pfeffer abschmecken und kurz braten. Mit Weißwein ablöschen, einkochen lassen. Die Pilze und den in 5 cm lange Stücke geschnittenen Spargel sehr vorsichtig untermischen und evtl. mit etwas Olivenöl beträufeln.
In der Zwischenzeit die Farfalle in Salzwasser al dente kochen, abseihen und gut mit der Muschelsauce vermengen. Mit fein gehackter Petersilie bestreuen und servieren.

- *350 g Farfalle*
- *150 g grüner Spargel*
- *150 g Jakobsmuscheln (ausgelöst)*
- *½ Glas trockener Weißwein*
- *100 g Steinpilze*
- *1 Schalotte*
- *1 Stängel Petersilie*
- *Olivenöl*
- *Salz, Pfeffer*

Fusilli mit Miesmuscheln und Zucchini

203

Miesmuscheln waschen, bürsten, den Bart entfernen und 30 Minuten in kaltes Wasser legen. Eine Knoblauchzehe fein hacken und in 2 EL Olivenöl goldgelb anbraten, mit Weißwein ablöschen. Die Miesmuscheln dazugeben und bei starker Hitze kochen, bis sie sich öffnen. Von den Miesmuscheln die Schale entfernen, einige mit Schale lassen. Den Sud filtern. Zucchini in dünne Scheiben schneiden, Schnittlauch fein hacken. Die andere Knoblauchzehe andrücken und mit der fein gehackten Zwiebel in 3 EL Olivenöl anschwitzen. Zucchini dazugeben und 5 Minuten garen, gut umrühren. Knoblauch wieder herausnehmen, salzen und Schnittlauch sowie einige EL Muschelsud hinzufügen. Vom Herd nehmen und warm stellen.
In der Zwischenzeit Fusilli al dente kochen, abgießen und zu den Zucchini geben, die Miesmuscheln und etwas Sud dazugeben. Mit Salz und Pfeffer abschmecken und mit fein gehackter Petersilie bestreuen.

- *320 g Fusilli*
- *350 g Zucchini*
- *1 kg Miesmuscheln (frisch oder tiefgekühlt)*
- *1 kleine Zwiebel*
- *2 Knoblauchzehen*
- *Petersilie*
- *Schnittlauch*
- *½ Glas trockener Weißwein*
- *Olivenöl*
- *Salz, Pfeffer*

204

Gomiti mit Currysauce, Spargel und Jakobsmuscheln

- *350 g Gomiti (oder eine andere kurze Pastasorte)*
- *250 g Jakobsmuscheln, ohne Schale*
- *20 g Butter*
- *20 grüne Spargelstangen*

Für die Sauce:

- *100 g Schalotten*
- *200 g Äpfel*
- *1 Tasse Fisch- oder Gemüsefond*
- *5 EL Sahne*
- *20 g Currypulver*
- *10 g Butter*
- *Salz, Pfeffer*

Für die Currysauce die Schalotten sehr fein hacken und in Butter anschwitzen, die geschälten und in kleine Stücke geschnittenen Äpfel, das Currypulver und den Fischfond dazugeben und so lange reduzieren, bis ⅔ der Flüssigkeit eingekocht ist. Die Sahne einrühren und auf kleiner Flamme cremig einkochen lassen, salzen, durch ein Sieb streichen und warm stellen.
Vom Spargel den unteren Teil schälen, ca. 10 Minuten in Salzwasser kochen, abseihen und in Eiswasser abschrecken. In 5–6 cm lange Stücke schneiden. Das Jakobsmuschelfleisch gut waschen, abtupfen und kurz in Butter anbraten, mit Salz und Pfeffer würzen.
Die Gomiti in Salzwasser al dente kochen, abseihen und mit der Currysauce und dem Spargel vorsichtig vermengen. Auf vorgewärmte Teller verteilen und mit Jakobsmuscheln garnieren.

205

Linguine mit Venusmuscheln in der Pfanne

- *350 g Linguine*
- *500 g Venusmuscheln*
- *400 g Spargel (frisch oder tiefgekühlt)*
- *2 Knoblauchzehen*
- *1 Chilischote*
- *2 EL Petersilie, gehackt*
- *trockener Weißwein*
- *Olivenöl*
- *Salz, Pfeffer*

Venusmuscheln 1 Stunde in Salzwasser wässern, ab und zu umrühren, damit der Sand ausgeschieden wird. Die Muscheln mit einer angedrückten Knoblauchzehe und einem EL Petersilie bei mittlerer Flamme so lange dünsten, bis alle Muscheln offen sind. Abkühlen lassen und das Muschelfleisch auslösen. Einige Muscheln als Garnitur mit Schale lassen. Den Muschelsud filtern und aufbewahren. Den Spargel in 5 cm lange Stücke schneiden und im Nudelkochwasser 5 Minuten kochen, herausnehmen. Linguine im selben Wasser al dente kochen, abseihen. Die andere angedrückten Knoblauchzehe zusammen mit der Chilischote in etwas Öl anbraten. Die Venusmuscheln sowie den Sud dazugeben und erhitzen. Chilischote und Knoblauch entfernen, Spargelstücke dazugeben und die Linguine untermischen. Mit frisch gemahlenem Pfeffer und der gehackten Petersilie vorsichtig vermischen. Mit ganzen Muscheln garnieren.

Linguine mit Venusmuscheln und Zucchiniblüten

206

- *350 g Linguine*
- *1 kg Venusmuscheln*
- *6 Zucchiniblüten*
- *2 Knoblauchzehen*
- *1 Stängel Basilikum*
- *1 kleines Bund Petersilie*
- *trockener Weißwein*
- *4 EL Olivenöl*
- *Cayennepfeffer*
- *Salz*

Die Venusmuscheln 1 Stunde in Salzwasser legen, ab und zu umrühren, damit der Sand ausgeschieden wird. Von den Zucchiniblüten die Blütenstempel entfernen und nicht zu klein schneiden. Die Petersilie fein hacken, die Basilikumblätter in kleine Stücke zupfen. Das Öl, die zerquetschte Knoblauchzehe und etwas Cayennepfeffer in der Pfanne erhitzen, die Venusmuscheln dazugeben und mit etwas Weißwein aufgießen. So lange kochen, bis alle Muscheln offen sind. Die Muscheln abkühlen lassen und bei der Hälfte das Fleisch aus der Schale lösen. Das Muschelwasser filtern und zurück in die Pfanne gießen. Auf kräftiger Flamme auf die Hälfte reduzieren.
Die Linguine in Salzwasser al dente kochen, abseihen und in die Pfanne zum Muschelwasser geben, die Zucchiniblüten untermischen und kurz erhitzen. Vom Feuer nehmen, die Muscheln und die frischen Kräutern gut unter die Linguine heben.

207

Maccheroncini mit Venusmuscheln und Kichererbsen

- *350 g Maccheroncini*
- *800 g Venusmuscheln*
- *200 g Kichererbsen aus der Dose*
- *1 Bund Petersilie*
- *1 Rosmarinzweig*
- *2 Knoblauchzehen*
- *Olivenöl*
- *Salz, Pfeffer*

Die Venusmuscheln 1 Stunde in Salzwasser legen, damit der Sand ausgeschieden wird. Den Knoblauch und die Petersilie fein hacken und zusammen mit etwas Rosmarin in 4 EL Olivenöl anschwitzen. Die Venusmuscheln dazugeben und zugedeckt so lange kochen, bis alle Muscheln geöffnet sind. Das Muschelfleisch aus der Schale lösen, einige Muscheln mit Schale als Garnitur aufheben. Den Sud filtern und wieder in die Pfanne gießen, noch etwas Rosmarin und die Kichererbsen dazugeben. Bei schwacher Hitze einige Minuten aufkochen lassen, das Muschelfleisch und die ganzen Muscheln dazugeben.
Die Maccheroncini in der Zwischenzeit in Salzwasser al dente kochen, abseihen und in die Pfanne zur Muschelsauce schütten, gut vermengen und mit der fein gehackten Petersilie bestreuen und etwas Olivenöl beträufeln.

208

Maccheroni al ferretto mit Jakobsmuscheln und Ratatouille

- *350 g Maccheroni al ferretto*
- *8 Jakobsmuscheln*
- *½ gelbe Paprikaschote*
- *½ rote Paprikaschote*
- *½ grüne Paprikaschote*
- *1 kleine Aubergine*
- *1 reife Tomate*
- *1 Zwiebel*
- *1 EL Currypulver*
- *1 kleines Bund Petersilie*
- *2 EL trockener Weißwein*
- *Olivenöl*
- *Salz, Pfeffer*

Paprikaschoten, Tomaten und Aubergine in mittelgroße Stücke, die Zwiebel in Ringe schneiden. In einer breiten Pfanne 4 EL Olivenöl erhitzen, die Zwiebel und das Gemüse dazugeben, mit Salz und Pfeffer abschmecken, das Currypulver untermischen und 20 Minuten garen. Wenn nötig mit etwas warmem Wasser aufgießen.
Die Jakobsmuscheln öffnen, das Muschelfleisch waschen und den weißen, fleischigen Teil der Breite nach halbieren. Alles zusammen in etwas Olivenöl anrösten, mit Weißwein ablöschen und mit Salz und Pfeffer abschmecken. Mit etwas fein gehackter Petersilie bestreuen, vom Feuer nehmen und warm halten.
Die Maccheroni in Salzwasser al dente kochen, abseihen und in die Pfanne zum Gemüse geben. Gut vermengen und mit der restlichen fein gehackten Petersilie bestreuen. Auf vorgewärmte Teller verteilen und mit dem Muschelfleisch garnieren.

Pappardelle mit Miesmuscheln

209

Muscheln 1 Stunde in Salzwasser legen, damit sie den Sand ausstoßen. In einen Topf geben, ½ Glas Weißwein dazugießen und auf großer Flamme so lange kochen, bis alle Muscheln geöffnet sind, die geschlossenen wegwerfen. Den Muschelsud filtern und zum Nudelkochwasser geben. Porree putzen und in dünne Scheiben schneiden. Mit etwas Olivenöl und den Speckwürfeln dünsten. Etwas salzen und ca. 5–8 Minuten kochen, immer wieder umrühren, wenn nötig mit Wasser aufgießen. Die Hälfte der Muscheln aus der Schale lösen, den Rest in der Schale lassen, zum Porree geben und gut verrühren. Vom Herd nehmen und warm halten.
Die Pappardelle in Salzwasser al dente kochen, abseihen und sofort mit den Muscheln vermengen. Auf vorgewärmte Teller verteilen und mit frischem Pfeffer bestreuen.

- *350 g Pappardelle*
- *1 kg Miesmuscheln*
- *2 Porreestangen*
- *100 g Speck, in Würfel geschnitten*
- *Weißwein trocken*
- *4 EL Olivenöl*
- *Salz, Pfeffer*

210

Pappardelle mit Venusmuscheln, Mangold und Schafskäse

- *350 g Pappardelle*
- *350 g Mangold*
- *650 g Venusmuscheln*
- *50 g sardischer Schafskäse*
- *1 Karotte*
- *1 Stange Sellerie*
- *1 kleine Schalotte*
- *1 EL Petersilie, fein gehackt*
- *½ Glas trockener Weißwein*
- *1 Knoblauchzehe*
- *Peperoncino (frisch)*
- *1 Thymianzweig*
- *1 Lorbeerblatt*
- *Olivenöl*
- *Salz, Pfeffer*

Den Mangold gut waschen, abtropfen und kurz in Salzwasser blanchieren, abseihen, gut ausdrücken und im Mixer mit etwas Kochwasser und 1 EL Olivenöl zu einer sämigen Sauce pürieren. Mit Salz und Pfeffer abschmecken. Die ungeschälte Knoblauchzehe, ein kleines Stückchen frischen Peperoncino, ein Lorbeerblatt und ein Thymianzweig in 2 EL Olivenöl anbraten, das in kleine Würfel geschnittene Gemüse, die fein gehackte Petersilie und die vorher gereinigten Muscheln zugeben. Mit Weißwein aufgießen und zudecken so lange kochen lassen, bis sich die Muscheln geöffnet haben. Die Hälfte der Muscheln aus der Schale lösen, Muschelfleisch wieder in die Pfanne geben, Knoblauch und Gewürze herausnehmen.
Die Pappardelle in 3 cm lange Stücke brechen und in Salzwasser al dente kochen, abgießen und in die Pfanne zu den Muscheln geben. Mit etwas Olivenöl abschmecken und gut verrühren. Auf vorgewärmte Teller verteilen, mit der Mangoldsauce und dem in feine Lamellen geschnittenen Schafskäse anrichten und servieren.

211

Spaghetti mit Miesmuscheln und getrockneten Tomaten

- *320 g Spaghetti*
- *100 g getrocknete Tomaten, in Öl eingelegt*
- *500 g Miesmuscheln*
- *½ Glas trockener Weißwein*
- *2 Knoblauchzehen*
- *5–6 grüne Oliven*
- *2 EL Petersilie, fein gehackt*
- *1 Msp. Peperoncino*
- *Olivenöl, Salz*

Miesmuscheln putzen und 30 Minuten in Salzwasser legen. Die angedrückten Knoblauchzehen in Olivenöl erhitzen, die Miesmuscheln dazugeben, mit Weißwein aufgießen, 1 EL Petersilie hinzufügen und zugedeckt so lange garen lassen, bis alle Muscheln geöffnet sind. Die Schale von ⅔ der Muscheln entfernen, den Muschelsud filtern und alles warm stellen. Tomaten in Streifen schneiden und mit der restlichen Petersilie und den aufgeschnittenen Oliven in einer Schüssel vermischen, 2 EL Olivenöl dazugießen.
Die Spaghetti in Salzwasser al dente kochen, abgießen und in die Schüssel geben. Miesmuscheln mit Sud untermischen.

212

Spaghetti mit Venusmuscheln und Pilzen

Die Venusmuscheln für 2 Stunden in Salzwasser wässern. Den Kraken waschen, von den Säcken die Haut entfernen und in Stücke schneiden. Pilze putzen. Venusmuscheln in einen Kochtopf geben und mit einem ½ Glas Wasser übergießen, zugedeckt so lange kochen, bis alle Muscheln geöffnet sind. Die ungeöffneten Muscheln wegwerfen. Abgießen und das Muschelwasser filtern. In einer Pfanne 4 EL Olivenöl erhitzen, die Knoblauchzehe darin goldgelb angebraten, dann entfernen. Den Kraken, die Pilze und die zerkleinerten Tomaten dazugeben, mit dem Muschelsud aufgießen, salzen und zugedeckt ca. 15 Minuten garen. Anschließend ohne Deckel weitere 10 Minuten kochen.
Die Spaghetti in Salzwasser al dente kochen, abgießen und in die Pfanne mit der Sauce geben. Pfeffern, die Muscheln untermischen und mit fein gehackter Petersilie und zerkleinertem Basilikum bestreuen. Servieren.

- *350 g Spaghetti*
- *300 g Venusmuscheln*
- *350 g Krake (Polpo)*
- *250 g Pfifferlinge (evtl. andere kleine Pilze)*
- *250 g Birnentomaten, sehr reif*
- *1 Knoblauchzehe*
- *Petersilie*
- *Basilikum*
- *Olivenöl*
- *Salz, Pfeffer*

213

Tagliatelle mit Jakobsmuscheln und Gemüse

Jakobsmuscheln gut bürsten, waschen und in den Backofen legen, damit sie sich öffnen, Muschelfleisch herauslösen, den orangeroten Corail vom weißen Muschelfleisch trennen und gut waschen. Sellerie, Porree und Zucchini in feine Streifen schneiden. Knoblauch zerkleinern und in 4 EL Olivenöl goldgelb anbraten, Gemüse zugeben und 4–5 Minuten garen, salzen. Das Jakobsmuschelfleisch, eine Prise Peperoncino und den fein gezupften Basilikum untermischen und zugedeckt weitere 5 Minuten kochen.
Tagliatelle in Salzwasser al dente kochen, abgießen und zur Muschelsauce in die Pfanne geben. Gut verrühren und servieren.

- *350 g Tagliatelle*
- *12 Jakobsmuscheln*
- *1 Zucchini*
- *1 Stange Sellerie*
- *1 Porreestange*
- *1 Knoblauchzehe*
- *1 Bund Basilikum*
- *Peperoncino (Pulver)*
- *Olivenöl*
- *Salz*

214

Tagliatelle mit Venusmuscheln und Selleriepesto

- *300 g Tagliatelle*
- *12 kleine frische Venusmuscheln*
- *1 große Handvoll heller Sellerieblätter*
- *1 Handvoll Petersilienblätter*
- *½ Bund Schnittlauch*
- *8 Mandeln, geschält*
- *½ Glas trockener Weißwein*
- *½ Knoblauchzehe*
- *Olivenöl*
- *Salz, Pfeffer*

Das Muschelfleisch aus der Muschel lösen, den orangeroten Corail vom weißen Fleisch. Das Muschelfleisch in 3 Scheiben schneiden. Die Sellerieblätter, die anderen Kräuter und die Mandeln mixen, den Knoblauch mit etwas grobem Salz zerstoßen. Alles zusammen mit etwas Olivenöl in einer kleinen Schüssel vermengen. Das weiße Muschelfleisch kurz in etwas Olivenöl anbraten, den Corail dazugeben, verrühren, salzen, pfeffern und nach einigen Minuten aus der Pfanne nehmen. Den Weißwein in die Pfanne gießen, einkochen lassen und dann das Muschelfleisch wieder dazugeben. Ca. 1 Minute kochen, vom Feuer nehmen und warm stellen.
Tagliatelle in Salzwasser al dente kochen, Selleriepesto mit 2 EL Nudelkochwasser verdünnen und in einer vorgewärmten Schüssel mit den Tagliatelle und der Hälfte der Venusmuscheln gut vermischen. Die andere Hälfte der Muscheln als Garnitur auf die Tagliatelle legen, mit etwas Olivenöl beträufeln und servieren.

215

Bavette mit Garnelen, Tintenfisch und Kürbisblüten

- *350 g Bavette*
- *150 g Tintenfische*
- *8 Garnelen*
- *8 Kürbisblüten*
- *½ Zwiebel*
- *Olivenöl*
- *1 Stängel Petersilie*
- *Salz*
- *Pfeffer*

Die Tintenfische putzen und in Streifen schneiden. Von den Garnelen den Kopf und die Schale entfernen und der Länge nach aufschneiden. Die Kürbis- oder Zucchiniblüten vorsichtig waschen, abtrocknen, den Blütenstempel entfernen und in Streifen schneiden. Die Zwiebel sehr fein hacken. Alle Zutaten in eine Pfanne geben, mit 4 EL Olivenöl begießen und auf kleiner Flamme 15 Minuten garen, etwas warmes Wasser hinzufügen. Mit Salz und gemahlenem Pfeffer würzen.
Die Bavette in Salzwasser al dente kochen, abseihen und in die Pfanne zur Sauce geben. Vorsichtig verrühren und kurz ziehen lassen. Auf Teller verteilen, mit den gewaschenen, getrockneten und grob gehackten Petersilienblättern bestreuen und servieren.

Farfalle mit Garnelen und Brokkoli

216

Die Kartoffeln schälen und in kleine Würfel schneiden. Brokkoli waschen und in kleine Teile schneiden. Die Farfalle und die gewürfelten Kartoffeln in Salzwasser ca. 5 Minuten kochen, dann den Brokkoli dazugeben und weitere 5–6 Minuten garen.
Den Schnittlauch in der Butter kurz anbraten, die Garnelen dazugeben, mit Cognac ablöschen und die Sahne unterrühren, salzen und pfeffern.
Farfalle, Kartoffeln und Brokkoli abgießen und zur Garnelensauce geben, gut vermengen und evtl. nochmals mit Salz und Pfeffer abschmecken.

- ***350 g Farfalle***
- ***100 g Kartoffeln***
- ***300 g Brokkoli***
- ***300 g Garnelen***
- ***20 g Butter***
- ***20 g Schnittlauch***
- ***3 EL Sahne***
- ***1 Schuss Cognac***
- ***Salz, Pfeffer***

Farfalle mit Kürbis und Garnelen

217

Das Kürbisfleisch sehr fein schneiden und in 3 EL Olivenöl zusammen mit der fein gehackten Zwiebel 15 Minuten auf mittlerer Flamme dünsten. Die geputzten Garnelen, den Weichkäse sowie die Milch dazugeben, gut verrühren, mit Salz und Pfeffer abschmecken und weitere 5 Minuten garen.
Die Farfalle in Salzwasser al dente kochen, abseihen und in die Pfanne zur Kürbissauce schütten, gut vermengen, kurz ziehen lassen und servieren.

- ***350 g Farfalle***
- ***250 g Kürbis, ohne Schale***
- ***250 g Garnelen***
- ***½ Zwiebel***
- ***150 g Weichkäse (Stracchino)***
- ***1 Tasse Milch***
- ***Olivenöl***
- ***Salz, Pfeffer***

218

Fazzoletti di Pasta mit Basilikum, Scampi und Brokkoli

- *350 g Fazzoletti di Pasta*
- *250 g Scampi*
- *300 g Brokkoli*
- *1 Schalotte*
- *trockener Weißwein*
- *2–3 EL Olivenöl*
- *3–4 Basilikumblätter*
- *Salz*

Brokkoliröschen in Salzwasser kurz abkochen (sie sollen knackig bleiben) und vorsichtig herausnehmen, das Wasser aufbewahren (darin werden die Fazzoletti gekocht). 2 EL Olivenöl erhitzen, die geschälten Scampi kurz darin anbraten und mit einem Schuss Weißwein ablöschen. Die gekochten Brokkoliröschen vorsichtig untermischen, mit Salz und Pfeffer abschmecken und noch einige Minuten dünsten. Fazzoletti im Brokkoli-Kochwasser al dente kochen, abgießen, kurz in der Pfanne mit den Scampi schwenken, mit Basilikumblättern garnieren und servieren.

219

Fusilli mit Garnelen und Gewürzen

- *350 g Fusilli*
- *700 g Garnelen*
- *2 mittelgroße Paprikaschoten (rot oder gelb)*
- *2 Knoblauchzehen*
- *1 getrockneter Peperoncino*
- *3 EL trockener Weißwein*
- *3 EL Olivenöl*
- *1 Bund frischer Oregano*
- *1 Bund frische Minze*
- *Salz*

Paprikaschoten waschen und in einer eingeölten Form bei 180 °C im Backrohr garen, bis die Haut braun wird. Abkühlen lassen. Samen und Stiele entfernen, Haut abziehen und Paprika in dünne Streifen schneiden. Garnelen schälen und den schwarzen Darm entfernen. Knoblauchzehen leicht andrücken und mit dem Peperoncino in Olivenöl anbraten, die Garnelen dazugeben und einige Minuten garen. Mit Weißwein aufgießen, salzen. Vom Feuer nehmen und ruhen lassen. Oregano- und Minzeblätter klein hacken. Fusilli in Salzwasser al dente kochen. Die Paprikaschoten zur Sauce geben, mit den gehackten Kräutern bestreuen (ca. 1 EL übrig lassen) und 2 Minuten ziehen lassen. Dann die Fusilli abseihen und in die Pfanne geben, gut vermischen und mit den restlichen Kräutern bestreuen.

Fusilli mit Makrelen

220

- *300 g Fusilli*
- *400 g frische Makrelen*
- *2 Schalotten*
- *2 Stangen Sellerie*
- *2 Karotten*
- *1 TL Kapern*
- *1 Bund Petersilie*
- *2 EL Olivenöl*
- *1 kleines Glas Brandy*
- *Salz, Pfeffer*

Gemüse waschen und putzen, die Schalotten fein hacken und in einer Pfanne mit etwas Olivenöl anbraten, mit 2 EL Wasser ablöschen. Die Selleriestangen und die Karotten grob schneiden. Die Hälfte der Petersilie, das Selleriegrün und die Kapern fein hacken und zu den Schalotten geben, mit Brandy übergießen und bei starker Hitze einkochen lassen. Sellerie und Karotten dazugeben und bei starker Hitze braten, damit das Gemüse knackig bleibt. Die Makrelen putzen und filetieren, gut waschen und mit Küchenpapier abtupfen. Die Makrelen in die Pfanne zum Gemüse geben, einige Minuten braten. Dabei einige Male vorsichtig umrühren. Mit Salz und Pfeffer abschmecken.
Die Fusilli in Salzwasser al dente kochen, abseihen und mit der Sauce vermischen. Mit der restlichen fein gehackten Petersilie bestreuen. Sofort servieren.

221

Tagliatelle mit Artischocken und Garnelen

- *350 g Tagliatelle (frisch)*
- *3 Artischocken*
- *400 g Garnelen*
- *20 g Butter*
- *1 Schalotte*
- *etwas Majoran*
- *2 Zitronen*
- *etwas Martini Dry*
- *Olivenöl*
- *Mehl*
- *Salz, Pfeffer*

Die Artischocken putzen, die harten Blätter entfernen und halbieren, das Heu entfernen und die Artischocken in dünne Scheiben schneiden. In Zitronenwasser legen, damit sie sich nicht verfärben. Die Garnelen schälen, den Darm entfernen. 4 Garnelen ganz lassen (zum Garnieren), die anderen in kleine Stücke schneiden. Die fein gehackte Schalotte in der zerlassenen Butter glasig anschwitzen, alle Garnelen dazugeben und 3 Minuten anbraten. Mit Martini Dry ablöschen und einkochen lassen. Nur die ganzen Garnelen aus der Pfanne nehmen und warm stellen. ¾ der Artischocken aus dem Wasser nehmen, gut abtrocknen und zu den Garnelenstücken geben, einige Majoranblättchen und etwas warmes Wasser dazugeben, salzen und pfeffern. 10 Minuten auf kleiner Flamme kochen. Die restlichen Artischocken gut abtrocknen und in Mehl wälzen. Kurz in heißem Öl frittieren.
Die Tagliatelle in Salzwasser al dente kochen, abseihen, in eine Schüssel geben und mit der Sauce vermengen. Auf vorgewärmte Teller verteilen und mit den frittierten Artischocken und den ganzen, gebratenen Garnelen garnieren. Sofort servieren.

222

Spaghetti mit Garnelen und Scampi

- *350 g Spaghetti*
- *4 Scampi, küchenfertig*
- *12 Garnelen, küchenfertig*
- *2 Knoblauchzehen*
- *1 EL Petersilie, gehackt*
- *2 EL Weinbrand oder Cognac*
- *Olivenöl*
- *Salz, Pfeffer*

In einer Pfanne 2 EL Olivenöl erhitzen, die angedrückten Knoblauchzehen darin goldgelb anbraten und wieder herausnehmen. Jetzt die Scampi dazugeben, einige Minuten garen. Dann 12 geschälte und in Stücke geschnittene Garnelen hinzufügen, salzen, pfeffern und mit dem Weinbrand ablöschen. Mit 3 EL Fischfond oder Gemüsebrühe aufgießen und auf kleiner Flamme 3 Minuten garen.
Spaghetti in Salzwasser al dente kochen, abgießen und in die Pfanne zu den Garnelen geben, mit Petersilie bestreuen, gut umrühren und evtl. mit etwas frisch gemahlenem Pfeffer würzen.

223

Linguine mit Garnelen und Zitrone

Die Garnelen waschen und der Länge nach halbieren. In einer Pfanne 5 EL Olivenöl erhitzen, die angedrückte Knoblauchzehe goldgelb anbraten, wieder herausnehmen. Die Garnelen in die Pfanne geben und anbraten, salzen, die zerbröckelte Chilischote dazugeben und 10 Minuten köcheln lassen, die Garnelen ab und zu wenden.
Die Linguine al dente kochen, abseihen und in die Pfanne zu den Garnelen geben, mit Zitronensaft und der in Streifen geschnittenen Zitronenschale vermischen, mit der fein gehackten Petersilie bestreuen und heiß servieren.

- *400 g Linguine*
- *400 g Garnelen*
- *1 Zitrone (unbehandelt)*
- *1 Knoblauchzehe*
- *1 Stängel Petersilie*
- *1 Chilischote*
- *Olivenöl*
- *Salz*

224

Linguine mit Paprikaschoten und grauen Garnelen

Die Paprikaschoten teilen, Samenstände entfernen, waschen und in Stücke schneiden. Die Schalotte fein hacken und in einer Pfanne mit 3 EL Olivenöl goldgelb anschwitzen. Die Paprikaschoten dazugeben und kurz darauf die Tomatensauce. Salzen und mit Peperoncino abschmecken. Bei mittlerer Hitze 20 Minuten garen. Wenn nötig etwas warmes Wasser dazugießen.
Die Garnelen schälen, den schwarzen Darm entfernen, waschen, abtupfen und in einer Pfanne mit 2 EL Olivenöl sehr kurz anbraten. Salzen und mit einem Schuss Martini ablöschen, auf großer Flamme einkochen lassen, gut verrühren und vom Feuer nehmen.
Die Paprikaschoten pürieren, Sahne hinzufügen und in einer breiten Pfanne leicht erwärmen. Die Garnelen dazugeben.
Die Linguine in Salzwasser al dente kochen, abseihen und zur Sauce geben, auf großer Flamme kurz erwärmen. Die Linguine auf vorgewärmte Teller verteilen, mit fein gehacktem Schnittlauch bestreuen und servieren.

- *350 g Linguine*
- *300 g Garnelen*
- *150 g Tomatensauce*
- *2 große rote Paprikaschoten*
- *1 Schalotte*
- *1 Bund Schnittlauch*
- *Peperoncino*
- *etwas trockener Martini*
- *3 EL Sahne*
- *Olivenöl*
- *Salz*

225

Maccheroni mit jungem Spinat und Garnelen

- *400 g Maccheroni*
- *400 g Garnelen*
- *200 g junger Spinat*
- *1 Knoblauchzehe*
- *½ Zitrone*
- *1 Stängel Petersilie*
- *Olivenöl*
- *Salz, Pfeffer*

Die Garnelen schälen und die Schalen in einem Topf mit 3 l Wasser und etwas grobem Salz 10 Minuten auskochen. Durch ein Sieb geben und das Wasser zum Kochen der Maccheroni verwenden. In der Zwischenzeit die Knoblauchzehe und die Schale von ½ Zitrone fein hacken. In 2 EL Olivenöl kurz anbraten, die Garnelen und den gewaschenen, trocken geschleuderten Spinat dazugeben und kurz garen.
Die Maccheroni im Garnelensud al dente kochen, abseihen und zur Sauce geben. Mit fein gehackter Petersilie, Salz und Pfeffer abschmecken, gut vermengen und servieren.

226

Maltagliati mit braunen Bohnen und Garnelen

- *350 g Maltagliati*
- *1 kg Garnelen*
- *1 Dose braune Bohnen*
- *1 Peperoncino*
- *2 EL Tomatensauce*
- *1 Rosmarinzweig*
- *1 Schalotte*
- *6 EL Olivenöl*
- *Salz*

Die Garnelen schälen und den schwarzen Darm entfernen. 4 Garnelen ganz lassen, die anderen in 3 Teile schneiden. Bauchspeck in sehr feine Scheiben schneiden, Zwiebel und Rosmarinnadeln sehr fein hacken. In einer Pfanne 4 EL Olivenöl erhitzen und den zerkleinerten Peperoncino, die abgetropften Bohnen und die Tomatensauce dazugeben. Mit Salz abschmecken und 1 Kelle warmes Wasser zugießen, auf kleiner Flamme 15 Minuten kochen. In einer anderen Pfanne 2 EL Olivenöl erhitzen und den Bauchspeck darin knusprig anbraten. Die Garnelen ca. 2–3 Minuten darin anbraten, nur die ganzen Garnelen herausnehmen und warm stellen. Den Rest salzen und die fein gehackten Rosmarinnadeln untermischen, vom Feuer nehmen.
Maltagliati in Salzwasser al dente kochen, abgießen und in die Pfanne zu den Garnelen geben, kurz umrühren. Dann alles in die Pfanne mit der Bohnensauce schütten, gut verrühren. Auf vorgewärmte Teller verteilen und mit den ganzen, gebratenen Garnelen garnieren.

Penne mit schwarzen Oliven, Garnelen und Bauchspeck

227

Oliven entsteinen und klein schneiden. Die Garnelen schälen, Tomaten und Bauchspeck in Würfel schneiden. Die Knoblauchzehe in etwas Olivenöl anschwitzen, Garnelen, Oliven und Bauchspeck dazugeben und einige Minuten anbraten. Tomaten hinzufügen und mit Weißwein ablöschen. Salzen. Einige Minuten kochen lassen, die Köpfe entfernen und die Sauce warm stellen. In einer Pfanne etwas Olivenöl erhitzen und die Semmelbrösel darin goldgelb rösten.
Penne im Salzwasser al dente kochen, abgießen und mit den Semmelbröseln vermischen. Zur Sauce geben, alles vermengen, mit Petersilie bestreuen und noch eine Minute garen. Mit etwas Olivenöl beträufeln und mit Pfeffer oder Peperoncino würzen. Sofort servieren.

- ***350 g Penne***
- ***50 g schwarze Oliven***
- ***160 g Garnelen***
- ***50 g Semmelbrösel***
- ***1 EL Petersilie, gehackt***
- ***1 Knoblauchzehe***
- ***2 reife Tomaten***
- ***1 Glas trockener Weißwein***
- ***30 g geräucherter Bauchspeck***
- ***Olivenöl***
- ***Salz, Pfeffer***

Spaghetti mit Garnelen und Zucchini

228

Die Zucchini waschen und putzen. Der Länge nach in 2–3 mm dünne Scheiben schneiden, in einer Grillpfanne auf beiden Seiten anbraten. Wenn sie fertig sind, in Stücke schneiden und in eine Schüssel geben. Die Garnelen schälen, waschen und mit Küchenpapier trocken tupfen, in der Grillpfanne 5 Minuten grillen und dann zu den Zucchini in die Schüssel geben, großzügig mit Olivenöl beträufeln. Die zerquetschten Knoblauchzehen und die zerkleinerten Basilikum- und Minzeblätter dazugeben, mit Salz und Pfeffer abschmecken. Gut vermengen.
Spaghetti in Salzwasser al dente kochen, abseihen und in die Schüssel zu den anderen Zutaten geben, gut verrühren und evtl. noch etwas Olivenöl dazugeben.

- ***500 g Spaghetti***
- ***400 g Garnelen***
- ***4 Zucchini***
- ***10 Basilikumblätter***
- ***5 Minzeblätter***
- ***3 Knoblauchzehen***
- ***Olivenöl***
- ***Salz, Pfeffer***

229

Spaghetti mit Garnelen und Rucola

- *400 g Spaghetti*
- *400 g geschälte rohe Garnelen*
- *1 getrocknete rote Chili*
- *2 Zehen Knoblauch*
- *2 gehäufte EL Tomatenmark*
- *2 Bund Rucola*
- *150 ml Weißwein*
- *1 unbehandelte Zitrone*
- *etwas Olivenöl*
- *Salz, Pfeffer*

Rucola kalt abwaschen, trocken schütteln und mit möglichst wenig Stielen in grobe Stücke schneiden. Von der gewaschenen Zitrone Schale abziehen, die Zitrone halbieren und den Saft auspressen. Knoblauch fein hacken, die Chili im Mörser zermahlen. Die Garnelen schälen, den Darm entfernen, abwaschen und mit etwas Küchenpapier abtrocknen. Größere Garnelen in Stücke schneiden. Wasser zum Kochen bringen, salzen und die Pasta darin al dente garen. Parallel in einer Pfanne etwas Olivenöl erhitzen. Darin den Knoblauch und die Chili kurz anschwitzen. Die Garnelen mit dazu geben und etwa eine Minute mit erhitzen. Jetzt mit dem Weißwein ablöschen und das Tomatenmark hinzugeben. Kurz umrühren und alles ein paar Minuten köcheln lassen. Die Pasta mit einer Zange direkt in die Pfanne geben. Die Hälfte des Rucolas untermischen und mit dem Zitronensaft, Salz und Pfeffer abschmecken. Auf Teller verteilen und den restlichen Rucola sowie die Zitronenschale darüber streuen.

230

Tagliatelle mit Garnelen und grünem Spargel

- *350 g Tagliatelle*
- *16 Garnelen*
- *12 grüne Spargelstangen, gekocht*
- *1 Porreestange*
- *1 kleines Glas Wodka*
- *3 EL Sahne*
- *Olivenöl*
- *Salz, Pfeffer*

Die Garnelen schälen, waschen und mit Küchenpapier abtupfen. Nur den weißen Teil vom Porree klein schneiden. Vom grünen Spargel nur den unteren Teil schälen, in kleine Stücke schneiden. In einer breiten Pfanne 3 EL Olivenöl erhitzen, den Porree darin anschwitzen, die Garnelen dazugeben, auf beiden Seiten sehr kurz anbraten, mit Wodka ablöschen und kurz flambieren. Die Spargelspitzen und die Sahne dazugeben und vorsichtig vermengen.
Die Tagliatelle in Salzwasser al dente kochen, abseihen und in die Pfanne zur Sauce geben, gut vermischen und mit frisch gemahlenem Pfeffer bestreuen. Sofort auf vorgewärmte Teller verteilen und servieren

Rote Tagliolini mit Garnelen in Chilisauce und Champignons

231

Die Garnelen schälen, den schwarzen Darm entfernen. 3 EL Olivenöl in der Pfanne erhitzen, die geputzten und geviertelten Champignons bei kräftiger Flamme darin anbraten, salzen und pfeffern. Die fein gehackte Schalotte und die angedrückten Knoblauchzehen dazugeben, kurz braten und dann die Garnelen untermischen, 10 Minuten garen. Die Tomatensauce unterrühren und dick einkochen lassen. Den Knoblauch herausnehmen, das in Streifen geschnittene Basilikum untermischen und 1–2 EL Chiliöl dazugeben. In der Zwischenzeit die Tagliolini in Salzwasser al dente kochen, abseihen und zur Sauce in die Pfanne geben, vorsichtig vermengen und kurz ziehen lassen. Die Tagliolini auf vorgewärmten Tellern anrichten und mit Basilikumblättern garnieren.

- ***400 g rote Tagliolini***
- ***400 g Garnelen, ohne Schale***
- ***250 g Champignons***
- ***2 Kellen Tomatensauce***
- ***1 Schalotte***
- ***2 Knoblauchzehen***
- ***1 kleines Bund Basilikum, die Hälfte der Blätter in Streifen schneiden***
- ***Olivenöl***
- ***Chiliöl (Olivenöl mit Chili)***

Bigoli mit Zwiebeln und Sardellen

232

Die Zwiebeln fein schneiden und mit etwas Öl in eine Pfanne geben, mit warmem Wasser aufgießen und zugedeckt so lange dünsten, bis sie schön weich sind (ca. 50 Minuten), evtl. immer wieder Wasser aufgießen. Die Sardellen von den Gräten befreien, waschen, trocknen und zu den gekochten Zwiebeln geben. So lange mitkochen, bis die Sardellen zerfallen sind; dann die fein gehackte Petersilie und die gewaschenen, getrockneten Kapern untermischen. Mit Salz und Pfeffer abschmecken.
Die Bigoli in Salzwasser al dente kochen, abseihen und mit der Zwiebel-Srdellen-Sauce anrichten.

- ***350 g Bigoli***
- ***500 g Zwiebeln***
- ***100 g Sardellen, frisch oder in Salz eingelegt***
- ***2 EL Kapern***
- ***1 kleines Bund Petersilie***
- ***Olivenöl***
- ***Salz, Pfeffer***

233

Bucatini mit Sardinen

- *350 g Bucatini*
- *400 g frische Sardinen, küchenfertig, ohne Kopf*
- *30 g dunkle Sultaninen, ohne Kerne*
- *1 Dose Tomatensauce*
- *1 EL Pinienkerne*
- *1 kleines Bund Dill*
- *2 Sardellenfilets aus der Dose*
- *1 TL Safran*
- *1 kleine Zwiebel*
- *Olivenöl*
- *Salz, Pfeffer*

Dill waschen und Stängel abschneiden. (Wenn kein Dill vorhanden ist, das Grün vom Fenchel verwenden.) Sultaninen waschen und in lauwarmem Wasser einweichen. Wasser zum Kochen bringen, salzen und den Dill darin ca. 10 Minuten überbrühen, herausnehmen und abkühlen lassen, grob hacken. Das Wasser zum Kochen der Bucatini aufheben. Die Zwiebel grob hacken und auf kleiner Flamme in 3 EL Olivenöl goldgelb anbraten. Die Tomatensauce dazugeben, einige Minuten kochen lassen und dann Sultaninen, Pinienkerne, gewaschene Sardellenfilets und Fenchelgrün hinzufügen und zugedeckt 15 Minuten garen. Mit Salz abschmecken. Sauce etwas eindicken lassen, die Sardinenfilets dazugeben und ohne Deckel auf kleiner Flamme weitere 5–6 Minuten garen. Vorsichtig umrühren, pfeffern und sehr sparsam mit Olivenöl begießen, warm stellen. In das Dillwasser den Safran geben und darin die Bucatini al dente kochen, abseihen und in eine vorgewärmte Schüssel geben. Sehr vorsichtig mit der Sardinensauce vermengen, sofort servieren.

234

Casarecce mit Sardinen und Kirschtomaten

- *350 g Casarecce*
- *500 g Kirschtomaten*
- *400 g frische Sardinen, küchenfertig, ohne Kopf 2 Knoblauchzehe*
- *1 Zitrone (unbehandelt)*
- *2 EL Pecorino, gerieben*
- *2 EL Parmesan, gerieben*
- *3 EL Semmelbröseln*
- *1 TL Kapern*
- *etwas Dill und Oregano*
- *Olivenöl*
- *Peperoncino*
- *Salz*

Sardinen putzen, waschen und abtupfen. Dill waschen, abtrocknen, klein hacken und mit den Semmelbröseln, den sehr fein gehackten Knoblauchzehen, dem geriebenen Käse, den zerkleinerten Kapern, der geriebenen Zitronenschale, Salz und etwas Peperoncino in einem Schüsselchen gut vermengen. Die Tomaten waschen, halbieren und abwechselnd mit den Sardinen auf ein mit eingefettetem Backpapier ausgelegtes Backblech legen und mit Gewürzmischung und etwas Oregano bestreuen. Sehr sparsam mit Olivenöl beträufeln und bei 250 °C ca. 10–15 Minuten im Ofen garen.
Die Casarecce in Salzwasser al dente kochen, abseihen und vorsichtig mit den Tomaten und den Sardinen anrichten.

Fiorelli mit Fenchel und gegrillten Sardinen

235

Den Fenchel sehr fein aufschneiden und in 2 EL Olivenöl dünsten. Die fein gehackten Knoblauchzehen und die zerdrückten Fenchelsamen hinzufügen, anschwitzen und mit Weißwein ablöschen.
Die Fiorelli in Salzwasser al dente kochen, abseihen und zur Sauce geben, gut vermischen.
Die Sardinen auf Küchenpapier abtropfen lassen, salzen und pfeffern und in der Grillpfanne 3 Minuten je Seite knusprig braten.
Die Fiorelli auf vorgewärmte Teller verteilen, die gegrillten Sardinen auf die Fiorelli legen und mit den gerösteten Pinienkernen und Basilikumblätter garnieren.

- ***350 g Fiorelli***
- ***12 Sardinen, küchenfertig***
- ***2 Fenchelknollen***
- ***½ TL Fenchelsamen***
- ***2 Knoblauchzehen***
- ***2 EL Pinienkerne, geröstet***
- ***2 EL Pesto (Fertigprodukt)***
- ***etwas trockener Weißwein***
- ***Olivenöl***
- ***Salz, Pfeffer***

Maccheroni mit geröstetem Brot, Sardellen und Kapern

236

Die Sardellen und die Kapern unter fließendem Wasser waschen, die Oliven grob schneiden. In einer Pfanne 3 EL Olivenöl erhitzen. Darin die Sardelle erhitzen und zerdrücken, Kapern und Oliven zugeben. Aus der Pfanne herausnehmen und warm halten. Die Pfanne mit Küchenpapier auswischen und darin das restliche Olivenöl erhitzen. Das Brot zerbröseln und im Öl unter ständigem Rühren goldbraun anbraten. Die Maccheroni in Salzwasser al dente kochen, abseihen und in eine vorgewärmte Schüssel geben, mit den restlichen Zutaten vermengen und mit frisch gemahlenem Pfeffer und der Petersilie bestreuen.

- ***350 g Maccheroni***
- ***80 g Vollkornbrot***
- ***4 Sardellen, in Salz oder Öl eingelegt***
- ***1 EL Kapern***
- ***50 g schwarze entsteinte Oliven***
- ***2 EL Petersilie, fein gehackt***
- ***6 EL Olivenöl***
- ***Salz, Pfeffer***

237

Maccheroni mit Schnittlauch und Sardellen

- *350 g Maccheroni*
- *8 Sardellenfilets aus der Dose*
- *50 g Kapern*
- *1 Zwiebel*
- *1 Bund Schnittlauch*
- *Olivenöl*
- *Salz, Pfeffer*

Die fein gehackte Zwiebel in 3 EL Olivenöl glasig anschwitzen, die gewaschenen und mit einer Gabel zerkleinerten Sardellenfilets sowie die gewaschenen und ausgedrückten Kapern dazugeben, sehr wenig salzen, pfeffern und kurz ziehen lassen.
In der Zwischenzeit die Maccheroni in Salzwasser al dente kochen, abseihen und zur Sauce geben, gut vermengen, kurz ziehen lassen. Mit fein gehacktem Schnittlauch bestreuen und servieren.

238

Maccheroni saporiti mit Sardinen und Erbsen

- *350 g Maccheroni*
- *500 g reife Tomaten*
- *1 kleine Zwiebel*
- *1 Knoblauchzehe*
- *150 g Erbsen, ohne Schale*
- *2 Sardinen, in Salz eingelegt*
- *4 EL Parmesan, gerieben*
- *4 EL Pecorino, gerieben*
- *Olivenöl*
- *Peperoncino*
- *Salz*

Die geschälten, entkernten Tomaten in Stücke schneiden. Die Zwiebel fein hacken, die Knoblauchzehe leicht andrücken und alles zusammen in einen Topf geben. 6 EL Olivenöl erhitzen, die entgräteten, gewaschenen und zerkleinerten Sardinen dazugeben, gut vermischen. Die Tomaten hinzufügen und bei starker Hitze so lange kochen, bis die Sauce sämig ist. Die Knoblauchzehe wieder entfernen. Die Sauce passieren, mit Salz und Peperoncino abschmecken. Zum Schluss die kurz blanchierten Erbsen und die fein gehackte Petersilie dazugeben. Alles gut vermischen.
Maccheroni in Salzwasser al dente kochen, abgießen und kurz in der Sauce schwenken. Mit reichlich Käse bestreut servieren.

Reginette mit Sardinen und Fenchel

239

Von den Sardellen das Salz und die Gräten entfernen. Die Sardinen unter fließendem Wasser waschen und mit Küchenpapier abtrocknen. Vorsichtig in Mehl wälzen (überschüssiges Mehl abklopfen). Reichlich Öl (Hälfte Olivenöl, Hälfte Sonneblumenöl) erhitzen und die Sardinen darin 2–3 Minuten frittieren, herausnehmen und auf Küchenpapier entfetten lassen.
In kochendem Salzwasser den Dill 20 Minuten kochen lassen, mit einem Sieb herausnehmen (Wasser aufbewahren), abkühlen lassen und hacken. In einer beschichteten Pfanne 3 EL Olivenöl erhitzen, die Sardellen reinlegen und auf kleiner Flamme weich kochen, den Dill sowie die Tomatensauce dazugeben, mit Salz und Pfeffer abschmecken und zugedeckt 15 Minuten auf mittlerer Flamme kochen.
Die Reginette im Dillwasser kochen, nach der Hälfte der Garzeit abseihen und schichtweise in eine gebutterte feuerfeste Form geben, abwechselnd mit der Sardellen-Tomatensauce und Sardinen belegen. Im Ofen bei 200 °C 20 Minuten garen.

- *350 g Reginette*
- *400 g frische Sardinen, küchenfertig, ohne Kopf*
- *150 g frischer Dill*
- *350 g Tomatensauce*
- *3 Sardellen, in Salz eingelegt*
- *Mehl*
- *Olivenöl*
- *Öl zum Frittieren*
- *Salz, Pfeffer*

Sedanini mit Sardellen

240

Die Sardellen unter fließendem Wasser waschen, abtupfen und nicht zu klein schneiden. In einer Pfanne 3 EL Olivenöl erhitzen, die fein gehackte Petersilie, den Knoblauch, die Sardellen sowie die Semmelbrösel dazugeben, gut verrühren und so lange rösten bis die Semmelbrösel knusprig sind.
Die Sedanini in Salzwasser al dente kochen, abseihen, in eine vorgewärmte Schüssel geben und vorsichtig mit der Sardellensauce verrühren. Mit etwas Petersilie bestreuen und servieren.

- *350 g Sedanini*
- *200 g Sardellen, sehr frisch, küchenfertig (ohne Kopf, Schwanz und Mittelgräte)*
- *1 kleines Bund Petersilie*
- *2 Knoblauchzehen*
- *40 g Semmelbrösel*
- *Saft von einer ½ Zitrone*
- *Olivenöl*
- *Salz*

241

Spaghetti mit Sardellen, Chilischoten und Brot

- *500 g Spaghetti*
- *200 g Weißbrot*
- *16 Sardellenfilets*
- *3 Knoblauchzehen*
- *2 Chilischoten*
- *1 Handvoll frische Thymianblättchen*
- *Saft von 1 Zitrone*
- *Olivenöl*
- *Salz, Pfeffer*

Das mit der Hand in Stücke gerissene Brot mit den Thymianblättchen und einer in Scheiben geschnittenen Knoblauchzehe unter Rühren in 8 EL Öl braten, bis das Brot goldbraun und knusprig ist. Salzen und pfeffern und auf Küchenpapier abtropfen lassen.
6 EL Öl erhitzen und die übrigen 2 fein gehackten Knoblauchzehen dazugeben. Sobald der Knoblauch weich wird, die aufgeschnittenen Sardellenfilets dazugeben. Wenn sie zu „schmelzen“ beginnen, mit Zitronensaft beträufeln und mit den zerkrümelten Chilischoten bestreuen.
Spaghetti in Salzwasser al dente kochen, abgießen und zu den Sardellen geben. Gut vermischen, nochmals abschmecken und mit den Brotstücken bestreuen. Sofort servieren.

242

Spaghetti mit Sardellenpaste und Petersilie

- *350 g Spaghetti*
- *3 Knoblauchzehen*
- *3 EL Sardellenpaste*
- *3 EL Petersilie*
- *Olivenöl*
- *Salz, Pfeffer*

Spaghetti in Salzwasser al dente kochen. In der Zwischenzeit in einer Pfanne 5–6 EL Olivenöl erhitzen. Die angedrückten Knoblauchzehen darin goldgelb anbraten und anschließend herausnehmen. Sardellenpaste dazugeben, umrühren und 3 EL fein gehackte Petersilie dazugeben. Spaghetti abgießen und kurz in die Pfanne zur Sauce geben. Mit Salz und Pfeffer abschmecken, gut umrühren und mit etwas Petersilie bestreuen.

Bucatini mit Brokkoli und Sardellen

243

Brokkoli waschen, putzen und in kleine Röschen zerteilen. Nach 5 Minuten Kochzeit der Nudeln den Broccoli hinzugeben und die restliche Zeit mitgaren. Den Knoblauch schälen und in Scheiben schneiden. Die Sardellenfilets abbrausen und in Stücke schneiden. 1 EL Öl erhitzen, Peperoncino dazubröseln, Knoblauch unterrühren und 3–4 Minuten bei schwacher Hitze hell andünsten. Die Sardellen dazugeben und kurz durchrühren. Nudeln und Brokkoli abgießen, kurz abtropfen lassen und mit dem Knoblauch-Sardellen-Öl und dem übrigen Olivenöl vermengen. Mit Salz und Pfeffer würzen und sofort servieren.

- *350 g Bucatini*
- *500 g Brokkoli*
- *4 Sardellenfilets*
- *4 Zehen Knoblauch*
- *4 EL Olivenöl*
- *1 TL getrockneter Peperoncino*
- *Salz, Pfeffer*

Tagliatelle mit Sardellen, Sultaninen, Pinienkernen und Dill

244

Die Sardellen unter fließendem Wasser gut waschen und mit Küchenpapier abtupfen. Sultaninen in warmem Wasser einweichen. Die fein gehackte Zwiebel in 2 EL Olivenöl glasig dünsten, Sardellen, Safran, fein gehackten Dill und Sultaninen dazugeben, mit Salz und großzügig mit frisch gemahlenem Pfeffer würzen. Ca. 10 Minuten kochen.
Die Tagliatelle in Salzwasser al dente kochen, abseihen und in eine vorgewärmte Schüssel geben. Mit der Sardellensauce und den gerösteten Pinienkernen vorsichtig vermengen und sofort servieren.

- *350 g Tagliatelle*
- *400 g Sardellen, frisch und küchenfertig (ohne Kopf, Schwanz und Mittelgräte)*
- *30 g Pinienkerne, geröstet*
- *40 g Sultaninen*
- *1 Zwiebel*
- *einige Stängel Dill*
- *1 Msp. Safranfäden*
- *Olivenöl*
- *Salz, Pfeffer*

245

Tagliatelle mit Kraut und Sardellenfilets

- *300 g Tagliatelle*
- *1 kleiner Krautkopf (gekräuselt)*
- *3 Sardellenfilets, in Salz*
- *30 g Butter*
- *1 EL Olivenöl*
- *Salz*

Die Außenblätter des Krautkopfes entfernen, ebenso den harten Strunk. Gut waschen und in feine Streifen schneiden. Sardellenfilets waschen und in Stücke schneiden.
Salzwasser zum Kochen bringen, Kraut und Tagliatelle darin al dente kochen. In der Zwischenzeit in einer kleinen Pfanne die Butter erhitzen und die Sardellenfilets darin zergehen lassen (auf kleiner Flamme). Tagliatelle und Kraut abgießen, mit der Sauce vermischen und mit frisch geriebenem Pfeffer bestreuen. Sofort servieren.

246

Tagliolini mit frischen Sardellen

- *350 g Tagliolini (frisch)*
- *250 g Sardellen, küchenfertig*
- *2 Knoblauchzehen*
- *400 g Flaschentomaten*
- *1 Bund Kräuter (Salbei, Petersilie, Dill)*
- *1 scharfe Paprikaschote*
- *weißer Essig*
- *Olivenöl*
- *Salz*

Die geschälten und entkernten Tomaten in Würfel schneiden, die Sardellen waschen und abtrocknen. Die Kräuter waschen, abtrocknen und zusammen mit der Paprikaschote (Kerne vorher entfernen) fein hacken. Die Knoblauchzehe leicht andrücken und in 6 EL Olivenöl anbraten, anschließend herausnehmen. Die Tomaten, die Paprikaschote, die Sardellen und die fein gehackten Kräuter in die Pfanne geben, salzen und einen EL Essig unterrühren, auf großer Flamme 5 Minuten garen.
Die Tagliolini in Salzwasser al dente kochen, abseihen und sehr schnell mit der Sardellensauce vermengen.

Farfalle mit Bohnenragout, Seeteufel und Bauchspeck

247

Zwiebel fein hacken, Karotte und Selleriestange in kleine Stücke schneiden. Den Seeteufel in kleine Würfel schneiden. In einer beschichteten Pfanne 4 EL Olivenöl erhitzen, das Gemüse darin auf mittlerer Flamme 2–3 Minuten dünsten. Dann den Fisch dazugeben, etwas salzen und weitere 3–4 Minuten braten. Mit Cognac ablöschen, einkochen lassen und dann die Tomatenwürfel und die Kichererbsen hinzufügen, weitere 10 Minuten kochen. Den Bauchspeck in Streifen schneiden, auf Alufolie legen und im Backofen so lange grillen, bis er schön knusprig ist. Auf Küchenpapier entfetten.
Die Farfalle in Salzwasser al dente kochen, abseihen und in die Pfanne zur Sauce geben, gut vermengen und auf vorgewärmte Teller verteilen. Mit gehackter Petersilie bestreuen und mit den gegrillten Speck garnieren.

- *350 g Farfalle*
- *400 g Seeteufel, in Scheiben geschnitten (ohne Knochen)*
- *250 g Kichererbsen aus der Dose*
- *200 g Tomatenwürfel, frisch oder aus der Dose*
- *1 kleine Zwiebel*
- *100 g Bauchspeck, am Stück*
- *1 Stange Sellerie*
- *1 Karotte*
- *1 kleines Bund Petersilie*
- *½ Glas Cognac oder Weinbrand*
- *Olivenöl*
- *Salz*

Orecchiette mit Spinat und Seeteufel

248

Fischfilet waschen und trocken tupfen. Mit Zitronensaft beträufeln. Spinat putzen, waschen, abtropfen lassen. Eventuell grob zerkleinern. Schalotten abziehen, fein würfeln. In 1 EL Olivenöl glasig dünsten. Spinat dazugeben, kurz mitdünsten. Sahne hinzufügen, würzen, ca. 3 Minuten köcheln lassen.
Inzwischen die Nudel kochen, Mascarpone und Sherry zum Spinat geben. Soße mit Salz, Pfeffer, Muskatnuss und Zitronenschale abschmecken. Fisch trocken tupfen, in Scheiben schneiden und ca. 1 Minute braten. Würzen.
Parmesan unter die Soße rühren. Gebratene Seeteufelscheiben unterheben, abschmecken. Mit den Nudeln anrichten.

- *350 g Orecchiette*
- *300 g Seeteufelfilet*
- *1 TL Zitronensaft*
- *500 g Spinat (frisch)*
- *2 Schalotten*
- *2 El. Olivenöl*
- *200 ml Sahne*
- *250 g Mascarpone*
- *5 EL trockener Sherry*
- *1 Zitrone, unbehandelt*
- *etwas Parmesan*
- *Muskatnuß*
- *Salz, Pfeffer*

249

Fettuccine mit Seezunge, Garnelen und Miesmuscheln

- *350 g Fettuccine*
- *6 Seezungen*
- *150 g Miesmuscheln*
- *300 g Garnelen*
- *150 g Champignons*
- *½ Zitrone*
- *2 Eiegelb*
- *6 EL Sahne*
- *30 g Butter*
- *trockener Weißwein*
- *Olivenöl*
- *Salz, Pfeffer*

Die Garnelen waschen und schälen. Die Miesmuscheln sehr gut waschen und in einem Topf (bei geschlossenem Deckel) bei großer Hitze so lange kochen, bis sich die Muscheln geöffnet haben. Das Muschelfleisch aus der Schale lösen. Die Champignons putzen, fein schneiden und in einer Pfanne mit 2 EL Olivenöl kurz anbraten. Die Garnelen und das Miesmuschelfleisch dazugeben, salzen und pfeffern und weitere 5–6 Minuten garen, dann vom Feuer nehmen.

In einer feuerfesten Form 3 EL Olivenöl erhitzen, die Seezungenfilets auf beiden Seiten goldgelb anbraten, mit Weißwein ablöschen und mit Salz und Pfeffer abschmecken. Im vorgewärmten Ofen bei 180 °C fertig garen. Die Filets aus der Sauce nehmen, die Sauce durch ein Sieb gießen und wieder in die Pfanne geben. Die Sahne, etwas Zitronensaft, Eigelb und die in kleine Würfel geschnittene Butter unter ständigem Rühren untermischen, mit frisch gemahlenem Pfeffer würzen. Das Ganze etwas einkochen lassen.

Die Fettuccine in Salzwasser al dente kochen, abseihen, in eine Schüssel geben und mit Olivenöl beträufeln. Die Seezungenfilets auf die Nudeln legen, die Champignon-Miesmuschel-Garnelen-Mischung darüber verteilen und mit der Sahnesauce begießen. Im vorgeheizten Backofen bei 200 °C kurz gratinieren lassen.

250

Linguine mit Seezunge und Limettensauce

Die Seezungen filetieren. Dazu in der Mitte einen vertikalen Schnitt machen und das Fleisch mit einem scharfen Messer von den Gräten lösen, zuerst auf der einen, dann auf der anderen Seite. Die Gräten mit ½ l Wasser, Selleriestange, Karotte, der geviertelten Zwiebel, 3 Stängeln Petersilie, der Hälfte des Weißweins und etwas Salz auf kleiner Flamme 20 Minuten kochen. Am Ende der Garzeit die Flamme höher stellen, um den Fond zu reduzieren, dann abseihen.
In einer Pfanne die Butter zergehen lassen, darin die fein gehackte Schalotte glasig anschwitzen. Die Hälfte des Fischfonds dazugeben, einkochen lassen und die halbierten Seezungenfilets hinzufügen, wenn nötig noch etwas Fond aufgießen. Das Ganze 2–4 Minuten garen. Den Saft von einer Limette einrühren, salzen. Die Filets aus der Pfanne nehmen und warm stellen. Den Sauerrahm zur Sauce gießen, die in feine Streifen geschnittene Schale einer halben Limette dazugeben, salzen und gut verrühren.
Die Linguine in Salzwasser al dente kochen, abseihen und in die Pfanne zur Sauce geben, mit fein gehackter Petersilie bestreuen, gut vermengen und auf vorgewärmte Teller verteilen. Mit den warmen Seezungefilets belegen und mit sehr dünn Limettenscheiben garnieren. Sofort servieren.

- *350 g Linguine*
- *4 Seezungen á 400 g, ohne Haut*
- *2 Limetten (unbehandelt)*
- *½ Glas trockener Weißwein*
- *1 kleines Bund Petersilie*
- *50 g Sauerrahm*
- *1 Zwiebel*
- *1 Stange Sellerie*
- *1 Karotte*
- *1 Schalotte*
- *20 g Butter*
- *Salz*

251

Safransternchen mit Seezunge

- *350 g Safransternchen*
- *400 g Seezungenfilets*
- *1 Glas trockener Weißwein*
- *1 kleine Zwiebel*
- *1 Kelle Gemüsebrühe*
- *Weizenmehl*
- *etwas Schnittlauch*
- *Olivenöl*
- *Salz, Pfeffer*

Schnittlauch waschen, abtrocknen und klein hacken. Die ebenfalls klein gehackte Zwiebel in 3 EL Olivenöl goldgelb anbraten. Die gewaschenen und abgetupften Seezungenfilets sehr sparsam in Mehl wälzen und in die Pfanne zur Zwiebel geben. Auf beiden Seiten anbraten. (Achtung beim Wenden!) Salzen und mit Weißwein aufgießen, einkochen lassen und dann mit Gemüsebrühe aufgießen. Auf kleiner Flamme noch ein paar Minuten garen.
Safransternchen in Salzwasser al dente kochen, abgießen und in die Pfanne zur Fischsauce geben. Sehr vorsichtig verrühren und die Seezunge in große Stücke teilen. Kurz ziehen lassen, mit frisch gemahlenem Pfeffer und gehacktem Schnittlauch bestreuen und servieren.
Sollte man keine Safransternchen bekommen, kann man dem Nudelkochwasser ein paar Safranfäden hinzufügen, die die Pasta dann gelb färben.

252

Spaghetti mit Seebarsch und Zucchini

- *350 g Spaghetti*
- *1 Seebarsch (ca. 700 g), filetiert und ohne Haut*
- *2 kleine Zucchini*
- *6 Kirschtomaten*
- *1 Knoblauchzehe*
- *1 Thymianzweig*
- *½ Glas trockener Weißwein*
- *1 Glas Fischfond*
- *Olivenöl*
- *Salz*

Die Zucchini waschen und in Scheiben schneiden, in einer Pfanne mit etwas Olivenöl und einer angedrückten Knoblauchzehe leicht anbraten. Einige Thymianblättchen dazugeben. Die Tomaten vierteln, entkernen und zu den Zucchini geben, kurz mitkochen. Die enthäuteten Fischfilets in mittelgroße Stücke schneiden und zum Gemüse geben; mit Weißwein aufgießen und einkochen lassen. Die Hälfte des Fischfonds dazugießen, mit Salz abschmecken und kurz garen. Knoblauchzehe wieder herausnehmen.
Die Spaghetti in Salzwasser sehr al dente kochen, abseihen und in die Pfanne zur Seebarschsauce geben, alles sehr gut vermengen, mit dem restlichen Fischfond aufgießen und noch einige Minuten garen. Vor dem Servieren mit den restlichen Thymianblättchen garnieren.

Spaghetti mit Seeteufel und Venusmuscheln

253

Seeteufel in Stücke schneiden. Die Venusmuscheln ca. 1 Stunde in Salzwasser wässern, dabei immer wieder kräftig umrühren. Abgießen und in einem Kochtopf (bei geschlossenem Deckel) so lange kochen, bis alle Muscheln geöffnet sind. Muschelfleisch aus der Muschel herauslösen, einige für die Garnitur in der Schale lassen. Das Wasser filtern und aufbewahren. In einer Pfanne ca. 3 EL Olivenöl erhitzen, Knoblauchzehen und Peperoncino dazugeben, leicht anbraten. Muschelfleisch in die Pfanne geben und ca. 2 Minuten mitkochen. Die Seeteufelstücke dazugeben und weitere 3–4 Minuten garen. Mit Weißwein ablöschen und mit dem gefilterten Muschelwasser aufgießen. Mit Oregano würzen. Den Fisch und die Venusmuscheln mit einer Schaumkelle aus der Pfanne nehmen und warm stellen, die aufgeschnittenen Tomaten in den Topf geben und alles ziemlich einkochen lassen, salzen. Knoblauchzehen wieder herausnehmen. Dann das Muschelfleisch und den Fisch zurück in die Pfanne geben und mit fein gehackter Petersilie bestreuen. Spaghetti in Salzwasser al dente kochen, abgießen und in einer vorgewärmten Schüssel sehr vorsichtig mit der Fischsauce vermengen. Mit den ganzen Venusmuscheln und mit Petersilie garnieren.

- ***350 g Spaghetti***
- ***500 g Venusmuscheln***
- ***1 Seeteufel (ca. 600 g), küchenfertig, ohne Haut und Knochen***
- ***400 g Tomaten aus der Dose***
- ***2 Knoblauchzehen***
- ***1 Peperoncino***
- ***1 Bund Petersilie***
- ***1 Msp. Oregano***
- ***trockener Weißwein***
- ***Olivenöl***
- ***Salz, Pfeffer***

254

Spaghetti mit Teufelsfisch

- *350 g Spaghetti*
- *600 g Teufelsfisch*
- *3 Flaschentomaten (evtl. aus der Dose)*
- *1 Knoblauchzehe*
- *½Zwiebel*
- *½ Glas trockener Weißwein*
- *1 Bund Petersilie*
- *4 EL Olivenöl*
- *Salz, Pfeffer*

Den Teufelsfisch 5 Minuten in kochendem Wasser abbrühen, herausnehmen, die Gräten entfernen und in Stücke schneiden. 3 EL Olivenöl erhitzen und darin die fein gehackte Zwiebel und den Knoblauch goldgelb anbraten, den Fisch dazugeben und mit Weißwein aufgießen, einkochen lassen. Die geschälten und entkernten Tomaten in Würfel schneiden und zum Fisch geben, 1 Kelle warmes Wasser hinzufügen. Salzen, pfeffern und 20 Minuten auf kleiner Flamme garen. Die Spaghetti in Salzwasser al dente kochen, abgießen und in eine vorgewärmte Schüssel geben. Mit der Fischsauce, dem restlichen Olivenöl und der gehackten Petersilie anrichten. Auf vorgewärmten Tellern servieren.

255

Tagliolini mit Seeteufel in Currysauce

- *350 g Tagliolini*
- *500 g Seeteufel, enthäutet und ohne Knochen*
- *3 EL Sahne*
- *5 EL Milch*
- *1 TL Curry*
- *1 Karotte*
- *1 Stange Sellerie*
- *1 Schalotte*
- *Muskatnuss*
- *Olivenöl*
- *Salz, Pfeffer*

Den küchenfertigen Seeteufel in kleine Stücke schneiden. Die Schalotte, die Selleriestange und die Karotte in kleine dünne Streifen schneiden und in einer beschichteten Pfanne mit 3 EL Olivenöl ca. 5 Minuten zugedeckt dünsten. Den Fisch dazugeben und kurz anbraten, mit Sahne und Milch aufgießen, das Currypulver untermischen und mit Salz und Pfeffer abschmecken. Ca. 10 Minuten garen.
Die Tagliolini in Salzwasser al dente kochen, abseihen und in die Pfanne zur Sauce geben. Sehr vorsichtig verrühren und auf vorgewärmte Teller verteilen. Darüber etwas Muskatnuss reiben.

Maltagliati mit Bohnen und gebratenem Hummer

256

- ***350 g Maltagliati***
- ***100 g braune Bohnen***
- ***1 Hummer (ca. 600 g)***
- ***2 kleine Karotten***
- ***1 Zwiebel***
- ***1 Stängel Basilikum***
- ***1 Knoblauchzehe***
- ***1 kleine Stange Sellerie***
- ***Peperoncino***
- ***Olivenöl***
- ***Salz***

Die Bohnen über Nacht in Wasser einweichen. Am nächsten Tag abgießen und mit 1 l kaltem Wasser übergießen. Das in kleine Würfel geschnittene Gemüse dazugeben (2–3 kleine Sellerieblätter aufbewahren) und dünsten, erst am Ende der Garzeit salzen. Mit einem starken Küchenmesser den Hummer halbieren, ohne den Panzer zu entfernen, in große Stücke schneiden. In einer Pfanne 3 EL Olivenöl erhitzen und die Hummerstücke so lange braten, bis sie schön rot anlaufen, die angedrückte Knoblauchzehe und ein paar Stückchen Peperoncino dazugeben. Die in kleine Würfel geschnittenen Tomaten hinzufügen und kurz garen. Ehe die Pfanne vom Feuer genommen wird, die grob gehackten Basilikum- und Sellerieblätter untermischen. Sobald die Bohnen weich gekocht sind, die Hälfte davon mit etwas Bohnensuppe zu einer homogenen Masse pürieren, in die Pfanne zum Hummer geben und kurz erwärmen.
Die Pasta kann nach Belieben in der Bohnensuppe (sollte es zu dick sein, einfach mit heißem Wasser verdünnen) oder aber in Salzwasser al dente gekocht werden und dann der Bohnensuppe zugefügt werden. Mit Salz abschmecken, auf vorgewärmte Teller verteilen, mit den Hummerstücken belegen und mit gutem Olivenöl beträufeln.

257

Pappardelle mit Langustinen und Zitrone

- *350 g Pappardelle*
- *250 g Langustinen*
- *150 g Blattspinat*
- *2 Knoblauchzehen*
- *4 EL Olivenöl*
- *1 Zitrone (unbehandelt)*
- *Salz, Pfeffer*

Langustinen aus der Schale lösen, Darm vorsichtig entfernen. Mit Küchenpapier abtupfen. Von der Hälfte der Zitrone die Schale fein reiben. Die Zitrone auspressen, den Saft mit der geriebenen Schale und 2 EL Olivenöl vermischen, den fein gehackten Knoblauch dazugeben und mit Salz und Pfeffer würzen. Die Marinade gut verrühren und die Langustinen damit übergießen. Zugedeckt 15 Minuten ziehen lassen. Den Spinat putzen, waschen und zugedeckt auf kleiner Flamme kurz dämpfen (ohne Zugabe von Wasser), mit kaltem Wasser abschrecken, abseihen und auskühlen lassen. Gut ausdrücken.

Pappardelle in Salzwasser al dente kochen. Die Langustinen aus der Marinade nehmen und in einer großen Pfanne mit Olivenöl 2 Minuten kräftig anbraten. Den Spinat dazugeben und mit der Marinade ablöschen. Alles kurz aufkochen und mit Salz und Pfeffer abschmecken. Die Pappardelle in die Pfanne geben, durchschwenken und sofort servieren.

Tagliatelle mit Hummer und rotem Kaviar

258

Zwiebel vierteln, Karotten und Sellerie in Stücke schneiden, 2–3 Pfefferkörner, ½ Zitrone, den Weißwein und den Essig zusammen in einen Topf geben, mit 2 l Wasser aufgießen, salzen und 30 Minuten kochen. Den Hummer hineinlegen und 10 Minuten auf mittlerer Flamme garen. Herausnehmen und abkühlen lassen. Den Schwanz abschneiden, aus der Schale nehmen und das Fleisch in Scheiben schneiden. Die Scheren aufbrechen und das Hummerfleisch vorsichtig herauslösen. Schalotten fein hacken, Zucchini in feine Streifen schneiden. 3 EL Olivenöl in einer Pfanne erhitzen und die Schalotten und die angedrückten Knoblauchzehen goldgelb anbraten, Zucchini dazugeben und 5 Minuten garen. Hummerfleisch hinzufügen, mit etwas Kochwasser aufgießen und ein paar Minuten ziehen lassen. Vom Herd nehmen, Knoblauch entfernen.
Tagliatelle in Salzwasser al dente kochen, abgießen und zur Hummersauce geben, vorsichtig schwenken. Roten Kaviar untermischen, pfeffern und servieren.

- *400 g grüne Tagliatelle*
- *600 g gekochte Langustenschwänze*
- *300 g reife, gehäutete und entkernte Tomaten*
- *Olivenöl*
- *1 Peperoncino*
- *1 kleine rote Zwiebel*
- *etwas Basilikum*
- *2 Stängel Petersilie*
- *1 Knoblauchzehe*
- *Salz, Pfeffer*

Grüne Tagliatelle mit Langusten

259

Die vom Panzer befreiten Langustenschwänze entlang des Rückens einschneiden und den Darm entfernen. Das Fleisch quer in daumendicke Scheiben schneiden. Die fein geschnittene Zwiebel, die mit einem Messerrücken angedrückte Knoblauchzehe und den Peperoncino im Olivenöl andünsten. Die grob gewürfelten Tomaten, Salz und Pfeffer sowie die Langusten-Tranchen hinzugeben und für etwa 10 Minuten köcheln. Die Tagliatelle al dente kochen, abseihen und leicht abtropfen lassen. In die Pfanne mit der Sauce geben und für noch 2 oder 3 Minuten durchschwenken. Die grob zerpflückten Basilikumblätter dazugeben, servieren und mit Petersilie bestreuen.

- *350 g grüne Tagliatelle*
- *280 g Scampi*
- *150 g Garnelen*
- *1 Eigelb*
- *½ Glas Gemüsebrühe*
- *1 Schalotte*
- *Schale von ½ Zitrone (unbehandelt)*
- *Zitronensaft*
- *etwas Petersilie*
- *Olivenöl*
- *Salz, Pfeffer*

260

Schwarze Tagliatelle mit Hummer

- *350 g schwarze Tagliatelle*
- *2 Hummer à 500 g*
- *1 Schalotte*
- *1 Knoblauchzehe*
- *150 g Tomatensauce*
- *etwas Paprikaschote*
- *Salz*

Die Hummer 10 Minuten in Salzwasser kochen, herausnehmen und unter fließendem Wasser abschrecken. Den Schwanz vom Körper trennen, die ersten drei Teile in Scheiben schneiden, das Ende des Schwanzes der Länge nach durchschneiden. Die Scheren und die Beine mit dem Fleischklopfer vorsichtig zertrümmern. In einer breiten Pfanne 3 EL Olivenöl erhitzen, die zerdrückte Knoblauchzehe und ein paar Stückchen Paprikaschote darin anbraten, wieder herausnehmen und die Hummerteile in die Pfanne geben. 5 Minuten garen. Die Scheren und Beine in die Pfanne geben und 5 Minuten braten, immer wieder mit dem eigenen Saft übergießen. Die Hummerstücke auf einen Teller geben, gut mit Alufolie abdecken und warm stellen. Die in kleine Würfel geschnittene Schalotte in der Hummersauce glasig anschwitzen, die Tomatensauce dazugeben, salzen und etwas einkochen lassen.
In der Zwischenzeit die schwarzen Tagliatelle in Salzwasser sehr al dente kochen, abseihen und in die Pfanne zur Hummersauce geben. Gut vermengen ein paar Minuten ziehen lassen, dann auf Teller verteilen und mit den Hummerteilen garnieren.

261

Bucatini mit Schwertfisch

- *350 g Bucatini*
- *350 g Schwertfisch*
- *150 g schwarze und grüne Oliven*
- *1 Knoblauchzehe*
- *200 g Kirschtomaten*
- *4 Sardellenfilets, in Öl*
- *etwas Mehl*
- *1 Bund Petersilie*
- *Peperoncino*
- *Olivenöl*
- *Salz*

Vom Schwertfisch Haut und Mittelgräte entfernen und in Würfel schneiden, in Mehl wälzen. In einer Pfanne 2 EL Olivenöl erhitzen, die zerdrückte Knoblauchzehe goldgelb anbraten und den Schwertfisch dazugeben, auf beiden Seiten anbraten, salzen und zugedeckt warm stellen. In derselbe Pfanne die Sardellenfilets in 2 EL Olivenöl erhitzen, die halbierten Kirschtomaten sowie die entsteinten Oliven hinzufügen und 10 Minuten kochen, mit Salz abschmecken. Den Schwertfisch wieder in die Pfanne geben und großzügig mit fein gehackter Petersilie und Peperoncino bestreuen. Bucatini in Salzwasser al dente kochen, abgießen und kurz in die Pfanne zum Fisch geben. Mit einem Schuss Olivenöl übergießen, vorsichtig vermengen und servieren.

Bucatini mit Tintenfisch und Paprikaschoten

262

Die küchenfertigen Tintenfische halbieren. Die Tomaten ebenfalls halbieren, entkernen und grob schneiden. Den Knoblauch mit einer Handvoll Kräuter fein hacken. Dieses Gemisch in eine große Schüssel geben, salzen und soviel Olivenöl dazugeben, dass eine dickflüssige Sauce entsteht. Die Paprikaschoten halbieren, Samen entfernen und ungefähr 15 Minuten im Backofen grillen, immer wieder wenden, bis auf die Haut Blasen wirft, abkühlen lassen und schälen. Anschließend in Streifen schneiden und zur Kräutersauce geben. Gut vermengen. Die Tintenfische pro Seite ca. 2 Minuten grillen (bei größeren Exemplaren dauert es ca. 5 Minuten), sie müssen knackig bleiben (Gabeltest). Kurz abkühlen lassen und in Streifen schneiden.
Die Bucatini in Salzwasser al dente kochen, abseihen und zur Sauce geben, die Tintenfische hinzufügen und pfeffern. Alles gut vermengen und mit den restlichen fein gehackten Kräutern bestreuen.

- *350 g Bucatini*
- *12 kleine Tintenfische, küchenfertig*
- *2 große Paprikaschoten (gelb und rot)*
- *2 Flaschentomaten*
- *6 Knoblauchzehen*
- *1 Bund Petersilie und Majoran*
- *Olivenöl*
- *Salz, Pfeffer*

Casarecce mit Auberginen und Schwertfisch

263

Die Auberginen putzen, waschen und in Streifen schneiden. Den Fisch ebenfalls in 2 cm dicke Streifen schneiden und in einer breiten Pfanne mit 3 EL Olivenöl und der angedrückten Knoblauchzehe und den Auberginen kurz anbraten, mit Weißwein aufgießen, einkochen lassen. Die Tomaten schälen, entkernen und in Würfel schneiden, zum Fisch geben und ca. 10 Minuten garen. Knoblauch entfernen. Mit Salz und Pfeffer abschmecken.
Die Casarecce in Salzwasser al dente kochen, abseihen und vorsichtig mit der Fischsauce verrühren. Mit Minzeblättchen garnieren.

- *350 g Casarecce*
- *500 g Schwertfisch*
- *200 g kleine feste Auberginen*
- *4 reife Tomaten*
- *1 Knoblauchzehe*
- *½ Glas Weißwein*
- *1 Stängel Minze*
- *Olivenöl*
- *Salz, Pfeffer*

264

Conchiglie mit Tintenfisch und Miesmuscheln

- *350 g Conchiglie*
- *500 g Miesmuscheln*
- *300 g Tintenfische*
- *½ Tasse Tomatensauce*
- *1 Schalotte*
- *2 Knoblauchzehen*
- *1 kleines Bund Petersilie*
- *1 Stängel Basilikum*
- *Olivenöl*
- *Salz, Pfeffer*

Die Tintenfische putzen und in 3 cm breite Streifen schneiden. In einer Pfanne 5 EL Olivenöl erhitzen, die Tintenfische darin auf großer Flamme braten, salzen und pfeffern. Herausnehmen und zugedeckt warm stellen. In derselben Pfanne die fein gehackte Schalotte und die zerdrückten Knoblauchzehen goldgelb anbraten, dann die sehr gut gewaschenen Miesmuscheln dazugeben. Die Tomatensauce in die Pfanne gießen und zugedeckt so lange kochen, bis alle Muscheln geöffnet sind. Den Tintenfisch untermischen und den Knoblauch entfernen.

In der Zwischenzeit die Conchiglie in Salzwasser al dente kochen, abseihen und zur Miesmuschelsauce geben, gut verrühren. Die fein gehackte Petersilie untermischen und etwas ziehen lassen. Die Conchiglie mit Petersilie und Basilikumblättchen garnieren. Sofort servieren

265

Fidelini mit Tintenfischtinte

- *350 g Fidelini*
- *2 Tintenfische*
- *1 Zwiebel*
- *1 Knoblauchzehe*
- *2 Briefchen Tintenfischtinte („Sepia")*
- *1 l Gemüsebrühe*
- *Olivenöl*
- *Salz, Pfeffer*

Die Tintenfische putzen und in dünne Ringe schneiden, mit 2 EL Olivenöl in einer feuerfesten Form braten. Die fein gehackte Zwiebel und die zerdrückte Knoblauchzehe dazugeben und goldgelb anbraten. Die rohen Fidelini und die Tintenfischtinte dazugeben, gut vermischen, mit der Gemüsebrühe aufgießen und mit einem Deckel abdecken. Im vorgeheizten Backofen bei 160 °C ca. 20 Minuten garen. Herausnehmen, Knoblauch entfernen und die Fidelini mit 2 EL Olivenöl beträufeln, sehr gut vermengen, mit Salz und Pfeffer abschmecken und auf vorgewärmten Tellern servieren.

Liguine mit Schwertfisch und Gewürzen

266

Den Schwertfisch häuten und evtl. Knochen entfernen, in dicke Würfel schneiden und auf einen Teller geben, mit Zitronensaft beträufeln. Die Knoblauchzehen zerdrücken und mit dem zerkleinerten Peperoncino und den zerdrückten Fenchelsamen in 3 EL Olivenöl ein paar Minuten anbraten. Fischwürfel und die grob gehackten Pistazienkerne untermischen und mit Salz würzen. Den Fisch goldgelb braten.
Linguine in Salzwasser al dente kochen, abseihen und in die Pfanne zum Fisch geben, mit gehacktem Fenchelgrün bestreuen, vorsichtig schwenken und sofort servieren.

- ***350 g Linguine***
- ***300 g Schwertfisch, am Stück***
- ***30 g Pistazien***
- ***2 EL Fenchelsamen***
- ***2 Knoblauchzehen***
- ***1 kleiner Peperoncino***
- ***Saft von 2 Zitronen***
- ***3 EL Olivenöl***
- ***Salz***

267

Maccheroncini mit Zucchiniblüten und Tintenfisch

- *350 g Maccheroncini*
- *200 g kleine Tintenfische, küchenfertig*
- *150 g Quark*
- *50 g Semmelbrösel*
- *1 Orange (unbehandelt)*
- *4 reife Flaschentomaten*
- *10 Zucchiniblüten*
- *3 EL Milch*
- *Olivenöl*
- *Salz, Pfeffer*

Die geschälten Tomaten halbieren, entkernen und leicht ausdrücken. Mit der Schnittfläche auf ein mit Backpapier ausgelegtes Backblech setzen und im Backofen bei 90 °C trocknen lassen. (Das dauert recht lange und kann schon am Vortag gemacht werden.)
Den Quark mit der leicht erwärmten Milch cremig verrühren, salzen und pfeffern. Die abgeriebene Orangeschale gut mit den Semmelbröseln vermischen, auf einen flachen Teller geben, leicht salzen und pfeffern und die Tintenfische darin wälzen. Tintenfische dann auf ein Backblech legen und 10–15 Minuten im vorgeheizten Ofen bei 180 °C garen, bis sie weich und goldgelb sind.
Die Zucchiniblüten vorsichtig waschen, abtupfen. Blütenstempel und Stielansatz entfernen, dann der Länge nach in Streifen schneiden. In einer Pfanne 3 EL Olivenöl erhitzen, die Zucchiniblüten dazugeben und 2–3 Minuten garen. Tomaten untermischen, mit Salz und Pfeffer abschmecken und Flamme klein stellen.
In der Zwischenzeit die Maccheroncini in Salzwasser al dente kochen, abseihen und in die Pfanne zu den Blüten geben, die Quarkkreme hinzufügen und alles gut verrühren. Auf vorgewärmte Teller verteilen und mit den Tintenfischen garnieren.

Spaghetti mit Schwertfisch, Auberginen und Tomaten

268

Die Tomaten waschen und in Würfel schneiden, zwei Zitronen sehr vorsichtig schälen, sodass keine weiße Haut an der Schale ist und die Schale in dünne Streifen schneiden. Den Schwertfisch in Würfel schneiden. Alles in eine große Schüssel geben und mit ½ Glas Olivenöl, Salz und Pfeffer abschmecken und zugedeckt 1–2 Stunden marinieren lassen. Dabei ab und zu umrühren. Die Aubergine in Scheiben schneiden, auf ein Küchenpapier legen und großzügig salzen. Ziehen lassen und anschließend das Wasser mit Küchenpapier gut abtupfen. Die Auberginenscheiben im Ofen grillen oder in einer beschichteten Pfanne braten, dann in drei Teile schneiden. Die Petersilie und den Schnittlauch sehr fein hacken und mit den Auberginenstücken zum Fisch geben. Vorsichtig vermischen.
Die Spaghetti in Salzwasser al dente kochen. Den Zitronensaft in die Sauce gießen, umrühren und die gekochten Spaghetti dazugeben und servieren.

- *300 g Spaghetti*
- *400 g Schwertfisch, am Stück*
- *1 mittelgroße Aubergine*
- *2 reife Tomaten*
- *3 Zitronen*
- *Petersilie, Schnittlauch*
- *Olivenöl*
- *Salz, Pfeffer*

Spaghetti mit Tintenfisch und Tinte

269

Den Tintenfisch putzen, die Tintensäckchen vorsichtig entnehmen und aufbewahren, waschen und grob schneiden. In einer Pfanne 4 EL Olivenöl erhitzen, die Knoblauchzehe goldgelb anbraten, den Tintenfisch dazugeben und mit einer Kelle warmem Wasser aufgießen, 15 Minuten kochen lassen. Dann die geschälten und klein geschnittenen Tomaten untermengen. Sobald die Sauce etwas eingedickt ist, die Tintensäckchen über der Pfanne öffnen und die Tinte gut mit der Sauce verrühren. Mit 1 EL fein gehackter Petersilie, Salz und Chilipulver abschmecken. Knoblauchzehe wieder herausnehmen.
Die Spaghetti in Salzwasser al dente kochen, abseihen und in die Pfanne zur Sauce geben, kurz ziehen lassen, gut umrühren und servieren.

- *350 g Spaghetti*
- *350 g Tintenfisch mit Tintensäckchen*
- *5 mittelgroße reife Tomaten*
- *1 Knoblauchzehe*
- *1 Stängel Petersilie*
- *Chilipulver*
- *Olivenöl*
- *Salz*

270 Troccoli mit gefülltem Tintenfisch

- *350 g Troccoli*
- *4 Tintenfische à 100 g*
- *500 g reife Tomaten*
- *80 g Semmelbrösel*
- *2 Knoblauchzehen*
- *1 Zwiebel*
- *1 kleines Bund Petersilie*
- *Olivenöl*
- *Salz, Pfeffer*

Den Tintenfisch waschen und trocknen. Die Fangarme vom Tintenfisch entfernen, klein schneiden und in ein Schüsselchen geben. Die Hälfte der Petersilie mit einer Knoblauchzehe hacken und zu den Fangarmen geben. Mit 40 g Semmelbröseln, 1 EL Olivenöl, 2 EL geriebenem Parmesan sowie Salz und Pfeffer verrühren. Tintenfische mit dieser Mischung füllen und mit Küchengarn zubinden. Die geschälten und entkernten Tomaten klein schneiden. Die Zwiebel und den restlichen Knoblauch fein hacken und in 4 EL Olivenöl anschwitzen, die Tintenfische und die Tomaten dazugeben, mit Salz und Pfeffer abschmecken und 40 Minuten auf mittlerer Flamme garen, wenn nötig mit warmem Wasser aufgießen. Zum Schluss mit fein gehackter Petersilie bestreuen. Die restlichen Semmelbrösel in 3 EL Olivenöl rösten.

Die Troccoli in Salzwasser al dente kochen, abseihen und mit der Sauce und den gerösteten Semmelbröseln anrichten und servieren.

271 Cannolini mit Fenchel, Rotbarbe und Knoblauchspitzen

- *350 g Cannolini*
- *800 g Rotbarbenfilets*
- *4 Stück Knoblauchspitzen*
- *1 EL Kümmelsamen*
- *1 Stängel Petersilie*
- *etwas Gemüsebrühe*
- *Olivenöl*
- *Salz, Pfeffer*

Die Rotbarbenfilets in große Stücke schneiden. Die Knoblauchspitzen waschen, in 5 cm große Stücke schneiden und in 3 EL Olivenöl dünsten. Die Rotbarbenstücke dazugeben, salzen und pfeffern und ca. 3–4 Minuten garen. Die Knoblauchspitzen herausnehmen und warm halten. Rotbarben mit Gemüsebrühe aufgießen, kurz einkochen lassen und vom Feuer nehmen.

In der Zwischenzeit die Cannolini in Salzwasser, dem die angedrückten Kümmelsamen dazugegeben wurden, al dente kochen, abseihen und in die Pfanne zum Fisch geben. Vorsichtig verrühren, kurz ziehen lassen. Mit der fein gehackten Petersilie bestreuen und mit den Knoblauchspitzen garnieren.

Bigoli mit Heringssauce

272

In einer Pfanne 3 EL Olivenöl erhitzen, die leicht angedrückte Knoblauchzehe goldgelb anbraten, die mit einer Gabel zerdrückten Tomaten in die Pfanne geben. Mit der grob gehackten Petersilie bestreuen, mit Salz und Pfeffer abschmecken. 5 Minuten kochen lassen. Knoblauch entfernen. Die zerkleinerten Heringsfilets untermischen, Flamme zurückschalten und ca. 30 Minuten kochen, bis die Sauce sämig ist.
Die Bigoli in Salzwasser al dente kochen, abseihen, in eine Schüssel geben und mit der Heringssauce anrichten. Mit frisch gemahlenem Pfeffer würzen und servieren.

- ***350 g Bigoli***
- ***200 g geräucherte Heringsfilets***
- ***250 g Tomaten aus der Dose***
- ***1 Knoblauchzehe***
- ***1 Stängel Petersilie***
- ***Olivenöl***
- ***Salz, Pfeffer***

Bucatini mit Aal

273

Die geschälten und entkernten Tomaten klein schneiden. Die Zwiebel und die Petersilie fein hacken, die Knoblauchzehen zerdrücken und zusammen in 4 EL Olivenöl anbraten, Tomaten und Weißwein dazugeben, salzen. Wenn die Sauce leicht sämig ist, Knoblauchzehe entfernen, den geputzten und in Stücke geschnittenen Aal dazugeben und bei kleiner Flamme garen. Ab und zu vorsichtig umrühren.
In der Zwischenzeit die Bucatini in Salzwasser al dente kochen, abseihen und in die Pfanne zur Aalsauce geben. Kurz schwenken, eventuell mit etwas Nudelkochwasser aufgießen. Mit frisch gemahlenem Pfeffer würzen, mit der restlichen Petersilie bestreuen und servieren.

- ***350 g Bucatini***
- ***300 g Aal***
- ***300 g Tomaten, frisch oder aus der Dose***
- ***½ Zwiebel***
- ***4 Knoblauchzehen***
- ***1 kleines Bund Petersilie***
- ***2 Gläser trockener Weißwein***
- ***Olivenöl***
- ***Salz, Pfeffer***

274

Maccheroni auf brasilianischer Art

- *350 g Maccheroni*
- *3 sehr grüne Bananen (möglichst sehr kleine)*
- *100 g Butter*
- *50 g Quark oder Mascarpone*
- *Peperoncino*
- *Salz*

Die kleinen grünen Bananen schälen und in dünne Scheiben schneiden. In 80 g Butter knusprig braten. Die restliche Butter schmelzen lassen und in eine Schüssel geben.
Die Maccheroni in Salzwasser al dente kochen, abseihen und in die Schüssel mit der geschmolzenen Butter geben. Den Quark und ein paar EL Nudelkochwasser dazugeben, mit Peperoncino abschmecken, gut verrühren und mit den Bananenscheiben garnieren, sofort servieren.

275

Mafaldine mit Brokkoli und Meeresträffel

Brokkoli in Röschen teilen und 2–4 Minuten in Salzwasser blanchieren, abseihen und auskühlen lassen. Die in Würfel geschnittene Zwiebel mit 2 EL Olivenöl andünsten, etwas Rosmarin dazugeben, kurz mitkochen und dann den Zweig wieder herausnehmen. Die Brokkoliröschen in die Pfanne geben, mit etwas Brühe aufgießen und ein paar Minuten ziehen lassen. Ein paar Brokkoliröschen beiseitelegen, den Rest mit ein paar EL Olivenöl und Wasser im Mixer cremig pürieren. Die Meeresträffel in einen Topf geben, den Weißwein, 2 Knoblauchzehen, etwas Peperoncino, Rosmarin und Petersilie hinzufügen und zugedeckt bei mittlerer Flamme so lange kochen, bis alle Muscheln geöffnet sind. Das Muschelwasser durchsieben, zusammen mit den Gewürzen aufbewahren. Das Muschelfleisch aus der Schale herauslösen, 4 Trüffelmuscheln als Dekoration mit Schale lassen und aufbewahren. Die gerösteten Semmelbrösel mit dem Schafkäse, etwas fein gehacktem Rosmarin, 1 EL Olivenöl und etwas Salz vermengen. Die Meeresträffel auf Backpapier legen und mit dem Gemisch betreuen, im Ofen gratinieren.
Die Mafaldine in Salzwasser al dente kochen, abgießen. In einer Pfanne die Gewürze des Muschelsudes in 4 EL Olivenöl anbraten und mit der Brokkolicreme vermischen. Mafaldine in die Pfanne geben, gut verrühren und dann auf vorgewärmte Teller verteilen. Mit den gratinierten Meeresträffeln, den Brokkoliröschen und dem fetten Speck garnieren. Auf jede Portion eine Trüffelmuschel legen und servieren.

- *350 g Mafaldine*
- *500 g Brokkoli*
- *800 g Meeresträffel oder Miesmuscheln*
- *50 g geröstete Semmelbrösel*
- *½ Zwiebel*
- *1 EL milder Schafskäse, gerieben*
- *2 Knoblauchzehen*
- *3 EL Weißwein*
- *Hühner- oder Gemüsebrühe*
- *4 Scheiben fetter Speck*
- *1 Rosmarinzweig*
- *1 EL Petersilie, fein gehackt*
- *Olivenöl*
- *Peperoncino*
- *Salz*

276

Mezze Maniche mit Zwiebeln, Kirschtomaten und Rotbarben

- *350 g Mezze Maniche*
- *200 g Rotbarbenfilets*
- *4 Scheiben Bauchspeck*
- *2 weiße Zwiebeln*
- *1 Karotte*
- *1 Stange Sellerie*
- *10 Kirschtomaten*
- *1 Glas trockener Weißwein*
- *1 Rosmarinzweig*
- *Olivenöl*
- *Salz, Pfeffer*

Von den Rotbarbenfilets eventuelle Gräten entfernen, Filets in Stücke schneiden. Karotte und Selleriestange klein schneiden. Die Zwiebeln in dünne Ringe, den Bauchspeck würfelig schneiden. Das Gemüse in einer Pfanne in 4 EL Olivenöl dünsten, Speck und Zwiebeln dazugeben. Nach einigen Minuten auch die halbierten Tomaten untermischen, mit Salz abschmecken und 10 Minuten garen. Die Rotbarbenstücke hinzufügen, mit Salz abschmecken, mit Weißwein aufgießen und auf die Hälfte reduzieren lassen.
Die Mezze Maniche in Salzwasser al dente kochen, abgießen und in die Pfanne zur Sauce geben, vorsichtig vermengen und großzügig mit schwarzen Pfeffer aus der Mühle bestreuen.

277

Bucatini mit Fischsauce

- *320 g Bucatini*
- *150 g schwarze und grüne Oliven*
- *4 Sardellen in Öl*
- *200 g Schwertfisch, ohne Haut und Knochen*
- *200 g Kirschtomaten*
- *1 Stängel Petersilie*
- *1 Knoblauchzehe*
- *Olivenöl*
- *Peperoncino (Pulver)*
- *Salz*

Schwertfisch in Würfel schneiden. In der Pfanne 3 EL Olivenöl erhitzen und die zerdrückte Knoblauchzehe goldgelb anbraten, Fisch dazugeben, salzen, kurz anbraten, herausnehmen und auf einen Teller geben. In dieselbe Pfanne noch 2 EL Olivenöl geben, die Sardellen erhitzen, dann die halbierten Tomaten und die entsteinten Oliven dazugeben. Mit etwas Wasser aufgießen und 10 Minuten kochen, mit Salz abschmecken. Den Fisch wieder in die Pfanne geben, gut mit Peperoncinopulver würzen und mit gehackter Petersilie bestreuen.
Die Bucatini in Salzwasser al dente kochen, abgießen und in die Pfanne zur Fischsauce geben, vorsichtig vermengen, mit etwas Olivenöl beträufeln und servieren.

Spaghetti mit Meeräsche und Tomaten

278

Die Meeräschen schuppen, in der Mitte aufschneiden, Kopf und Mittelgräte entfernen und der Länge nach halbieren. Waschen, mit Küchenpapier abtupfen und in Stücke schneiden. Die Zwiebel fein hacken und mit 3 EL Olivenöl anschwitzen, die Paprikaschote und etwas fein gehackte Petersilie dazugeben. Die geschälten und entkernten Tomaten in kleine Würfel schneiden und in die Pfanne geben, mit Salz würzen und bei mittlerer Hitze 20 Minuten kochen. Die Fischstücke zur Sauce geben, sofort umrühren, die Flamme etwas größer stellen und weitere 10 Minuten kochen lassen. Dabei nicht mehr umrühren, sondern die Pfanne nur schwenken, damit der Fisch nicht zerfällt.
In der Zwischenzeit die Spaghetti in Salzwasser al dente kochen, abseihen und in die Pfanne zur Sauce geben, restliche Petersilie dazugeben, sehr vorsichtig vermengen und sofort servieren.

- ***350 g Spaghetti***
- ***600 g Meeräsche***
- ***500 g reife Tomaten***
- ***½ Zwiebel***
- ***1 kleines Bund Petersilie***
- ***1 Paprikaschote***
- ***Olivenöl***
- ***Salz***

Spaghetti mit Meeresschnecken, Oliven und Sellerie

kaltes Sommerrezept

279

Die Selleriestangen sehr gut waschen und würfelig schneiden.
Die Spaghetti in Salzwasser al dente kochen, abseihen und in Eiswasser abschrecken. Abtropfen lassen und mit einer Emulsion aus Olivenöl, Zitronensaft, Salz und Pfeffer vermengen. Wenn man keine gekochten Meeresschnecken hat, werden sie in Salzwasser mit 1 Karotte, etwas Selleriegrün und 1 Lorbeerblatt ca. 30 Minuten gekocht.
Die Spaghetti mit dem Sellerie, den Oliven und der Hälfte der Majoranblättchen gut vermengen und auf Teller verteilen. Mit einigen Majoranblättchen, den Schnecken, den gerösteten Pinienkernen und einem kleinen Stängel Dill dekorieren.

- ***350 g Spaghetti***
- ***150 g Meeresschnecken, gekocht***
- ***100 g Selleriestange***
- ***15 g Pinienkerne, geröstet***
- ***20 g entsteinte Oliven (z. B. aus Ligurien)***
- ***12 Majoranblättchen***
- ***1 Stängel Dill***
- ***1 EL Zitronensaft***
- ***2 EL Olivenöl***
- ***Salz, Pfeffer***

280 Bavette alla Fornaia

- *350 g Bavette*
- *200 g Nüsse mit Schale*
- *150 g Schafskäse oder Parmesan*
- *100 g Basilikum*
- *Olivenöl*
- *Salz, Pfeffer*

Den Käse, die Nüsse und die Basilikumblätter mit etwas frisch gemahlenem schwarzen Pfeffer und 5 EL Olivenöl im Mörser zerkleinern.
Die Bavette in Salzwasser al dente kochen, abseihen und mit dem Pesto vermischen. Wenn nötig mit Salz abschmecken und sofort servieren.

281 Bucatini alla carbonara mit Artischocken

- *350 g Bucatini*
- *3 Artischocken*
- *80 g Bauchspeck, in Würfel geschnitten*
- *2 Eier*
- *2 Eigelb*
- *20 g Parmesan, gerieben*
- *10 g Schafskäse, gerieben*
- *1 Knoblauchzehe*
- *1 EL Petersilie, fein gehackt*
- *6 EL Fleischbrühe*
- *2 EL Olivenöl*

In einer großen Schüssel, in der die Nudeln serviert werden, Eier und Eigelb verrühren, salzen und großzügig mit Pfeffer würzen, den geriebenen Käse hinzufügen und alles mit einer Gabel tüchtig verrühren, bis eine cremige Masse entsteht. Artischocken waschen, die harten Blätter entfernen und die Spitzen 5–6 cm abschneiden. Halbieren, Heu entfernen und die Artischocken in dünne Scheiben schneiden, in kaltes Zitronenwasser legen. In einer Pfanne 2 EL Olivenöl erhitzen, den gewürfelten Bauchspeck darin leicht anbraten, dann die abgetrockneten Artischocken und eine zerquetschte Knoblauchzehe dazugeben und alles gut vermengen. Mit Brühe aufgießen und 10 Minuten zugedeckt garen, dann Deckel abnehmen und weitere 15 Minuten köcheln lassen.
Bucatini in Salzwasser al dente kochen, abgießen und heiß in die Schüssel zur Ei-Käse-Mischung geben, gut vermengen, Artischocken hinzufügen und mit der fein gehackten Petersilie bestreuen, evtl. noch mit etwas Pfeffer aus der Mühle würzen. Sofort servieren.

Bucatini in verde

282

Eier hart kochen (ca. 10 Minuten), mit kaltem Wasser abschrecken, schälen und im Mixer zusammen mit Basilikum, Majoranblättchen, etwas Salz, 4 EL Olivenöl, Parmesan und Pfeffer pürieren. Die Pinienkerne in einer Pfanne rösten. Die Kapern abtropfen lassen und abtrocknen. Die sardischen Tomaten waschen, abtrocknen und in feine Scheiben schneiden. Alles zur Sauce geben.
Die Bucatini in Salzwasser al dente kochen (etwas Nudelkochwasser aufbewahren), abgießen und in eine vorgewärmte Schüssel geben. Die Sauce mit etwas Nudelkochwasser verdünnen, gut verrühren und diese dann unter die Bucatini mischen.

- *350 g Bucatini*
- *2 Eier*
- *2 Majoranzweige*
- *1 Bund Basilikum*
- *1 EL Kapern*
- *4 sardische Tomaten*
- *2 EL Parmesan, gerieben*
- *2 EL Pinienkerne*
- *Olivenöl*
- *Salz, Pfeffer*

Bucatini nach Salernitaner Art

283

Die Brokkoliröschen in Salzwasser kurz blanchieren, herausnehmen und das Kochwasser für die Bucatini aufbewahren. Die Sultaninen kurz in warmem Wasser einweichen, gut ausdrücken. Zwiebel fein hacken und in einer breiten Pfanne mit dem Olivenöl anschwitzen, die Pinienkerne und Sultaninen untermischen, die zerkleinerten Brokkoliröschen dazugeben und mit Salz und Pfeffer würzen.
Die Bucatini im Brokkolikochwasser al dente kochen, abseihen und in die Pfanne zur Sauce geben, vorsichtig verrühren, kurz ziehen lassen und sofort servieren.

- *300 g Bucatini*
- *400 g Brokkoli*
- *1 kleine Zwiebel*
- *2 EL Pinienkerne*
- *2 EL Sultaninen*
- *4 EL Olivenöl*
- *Salz, Pfeffer*

284

Pasta rosa e verde

- *400 g Spaghetti*
- *200 g Lachs*
- *200 g Krabben*
- *300 g Blattspinat*
- *1 große Zitrone*
- *Butter*
- *Mehl*
- *Gemüsebrühe*
- *Dill, frisch oder gefroren*
- *1 Packung Creme Fraîche*
- *Salz, Pfeffer*

Lachs in kleine Stücke schneiden, mit den Krabben in eine Schüssel geben, die Zitrone darüber ausdrücken, abgedeckt eine halbe Stunde in den Kühlschrank stellen. Spinat dünsten, Wasser zum Kochen bringen und Gemüsebrühe einrühren. Dann die Butter heiß werden lassen, etwas Mehl hinein geben, umrühren und Brühe darin einkochen lassen, bis es schön sämig ist. Lachs und Krabben dazu tun, Dill und Creme fraîche hinzufügen, abschmecken. Am Schluss den Spinat mit der Sauce vermengen.
Die Spaghetti in Salzwasser al dente kochen, abseihen, zur Soße geben und servieren.

285

Fettuccine all'arrabbiata mit Artischocken

- *400 g Fettuccine*
- *400 g Tomatensauce*
- *4 Artischocken*
- *60 g schwarze Oliven*
- *40 g Kapern, in Salz gelegt*
- *1 Paprikaschote*
- *1 Knoblauchzehe*
- *2 Stängel Petersilie*
- *Olivenöl*
- *Salz*

Die Artischocken putzen, dazu die äußeren harten Blätter entfernen, die Spitzen abschneiden, halbieren und dann vierteln. Die Knoblauchzehe, die Petersilie und die Paprikaschote klein schneiden und in 2 EL Olivenöl leicht anbraten. Die Artischocken dazugeben und einige Minuten anbraten. Die Tomatensauce, die Oliven und die gewaschenen und ausgedrückten Kapern dazugeben und 20 Minuten garen. Mit Salz abschmecken.
Die Fettuccine in Salzwasser al dente kochen, abseihen und gut mit der Sauce, etwas Olivenöl und etwas fein gehackter Petersilie vermengen und servieren.

Fettuccine „Delizia“

286

In einer feuerfesten Schüssel die geschlagene Sahne auf kleiner Flamme erwärmen, den geriebenen Gruyère hinzufügen und so erhitzen, dass der Käse schmilzt. Die Butter mit der Trüffelcrème in einem Schüsselchen gut vermengen und dann zur Sahnesauce geben.
In der Zwischenzeit die Fettuccine in Salzwasser al dente kochen, abseihen und zur Käsesauce geben. Den in sehr feine Scheiben geschnittenen Fontina dazugeben und gut verrühren. Mit Pfeffer würzen, nochmals gut vermengen und auf vorgewärmte Teller verteilen.

- ***350 g Fettuccine***
- ***70 g Gruyère, gerieben***
- ***100 g Fontina***
- ***60 g Butter***
- ***2 EL Trüffelcreme (Fertigprodukt)***
- ***¼ l Sahne, geschlagen***
- ***Salz, weißer Pfeffer***

Fusilli mit Sugo alla crudaiola

287

Tomaten schälen, entkernen und klein schneiden. In eine Schüssel geben und gut mit den Knoblauchzehen, den fein gehackten Kräutern, 1 Msp. Oregano, Salz, Pfeffer und Olivenöl vermischen. Zugedeckt 1 Stunde ziehen lassen.
Die Fusilli in Salzwasser al dente kochen, abseihen und zur Tomatensauce geben und mit zerkleinertem Basilikum bestreuen. Geriebenen Parmesan extra reichen.
Diese Rezept kann mit warmen Nudeln, aber als kaltes Gericht mit kalten Nudeln zubereitet werden.

- ***320 g Fusilli***
- ***500 g reife Tomaten***
- ***2 Knoblauchzehen***
- ***1 Bund Basilikum***
- ***6 EL Olivenöl***
- ***Oregano***
- ***Salz, Pfeffer***

288

Fusilli alla Vesuviana

- *350 g Fusilli*
- *400 g frische Tomaten*
- *100 g Mozzarella*
- *50 g Pecorino, gerieben*
- *Oregano*
- *Olivenöl*
- *Salz, Pfeffer*

In einer Pfanne 3 EL Olivenöl erhitzen, die geschälten, entkernten und in kleine Stücke geschnittenen Tomaten dazugeben, kurz braten, dann die in kleine Scheiben geschnittene Mozzarella, den Pecorino, Salz und Pfeffer und etwas Oregano untermischen und so lange kochen, bis die Sauce eindickt.
Die Fusilli in Salzwasser al dente kochen, abseihen und in die Pfanne zur Tomatensauce geben. Für 5 Minuten in den vorgeheizten Ofen stellen, damit die Mozzarella schmilzt. In der Pfanne servieren.

289

Fusilli auf mediterrane Art mit Auberginen

- *350 g Fusilli*
- *400 g kleine Auberginen*
- *500 g Kirschtomaten*
- *2 Knoblauchzehen*
- *3 Stängel Basilikum*
- *Parmesan, gerieben*
- *Olivenöl*
- *Salz, Pfeffer*

Die Auberginen in Würfel schneiden. In einer Pfanne 3 EL Olivenöl erhitzen, die zerdrückten Knoblauchzehen goldgelb anbraten, die Auberginen dazugeben und auf mittlerer Hitze garen. Die gewaschenen Kirschtomaten teilen und zu den Auberginen geben, die von Hand zerkleinerten Basilikumblätter untermischen und noch kurz garen. Salzen und pfeffern, den Knoblauch entfernen.
Die Fusilli in Salzwasser al dente kochen, abseihen und in die Pfanne zur Sauce geben, einige Minuten ziehen lassen. Geriebenen Parmesan untermischen und servieren.

Garganelli in drei Farben

290

Von den Artischocken die harten Außenblätter entfernen, waschen, vierteln und sofort in Zitronenwasser legen. Zucchini und den weißen Teil vom Porree in dünne Streifen schneiden. Tomaten enthäuten, entkernen, ausdrücken und passieren (mithilfe der „Flotten Lotte" oder durch ein Sieb). In einer Pfanne 3 EL Olivenöl erhitzen, die Artischocken dazugeben und 5 Minuten garen lassen, Zucchini und Porree untermengen und weitere 2–3 Minuten garen. Tomatensauce dazugeben, salzen, pfeffern und weitere 8 Minuten kochen, Petersilie untermischen.
Garganelli in Salzwasser al dente kochen, abgießen und mit der Sauce vermischen. Mit Parmesan bestreuen.

- *300 g Garganelli*
- *200 g Zucchini*
- *2 Artischocken*
- *1 Porreestange*
- *250 g Tomaten*
- *Petersilie*
- *Olivenöl*
- *Parmesan, gerieben*
- *Salz*

Garganelli auf mediterrane Art

291

Die Knoblauchzehe mit 3 EL Olivenöl in einer breiten Pfanne goldgelb anbraten und die geputzten und die in Ringe geschnittenen grünen Paprikaschoten dazugeben, kurz dünsten.
Die in dünne Scheiben geschnittenen Auberginen hinzufügen und auf kleiner Flamme 10 Minuten kochen. Dann die zerdrückten Sardellenfilets, Oliven, Kapern und die Hälfte des klein gehackten Fenchelgrüns untermischen, mit Salz und scharfem Peperoncino abschmecken, gut verrühren und von Feuer nehmen. Die Pinienkerne in einer beschichteten Pfanne leicht rösten.
Die Garganelli in Salzwasser al dente kochen, abseihen und in die Pfanne zum Gemüse geben, gut verrühren und noch ein paar Minuten auf lebhafter Flamme ziehen lassen. Auf die Teller verteilen, mit den Pinienkernen, den Semmelbröseln sowie dem restlichen Fenchelgrün bestreuen und servieren.

- *350 g Garganelli*
- *300 g grüne Paprikaschoten*
- *200 g kleine Auberginen*
- *80 g entsteinte Oliven (z. B. aus Ligurien)*
- *30 g Kapern*
- *40 g Pinienkerne*
- *30 g Semmelbrösel*
- *4 Sardellenfilets*
- *1 Knoblauchzehe*
- *Fenchelgrün*
- *Peperoncino*
- *Salz*

292

Linguine al Pesto

- *350 g Linguine*
- *100 g kleine Basilikumblätter*
- *40 g Parmesan, gerieben*
- *40 g Schafskäse, gerieben*
- *3 Knoblauchzehen*
- *1 EL Pinienkerne*
- *Olivenöl*
- *grobes Salz, Pfeffer*

Basilikumblätter waschen und gut abtrocknen. Zusammen mit den Knoblauchzehen, den Pinienkernen und etwas Salz im Mörser zerkleinern, den geriebenen Käse untermischen Die Masse in eine Schüssel geben und 6 EL Olivenöl dazurühren.
Die Linguine in Salzwasser al dente kochen, abgießen, einen EL vom Kochwasser zur Pasta gießen und mit der ligurischen Sauce vermengen.

Tipp: Man kann gleich eine größere Menge Pesto herstellen. Im Kühlschrank hält es sich (gut verschlossen) mindestens einen Monat.

293

Linguine nach Asolaner Art

- *350 g Linguine*
- *400 g Gemüse (grüner Spargel, Zucchini, Erbsen)*
- *5–6 Champignons*
- *3 fleischige Tomaten*
- *1 Knoblauchzehe*
- *1 EL Petersilie, fein gehackt*
- *Olivenöl*
- *Salz, Pfeffer*

Zucchini waschen und in dünne Scheiben schneiden. Grünen Spargel schälen, in 5 cm lange Stücke schneiden und 10 Minuten in Salzwasser garen. Die Erbsen zusammen mit dem Spargel kochen. Champignons putzen und in Scheiben schneiden. In einer breiten Pfanne 3 EL Olivenöl erhitzen, die Knoblauchzehe leicht andrücken und goldgelb anbraten, die Champignons und das Gemüse dazugeben und bei schwacher Hitze braten. Die Tomaten schälen, zerkleinern und zum Gemüse geben. Mit Salz und Pfeffer abschmecken und 10 Minuten garen. Knoblauch entfernen. Die Linguine in Salzwasser al dente kochen, abgießen und kurz im Gemüse schwenken. Mit fein gehackter Petersilie bestreuen und servieren.

Maccheroni alla Capodimonte

294

Die Tomaten schälen, entkernen, leicht ausquetschen und in Würfel schneiden. In einer breiten Pfanne 4 EL Olivenöl erhitzen, die zerdrückte Knoblauchzehe goldgelb anbraten, Tomaten dazugeben. Salzen, pfeffern und mit 1 TL Oregano abschmecken. 15 Minuten kochen, dann die in kleine Würfel geschnittene Mozzarella, Oliven, die Hälfte der fein gehackten Petersilie und des Basilikums untermischen, noch ein paar Minuten garen.
Die Maccheroni in Salzwasser al dente kochen, abseihen und zur Tomatensauce geben. Gut vermengen, mit dem restlichen Basilikum und der Petersilie bestreuen und servieren.

- *350 g Maccheroni*
- *300 g reife Tomaten*
- *150 g Mozzarella*
- *1 Knoblauchzehe*
- *8 schwarze Oliven*
- *8 grüne Oliven*
- *1 kleines Bund Petersilie*
- *1 kleines Bund Basilikum*
- *Oregano*
- *Olivenöl*
- *Salz, Pfeffer*

Maccheroni alla chitarra mit Artischocken und Venusmuscheln

295

Die Venusmuscheln mindest 1 Stunde in Salzwasser legen. Die Tomaten schälen, entkernen und in Würfel schneiden. Die Artischocken putzen, die äußeren, harten Blätter entfernen und bis zum weichen Boden abschneiden, halbieren, das Heu entfernen und in feine Scheiben schneiden, sofort in Zitronenwasser legen. Die Venusmuscheln in einen Topf geben, zugedeckt bei kräftiger Flamme so lange kochen, bis alle Muscheln geöffnet sind. Die Muscheln herausnehmen, das Muschelwasser filtern. In einer Pfanne 6 EL Olivenöl erhitzen, die Knoblauchzehen goldgelb anbraten, dann die Tomaten und die Artischocken dazugeben, gut verrühren, eine Kelle Muschelsud dazugeben und auf kräftiger Flamme kurz kochen, Hitze reduzieren und weitere 10 Minuten garen.
Die Maccheroni in Salzwasser al dente kochen, abseihen und zur Sauce in die Pfanne geben. Die fein gehackte Petersilie, das zerkleinerte Basilikum und die Venusmuscheln dazugeben, gut vermengen, evtl. mit Salz und Pfeffer abschmecken und kurz in der Pfanne schwenken. Sofort servieren.

- *350 g Maccheroni alla chitarra*
- *1 kg große Venusmuscheln*
- *400 g Tomaten*
- *2 Artischocken*
- *2 Knoblauchzehen*
- *4–5 Basilikumblätter*
- *1 kleines Bund Petersilie*
- *1 Zitrone*
- *Olivenöl*
- *Salz, Pfeffer*

296

Maccheroni auf französische Art

- *350 g Maccheroni*
- *75 g Parmesan, gerieben*
- *75 g Emmentaler (oder Gruyère), gerieben*
- *60 g Butter*
- *4 EL Sahne*
- *Salz, Pfeffer*

40 g Butter vorsichtig erhitzen und die geriebenen Käsesorten und die Sahne hinzufügen, großzügig mit Pfeffer aus der Mühle würzen.
Zum Nudelkochwasser 20 g Butter und etwas Salz geben, die Maccheroni darin al dente kochen, abseihen und in eine vorgewärmte Schüssel geben. Gut mit der Käsesauce verrühren und sofort servieren.

297

Pappardelle auf bäuerliche Art mit Salbeiblättern

- *350 g Papardelle*
- *250 g Weizenmehl*
- *250 g Kirschtomaten*
- *130 g Butter*
- *10 EL Milch*
- *3 Eier*
- *15 Salbeiblätter*
- *Salz, Pfeffer*

Die Eier in einer Schüssel verquirlen, das Mehl mit einem Schneebesen einrühren. Mit der Milch verdünnen. Gut rühren, damit keine Klümpchen entstehen. Salzen und zugedeckt 20 Minuten ruhen lassen. In einer beschichteten Pfanne etwas Butter erhitzen, 1 Kelle Teig hineingießen und hauchdünne Crêpes backen. Vorgang so lange wiederholen, bis der Teig aufgebraucht ist. Die Kirschtomaten vierteln und in einem Sieb abtropfen lassen. Den Zucker in einer beschichteten Pfanne karamellieren lassen, die restliche Butter dazugeben und gut verrühren. Die abgetropften Tomatenstücke und die Salbeiblätter hineingeben und ein paar Minuten garen, salzen, pfeffern.
Papardelle al dente kochen, abseihen und mit den in Streifen geschnittenen Crêpes in die Pfanne geben, alles gut vermengen, kurz erhitzen und mit den Nudeln servieren.

Pasta alla Scott

298

Frühlingszwiebeln waschen, putzen und klein schneiden. Die Champignons putzen und blättrig schnippeln. Die Frühlingszwiebel im Öl andünsten, dann die Pilze mitdünsten. Knoblauch durch die Presse drücken, Pesto, Tomatenmark und Tomatenwürfel hinzufügen.
Pinienkerne in einer Pfanne ohne Öl hellbraun anrösten und unterrühren. Bei milder Hitze köcheln lassen, bis die Champignons gar sind, die Creme fraîche unterrühren und mit Salz, Pfeffer und evtl. einer Prise Zucker abschmecken. Parallel die Fettucine al dente kochen, Sauce beifügen und umrühren.

- *400 g Fettucine*
- *3 Frühlingszwiebeln*
- *150 g Champignons*
- *3 EL Olivenöl*
- *1 Knoblauchzehe*
- *1 EL. Pesto Genovese*
- *200 g Tomatenwürfel*
- *50 g Tomatenmark*
- *50 g Pinienkerne*
- *100 g Creme fraîche*
- *Salz, Pfeffer*

Penne all'arrabbiata

299

Zwiebel und Knoblauch fein hacken und mit 3–4 EL Olivenöl goldgelb anbraten. Peperoncino halbieren, teilweise von den Kernen befreien und ganz oder klein geschnitten (je nach Geschmack) dazugeben. Die grob geschnittenen Tomaten hinzufügen und auf großer Flamme so lange kochen lassen, bis die Sauce leicht eindickt. Petersilie untermischen und mit Salz abschmecken, eventuell Peperoncino entfernen oder aber noch etwas Peperoncinopulver hinzufügen. Penne in Salzwasser al dente kochen, in eine große Schüssel geben und mit der Sauce vermischen.

- *350 g Penne rigate*
- *500 g Tomaten aus der Dose*
- *½ Zwiebel*
- *1 Knoblauchzehe*
- *1 Peperoncino*
- *Petersilie*
- *Olivenöl*
- *Salz*

300

Mezze penne alla parmigiana mit Artischocken

- *350 g Mezze penne*
- *250 g Mozzarella*
- *40 g Parmesan, gerieben*
- *400 g Tomatensauce*
- *3 Artischocken*
- *2 EL Mehl*
- *½ Zitrone*
- *Olivenöl*
- *Salz*

Mezze penne in Salzwasser sehr al dente kochen, abgießen und unter kaltem Wasser abkühlen. Mit 2 EL Olivenöl und der fertigen Tomatensauce vermengen. Die Artischocken putzen, dabei die harten Außenblätter entfernen, den Stiel und die Spitze ca. 3–5 cm abschneiden, halbieren und das Heu entfernen. In dünne Scheiben schneiden und in kaltes Zitronenwasser legen. Olivenöl erhitzen, die Artischocken aus dem Wasser nehmen, abtrocknen, in Mehl wenden und auf mittlerer Flamme ca. 3 Minuten ausbacken, bis sie goldgelb und knusprig sind. Auf Küchenpapier abtropfen lassen. Den Backofen auf 200 °C vorheizen. Mozzarella in Würfel schneiden. Feuerfeste Form (20 x 30 cm) mit Öl ausstreichen, ⅓ der Penne auf den Boden geben, mit ⅓ der Mozzarellawürfel und gebackenen Artischocken belegen, mit 2 EL geriebenem Parmesan bestreuen. Den Vorgang so lange wiederholen, bis die Zutaten aufgebraucht sind. Die Form ca. 30 Minuten im Ofen garen. Kann warm oder lauwarm gegessen werden, ganz nach Geschmack.

301

Penne mediterranee

- *400 g Penne rigate*
- *500 g Tomaten, frisch oder aus der Dose*
- *50 g grüne entsteinte Oliven*
- *50 g schwarze entsteinte Oliven*
- *2 EL Kapern*
- *1 Knoblauchzehe*
- *ein paar Stängel Petersilie*
- *OlivenölPeperoncino*
- *Salz*

Die Knoblauchzehe mit 3 EL Olivenöl goldgelb anbraten, die zerkleinerten Tomaten dazugeben, mit Salz und Peperoncino abschmecken und ca. 20 Minuten kochen. Die Oliven in Scheiben schneiden, die Kapern waschen und ausdrücken und alles zur Tomatensauce geben, weitere 10 Minuten kochen.
In der Zwischenzeit die Penne in Salzwasser al dente kochen, abseihen und mit der Sauce vermischen. Mit fein gehackter Petersilie bestreuen und servieren.

Pennette centerbe

302

Die fein gehackten Kräuter in eine Schüssel geben, einige EL vom Nudelkochwasser dazugeben und ziehen lassen. Dann die Butter mit den Kräutern gut vermischen.
Die Pennette in Salzwasser al dente kochen, abgießen und zu den Kräutern geben, gut verrühren, salzen, pfeffern und mit geriebenem Parmesan bestreuen, sofort servieren.

- ***300 g Pennette***
- ***40 g Butter***
- ***3 EL Kräuter (z. B. Petersilie, Basilikum, Majoran, Thymian, Rosmarin, Estragon), sehr fein gehackt***
- ***Parmesan, gerieben***

Rigatoni alla puttanesca

303

Die Knoblauchzehen in 3 EL Olivenöl goldgelb anbraten, die geschälten, entkernten und zerkleinerten Tomaten dazugeben und zugedeckt 20 Minuten kochen. Die Kapern waschen, ausdrücken und grob hacken. Die Sardellen abtupfen und mit einer Gabel zerdrücken. Die Oliven in Scheibchen schneiden. Alles zusammen zur Tomatensauce geben, mit 1 TL Oregano, 1 Msp. Peperoncino und sehr wenig Salz würzen. Kurz garen.
Die Rigatoni in Salzwasser al dente kochen, abseihen und zur Tomatensauce geben. Die Knoblauchzehe entfernen, alles gut verrühren und auf Teller verteilen. Den Parmesan extra servieren.

- ***350 g Rigatoni***
- ***400 g Tomaten***
- ***80 g schwarze Oliven***
- ***40 g Kapern***
- ***3 Sardellen***
- ***2 Knoblauchzehen***
- ***Peperoncino***
- ***Oregano***
- ***Parmesan oder Schafskäse, gerieben***
- ***Salz***

304

Rigatoni alla Peperonata

- *350 g Rigatoni*
- *2 rote Paprikaschoten*
- *2 gelbe Paprikaschoten*
- *2 rote Zwiebeln*
- *2 Knoblauchzehen*
- *Petersilie, Basilikum*
- *Parmesan, gerieben*
- *2 EL Mascarpone (oder Crème fraîche)*
- *Olivenöl*
- *Salz, Pfeffer*

Die geputzten und in Stücke geschnittenen Paprikaschoten und die zerdrückten Knoblauchzehen mit 4 EL Olivenöl in einer Pfanne auf mittlerer Flamme zugedeckt 15 Minuten langsam garen. Mit Salz und Pfeffer würzen und wenn nötig mit etwas Wasser aufgießen. Die in dünne Scheiben geschnittenen Zwiebeln untermischen und weitere 15 Minuten zugedeckt dünsten. 3 EL geriebenen Parmesan und den Mascarpone oder die Crème fraîche einrühren und bei kleinster Hitze ein paar Minuten köcheln lassen.
Die Rigatoni in Salzwasser al dente kochen, abseihen und in eine vorgewärmte Schüssel geben. Mit den Paprikaschoten und der fein gehackten Petersilie verrühren, außerdem die zerkleinerten Basilikumblätter, etwas Nudelkochwasser und etwas Olivenöl untermischen. Mit Parmesan bestreuen und sofort servieren

305

Spaghetti à la Chez Louis

- *350 g Spaghetti*
- *2 Knoblauchzehen*
- *1 Bund Petersilie*
- *Peperoncino*
- *250 g Olivenöl*
- *Parmesan, gerieben*
- *Salz, Pfeffer*

Den fein gehackten Knoblauch, 1 Peperoncino, Salz und Pfeffer ca. 15 Minuten in Olivenöl garen. Dann die fein gehackte Petersilie untermischen.
Spaghetti in Salzwasser al dente kochen und mit der Sauce verrühren. Mit geriebenem Parmesan oder Schafkäse bestreuen.

Spaghetti alla Mario Ruoppolo

306

Von den Artischocken die harten Blätter entfernen, die Spitzen abschneiden, halbieren und das Heu entfernen, in Scheiben schneiden und in Zitronenwasser legen. In einer beschichteten Pfanne die zerdrückte Knoblauchzehe in 3 EL Olivenöl anbraten, die Artischockenscheiben dazugeben und auf kleiner Flamme weich dünsten, oft umrühren. Dann die geschälten, entkernten, ausgedrückten und in Würfel geschnittenen Tomaten dazugeben. Einige Basilikumblätter untermischen und 15 Minuten kochen. Die Knoblauchzehe entfernen. Mit Salz und Pfeffer abschmecken.
Die Spaghetti in Salzwasser al dente kochen, abseihen und in die Pfanne zur Artischockensauce geben. Mit etwas Olivenöl beträufeln, vorsichtig vermengen und auf vorgewärmte Teller verteilen. Mit Basilikumblättern garnieren.

- ***350 g Spaghetti***
- ***200 g reife Tomaten***
- ***4 Artischocken***
- ***Zitronensaft***
- ***1 Knoblauchzehe***
- ***1 Stängel Basilikum***
- ***Olivenöl***
- ***Salz, Pfeffer***

Spaghetti à la Norma

307

Die Auberginen putzen und in Scheiben schneiden, auf einen Rost legen und salzen. 15 Minuten ziehen lassen, dann abtrocknen und in reichlich Öl knusprig ausbacken. Herausnehmen, auf Küchenpapier abtropfen lassen, leicht salzen und warm stellen. In einer Pfanne 3 EL Olivenöl erhitzen, die fein gehackte Zwiebel darin anschwitzen, den in dünne Streifen geschnittenen fetten Speck dazugeben und leicht anbraten, die Tomatensauce hinzufügen und mit Salz und Pfeffer abschmecken, 20 Minuten garen.
Die Spaghetti in Salzwasser al dente kochen, abseihen und mit der Tomatensauce vermischen, auf Teller verteilen. Jede Portion mit kleinen Häufchen Ricotta belegen und mit Auberginen garnieren, sofort servieren.

- ***350 g Spaghetti***
- ***500 g Tomatensauce***
- ***100 g Ricotta romana***
- ***40 g fetter Speck***
- ***4 Auberginen***
- ***1 Zwiebel***
- ***Olivenöl***
- ***Salz, Pfeffer***

308

Spaghetti alla chitarra mit Käsecreme

- *350 g Spaghetti alla chitarra*
- *600 g Zucchini*
- *120 g Gorgonzola, mild*
- *120 g Ricotta (evt. Quark)*
- *50 g Parmesan, gerieben*
- *6 EL Sahne*
- *40 g Butter*
- *1 Bund Basilikum*
- *Öl zum Frittieren*
- *Salz, Pfeffer*

Zucchini waschen und in feine Scheiben schneiden. In einer breiten, beschichteten Pfanne das Frittieröl erhitzen und die Zucchini darin goldgelb ausbacken, herausnehmen und auf Küchenpapier abtropfen lassen, warm stellen. Die Butter in einer Pfanne zergehen lassen, den würfelig geschnittenen Gorgonzola und die Sahne dazugeben und so lange verrühren, bis alles eine cremige Masse wird. Anschließend auch den geriebenen Parmesan und die Ricotta untermischen. Auf sehr kleiner Flamme cremig rühren.
Spaghetti in Salzwasser al dente kochen, abgießen und zur Käsesauce geben. Auf kräftiger Flamme kurz aufkochen und gut verrühren, die gebackenen Zucchini untermischen. In eine vorgewärmte Schüssel geben, mit von Hand zerkleinerten Basilikumblättern garnieren und mit frisch gemahlenem Pfeffer würzen. Sofort servieren.

309

Spaghetti alla diavola

- *350 g Spaghetti*
- *250 g Tomaten, passiert*
- *150 g Kirschtomaten*
- *16 schwarze entsteinte Oliven*
- *4 scharfe rote Paprikaschoten*
- *1 kleines Bund Oregano*
- *2 Schalotten*
- *4 Knoblauchzehen*
- *Parmesan, gerieben*
- *Olivenöl*
- *Peperoncino*
- *Salz*

Schalotten und Knoblauchzehen fein schneiden und in Olivenöl anschwitzen. Die Paprikaschoten von den Samen befreien und klein schneiden, die Oliven ebenfalls klein schneiden. In die Pfanne geben und 5 Minuten erhitzen. Oreganoblättchen fein hacken und zur Sauce geben. Salzen und großzügig mit Peperoncino abschmecken. Die klein geschnittenen Kischtomaten dazugeben und ca. 8 Minuten garen, dann die Tomatensauce untermengen und weitere 8 Minuten garen. Die Spaghetti in Salzwasser al dente kochen, abgießen und zur Sauce geben, gut verrühren, kurz ziehen lassen und mit einigen Oreganoblättchen und dem geriebenen Parmesan bestreuen.

Spaghetti alla poverella

310

Die Sauce am Vortag vorbereiten: Die Tomaten entkernen und in Stücke schneiden, in einem Sieb abtropfen lassen, dann in eine Schüssel geben. Die Paprikaschoten putzen, Samen und Stiel entfernen und sehr fein schneiden und dazugeben. Knoblauchzehe, Kapern, Selleriestange und Basilikum fein hacken und zu den Tomaten in die Schüssel geben. Mit Oregano und frisch gemahlenem Pfeffer abschmecken und mit 5 EL Olivenöl übergießen. Abgedeckt in einem Glasbehälter über Nacht kalt stellen. Erst am nächsten Tag salzen. Die Spaghetti in Salzwasser al dente kochen, abseihen und mit der zubereiteten Sauce gut vermengen.

- *350 g Spaghetti*
- *2 grüne Paprikaschoten*
- *6 reife Tomaten*
- *20 Kapern, gewaschen*
- *1 Stange Sellerie*
- *10 Basilikumblätter*
- *1 Msp. getrockneter Oregano*
- *1 Knoblauchzehe*
- *Olivenöl*
- *Salz, Pfeffer*

Spaghetti-Kuchen

311

In einer Pfanne 3 EL Olivenöl erhitzen, die zerquetschte Knoblauchzehe goldgelb anbraten. Die Tomatensauce dazugeben, mit Salz und Pfeffer abschmecken und bei mittlerer Hitze 10 Minuten garen. Eine Handvoll Basilikumblätter untermischen. Mozzarella in Scheiben schneiden, gut abtropfen lassen. Die Wurst häuten und in dünne Scheiben schneiden. Die Eier mit der fein gehackten Petersilie gut verquirlen, mit Salz und Pfeffer abschmecken.
Die Spaghetti in Salzwasser al dente kochen, abseihen und unter kaltem Wasser abschrecken, gut abtropfen lassen und mit der Eiersauce vermischen. In einer breiten, beschichteten Pfanne 3 EL Olivenöl erhitzen und die Hälfte der Spaghetti dazugeben, die Tomatensauce gleichmäßig darauf verteilen, darauf die aufgeschnittene Wurst sowie die Mozzarella legen und mit den zwei geriebenen Käsesorten bestreuen. Darauf die restlichen Spaghetti legen, mit einem Deckel zudecken und auf kleiner Flamme so lange braten, bis sich eine knusprige Kruste bildet, mithilfe eines Topfdeckels den Spaghetti-Kuchen umdrehen und auf der anderen Seite knusprig braten.
Auf einem großen vorgewärmten Teller servieren, mit Basilikumblätter garnieren.

- *350 g Spaghetti*
- *300 g Tomatensauce*
- *200 g Mozzarella*
- *100 g scharfe neapolitanische Wurst*
- *20 g Parmesan, gerieben*
- *20 g Schafskäse, gerieben*
- *4 Eier*
- *2 Stängel Petersilie*
- *2–3 Stängel Basilikum*
- *1 Knoblauchzehe*
- *Olivenöl*
- *Salz, Pfeffer*

312 Spaghetti mit Kirschtomaten und Pesto all'Eoliana

- *350 g Spaghetti*
- *300 g Kirschtomaten*
- *2 große reife Tomaten*
- *30 g Kapern*
- *8 Kapernfrüchte (mit Stiel)*
- *30 g Mandeln, geschält*
- *3 Stängel Petersilie*
- *2 Knoblauchzehen*
- *1 Bund Basilikum*
- *½ frische Chilischote*
- *6 EL Olivenöl*
- *Salz*

Kapern und Kräuter waschen, abtupfen. Tomaten schälen, entkernen und zusammen mit den Kräutern, den Kapern, einer Knoblauchzehe, den Mandeln, der Chilischote, etwas Salz und 4 EL Olivenöl im Mixer fein pürieren. Die Kirschtomaten waschen, halbieren und kurz in 2 EL Olivenöl und der anderen leicht zerdrückten Knoblauchzehe garen. Knoblauch wieder entfernen.
Die Spaghetti in Salzwasser al dente kochen, abseihen und in eine vorgewärmte Schüssel geben. Mit der Sauce, den Kirschtomaten und 5–6 grob gehackten Basilikumblättern vermengen, mit ganzen Basilikumblätter garnieren und servieren.

313 Spaghetti nach Art der Fuhrleute

- *350 g Spaghetti*
- *1 Zwiebel*
- *2 Knoblauchzehen*
- *1 EL Petersilie, fein gehackt*
- *1 frischer Peperoncino*
- *2 EL Semmelbrösel*
- *Olivenöl*
- *Salz, Pfeffer*

Zwiebel fein hacken und in 2 EL Olivenöl goldgelb anbraten, die zerdrückten Knoblauchzehen und den zerkleinerten Peperoncino dazugeben. Salzen, pfeffern. In einer beschichteten Pfanne auf kleiner Flamme etwas Olivenöl erhitzen und die Semmelbrösel darin rösten. Spaghetti in Salzwasser al dente kochen, abgießen und zu den Zwiebelwürfeln geben. Gut vermengen. In eine angewärmte Schüssel geben, die gerösteten Semmelbrösel dazugeben, gut vermengen und servieren.
In Süditalien wird der Parmesan sehr häufig durch Semmelbrösel ersetzt. Man kann aber auch geriebenen Parmesan reichen.

Tagliatelle à la Ratatouille und Carbonara

314

Paprikaschote, Zucchini und Aubergine in kleine Würfel schneiden. Kartoffel schälen und ebenfalls in Würfel schneiden. Kurz in Salzwasser kochen, abseihen und mit Küchenpapier abtupfen. Zwiebel vierteln. 4 EL Olivenöl in einer großen Pfanne erhitzen, das Gemüse dazugeben und auf mittlerer Flamme 10 Minuten dünsten, ab und zu vorsichtig umrühren. Die Tomate halbieren, entkernen und grob schneiden. Die Eier mit etwas Salz, Pfeffer und 1 EL geriebenem Käse gut verquirlen.
Tagliatelle in Salzwasser al dente kochen, abgießen und in die Pfanne zum Gemüse geben. Die Eier dazugeben, vorsichtig einige Minuten vermengen, dann die Tomate und die fein gehackten Kräuter untermischen und servieren. Den restlichen Käse extra reichen.

- *350 g Tagliatelle*
- *1 gelbe Paprikaschote*
- *1 Zucchini*
- *1 Aubergine*
- *1 mittelgroße Kartoffel*
- *1 Zwiebel*
- *1 reife große Tomate*
- *1 Bund Kräuter (Basilikum, Oregano, Petersilie)*
- *2 Eier*
- *4 EL Schafskäse, gerieben (ersatzweise Parmesan)*
- *Olivenöl*
- *Salz, Pfeffer*

Tagliatelle „Heu und Stroh" mit Paprikaschoten

315

Peperoni bei 180° im Ofen so lange braten, bis sie sich häuten, dann 15 Minuten auskühlen lassen, schälen, Samenstände entfernen und das Fleisch in dünne Streifen schneiden. Die gehackten Oliven, die gewaschenen und getrockneten Kapern, 1 EL Majoranblättchen, den zerdrückten Knoblauch und die Paprikastreifen in eine Schüssel geben, mit 3–4 EL Olivenöl übergießen und gut vermengen, zugedeckt ca. 10 Minuten ziehen lassen. Zitrone waschen, abtrocknen und in kleine Stücke schneiden. In einer beschichteten Pfanne 3 EL Olivenöl erhitzen und die Zitronenstücke, den zerbröckelten Peperoncino und 1 EL Majoranblättchen dazugeben. Knoblauchzehe entfernen.
Die Tagliatelle in Salzwasser al dente kochen, abgießen und in die Schüssel zu den Oliven und den Paprikaschoten geben, Zitrone, Peperoncino und geriebenen Ricotta untermischen und sofort servieren.

- *400 g Tagliatelle „Heu und Stroh"*
- *60 g schwarze entsteinte Oliven*
- *50 g Ricotta, gereift*
- *2 Paprikaschoten (rot und gelb)*
- *½ Zitrone (unbehandelt)*
- *1 Knoblauchzehe*
- *1 EL Kapern*
- *1 Peperoncino*
- *1 Bund Majoran*
- *Olivenöl*
- *Salz*

316

Tagliatelle „Heu und Stroh" mit Saubohnen und Schinken

- ***350 g Tagliatelle „Heu und Stroh"***
- ***800 g Saubohnen***
- ***200 g Sahne***
- ***80 g gekochter Schinken, am Stück***
- ***1 Zitrone (unbehandelt)***
- ***1 kleines Bund Schnittlauch***
- ***50 g Parmesan, gerieben***
- ***30 g Butter***
- ***Salz, Pfeffer***

Die Bohnen aus der Schale lösen, kurz abbrühen, auskühlen lassen und das feine Häutchen entfernen. Die Zitrone waschen, vorsichtig schälen (ohne weiße Häutchen) und fein hacken (gebraucht wird 1 EL). Die Zitrone auspressen. Den Schinken grob, den Schnittlauch sehr fein schneiden. In einer großen Pfanne die Butter erhitzen und dann die Sahne und 2 EL Zitronensaft dazugeben.
In der Zwischenzeit die Tagliatelle und die Saubohnen zusammen in Salzwasser al dente kochen, abseihen und in die Pfanne zur Sauce geben. Auf kräftiger Flamme einige Minuten ziehen lassen, mit dem Schnittlauch und der Zitronenschale bestreuen, mit etwas Pfeffer aus der Mühle würzen, dann den Schinken und den Käse dazugeben, gut verrühren und sofort servieren.

317

Tagliatelle nach Holzfäller Art

- ***350 g Tagliatelle***
- ***400 g Waldpilze***
- ***1 Schalotte***
- ***1 Knoblauchzehe***
- ***4 EL Olivenöl***
- ***3 EL Sahne***
- ***Salz, Pfeffer***

Schalotte sehr fein hacken. Knoblauchzehe leicht zerdrücken. Pilze putzen und in dünne Scheiben schneiden. Olivenöl in einer breiten Pfanne erhitzen und die Schalotte sowie die Knoblauchzehe darin goldgelb anbraten. Pilze dazugeben, salzen, pfeffern und kurz garen, Knoblauchzehe entfernen. 3 EL Sahne untermischen, vom Feuer nehmen und warm stellen. Tagliatelle in Salzwasser al dente kochen, abgießen und in die Pfanne zur Pilzsauce geben. Kurz darin schwenken und auf vorgewärmten Tellern servieren.

Grüne Tagliatelle nach Trentiner Art

318

Die Pilze putzen und in kleine Stücke schneiden. In einer Pfanne 3 EL Olivenöl erhitzen, die zerdrückte Knoblauchzehe anbraten, die Pilze dazugeben, salzen, pfeffern und kurz schmoren. Knoblauch entfernen und mit einem Schuss Weißwein ablöschen, auf großer Flamme einkochen lassen. Die Hitze reduzieren und die Pilze noch 10 Minuten garen. Die fein gehackte Petersilie untermischen. In einer kleinen Pfanne 25 g Butter zergehen lassen und unter ständigem Rühren das Mehl dazugeben, vom Feuer nehmen und mit einem Schneebesen die warme Milch unterrühren. Wieder auf die Flamme stellen und so lange weiterrühren, bis die Sauce eindickt, mit Salz und Pfeffer abschmecken.
Die Tagliatelle in Salzwasser al dente kochen, abseihen und mit der restlichen Butter, den Steinpilzen, der Béchamelsauce und dem geriebenen Parmesan verrühren und sofort servieren

- ***350 g grüne Tagliatelle***
- ***300 g Steinpilze***
- ***3 EL Milch***
- ***30 g Butter***
- ***etwas Mehl***
- ***trockener Weißwein***
- ***1 Knoblauchzehe***
- ***1 Stängel Petersilie***
- ***4 EL Parmesan, gerieben***
- ***Olivenöl***
- ***Salz, Pfeffer***

Trenette mit Auberginen und Pesto

319

Die Auberginen putzen, in Würfel schneiden und im Nudelkochwasser garen. Nach der Hälfte der Garzeit die Trenette ins Wasser geben und al dente kochen. Alles abseihen und in eine vorgewärmte Schüssel geben. Gut mit Pesto alla genovese und geriebenem Parmesan vermengen, mit etwas Olivenöl beträufeln und sofort servieren.

- ***350 g Trenette***
- ***4 Auberginen***
- ***4 EL Pesto alla genovese (Fertigprodukt)***
- ***4 EL Parmesan, gerieben***
- ***Salz***

320

Castellane mit Thunfischtatar und Orangensauce

- *350 g Castellane*
- *150 g frisches Thunfischfilet*
- *40 g Pinienkerne*
- *1 Orange*
- *½ TL grüne getrocknete Pfefferkörner*
- *1 TL Kapern*
- *1 Stängel Oregano*
- *1 kleines Bund Petersilie*
- *Olivenöl, Salz*

Die Kapern gut waschen und mit Küchenpapier abtupfen, den Pfeffer mit der flachen Seite eines Messers leicht zerquetschen. Die Orange schälen, vorsichtig die weiße Haut entfernen, das Fruchtfleisch in Stücke schneiden und mit 5 EL Olivenöl, Pinienkernen, Pfefferkörnern, Kapern, Oregano, Petersilienblättern und einer Prise Salz im Mixer aufmixen. In eine große Schüssel geben und mit dem in kleine Würfel geschnittenen Thunfisch vorsichtig verrühren.
15 Minuten marinieren.
Die Castellane in Salzwasser al dente kochen, abseihen und mit der Thunfischsauce anrichten.

321

Conchiglie nach Eolianischer Art

- *350 g Conchiglie*
- *250 g Rotbrasse*
- *1 Zwiebel*
- *300 g Tomaten*
- *2 Knoblauchzehen*
- *4 Sardellenfilets aus der Dose*
- *1 kleines Glas Marsala*
- *Salz*

Die Tomaten schälen, entkernen, leicht ausdrücken und grob zerkleinern. Die Zwiebel fein hacken und in 4 EL Olivenöl anschwitzen, den in Würfel geschnittenen Fisch dazugeben und kurz braten. Dann die Tomaten untermischen und so lange garen, bis die Sauce etwas eingedickt ist. In einer breiten Pfanne 2 EL Olivenöl erhitzen, die zerdrückten Knoblauchzehen goldgelb anbraten, dann entfernen. Die Sardellenfilets dazugeben und zergehen lassen. Die Tomatensauce dazugeben, mit Salz abschmecken, mit Marsala aufgießen und gut verrühren.
Die Conchiglie in Salzwasser al dente kochen, abseihen und in die Pfanne zur Sauce geben, gut vermengen, servieren. Kann auch lauwarm auf den Tisch gebracht werden.

Gnocchetti sardi mit Venusmuscheln

322

Die Venusmuscheln 30 Minuten in Salzwasser legen. Karotte, Sellerie und Schalotte in Würfel schneiden, die Kräuter fein hacken und die Knoblauchzehe zusammen in einen Topf geben, mit 3 EL Olivenöl begießen und rösten. Die halbierten Kirschtomaten dazugeben, mit Salz und Pfeffer abschmecken und 10 Minuten garen.
Die Venusmuscheln unter fließendem Wasser nochmals gut waschen, dann zum Gemüse geben und zugedeckt so lange kochen, bis alle Muscheln geöffnet sind. Die ungeöffneten Muscheln wegwerfen. Den klein gehackten Dill untermischen, mit Weißwein aufgießen und 5 Minuten garen.
Die Gnocchetti sardi in Salzwasser al dente kochen, abseihen und in die Pfanne zur Sauce geben, gut verrühren und servieren.

- *350 g Gnocchetti sardi*
- *300 g Kirschtomaten*
- *1 kg Venusmuscheln*
- *1 Knoblauchzehe*
- *1 Schalotte*
- *1 Karotte*
- *2 Stängel Oregano*
- *1 Thymianzweig*
- *1 Stange Sellerie*
- *1 Bund Dill*
- *½ Glas trockener Weißwein*
- *Olivenöl*
- *Salz, Pfeffer*

323 Linguine nach Luigi Veronelli

- *350 g Linguine*
- *300 g Venusmuscheln*
- *300 g Miesmuscheln*
- *250 g kleine Polypen*
- *150 g Garnelen*
- *50 g Thunfisch aus der Dose*
- *40 g Sardellenbutter (20 g Butter und 20 g Sardellen)*
- *1 Glas trockener Weißwein*
- *500 g reife Tomaten*
- *1 EL Zwiebeln, fein gehackt*
- *2 Knoblauchzehen*
- *1 EL Petersilie, fein gehackt*
- *2 Salbeiblätter*
- *1 kleiner Rosmarinzweig*
- *Olivenöl*
- *Salz, Pfefferkörner*

Venus- und Miesmuscheln mindestens 30 Minuten in Salzwasser legen, immer wieder kräftig umrühren, damit die Muscheln den Sand ausstoßen. Miesmuscheln gut abreiben und Bart entfernen. In einer Pfanne mit einem 1 Glas Weißwein, der Zwiebel und etwas gemahlenem Pfeffer so lange dünsten, bis alle Muscheln geöffnet sind. Abseihen, Muschelwasser aufbewahren. Geschlossene Muscheln wegwerfen. Muschelfleisch und Garnelen aus der Schale lösen. Muschelwasser in einer Pfanne erhitzen und auf 3 EL reduzieren.
Die kleinen Polypen putzen und in kleine Streifen schneiden. In einer Pfanne 3 EL Olivenöl erhitzen, die Knoblauchzehen zusammen mit den ganzen Kräutern leicht anbraten, den restlichen Wein dazugießen und etwas einkochen lassen, dann den Knoblauch und die Kräuter herausnehmen und die Polypen, den zerkleinerten Thunfisch, das Muschelfleisch und die Garnelen dazugeben und sehr vorsichtig verrühren. Die fein geschnittenen Tomaten untermischen, mit Salz und dem im Mörser zerkleinerten Pfeffer abschmecken. Auf kleiner Flamme ca. 15 Minuten kochen, mit dem Muschelwasser aufgießen.
In der Zwischenzeit die Linguine in Salzwasser al dente kochen, abgießen und in eine große, vorgewärmte Schüssel geben, mit der Fischsauce gut vermengen und die Sardellenbutter in Flöckchen auf die Linguine legen. Mit der fein gehackten Petersilie bestreuen, nochmals gut verrühren und auf vorgewärmten Tellern anrichten.

Linguine mit Venusmuscheln nach Art von „Mare Terra“

324

Venusmuscheln mindestens 30 Minuten in Salzwasser legen, damit die Muscheln den Sand ausstoßen. Ab und zu kräftig umrühren. Sellerie waschen und abtrocknen, die Blätter von den Stielen trennen und aufbewahren. Zwiebel und Karotte in kleine Würfel schneiden. In einer breiten Pfanne 3 EL Olivenöl erhitzen, die zerdrückte Knoblauchzehe, den würfelig geschnittenen Bauchspeck und das Gemüse dazugeben und ca. 5–8 Minuten auf mittlerer Hitze garen. Die Tomatensauce zum Gemüse in die Pfanne geben, mit Salz und Pfeffer würzen und zugedeckt 10 Minuten kochen, ab und zu umrühren. Die Venusmuscheln aus dem Salzwasser nehmen, nochmals gut abspülen. In einem Topf 2 EL Olivenöl erhitzen, 1 TL fein gehackte Petersilie, 1 Knoblauchzehe und die Muscheln dazugeben, mit dem Weißwein aufgießen und zugedeckt so lange kochen, bis alle Muscheln geöffnet sind. Die Muscheln mit einem Schaumlöffel herausnehmen und zur Seite stellen. Das Muschelwasser filtern und zur Tomatensauce geben, einige Minuten mitkochen, dann die Muscheln dazugeben. Von der Hälfte der Muscheln das Muschelfleisch aus der Schale lösen, den Rest mit Schale lassen. Geschlossene Muscheln wegwerfen.
Linguine in Salzwasser al dente kochen, abseihen und in die Pfanne zur Muschelsauce geben, gut verrühren, mit der restliche Petersilie bestreuen und servieren.

- ***350 g Linguine***
- ***1 kg Venusmuscheln***
- ***1 kleine Karotte***
- ***½ Zwiebel***
- ***1 Stange Selleriestange mit Blättern***
- ***2 Stängel Petersilie***
- ***2 Knoblauchzehen***
- ***50 g geräucherter Bauchspeck, in Würfel geschnitten***
- ***250 g Tomatensauce aus der Dose***
- ***3 EL trockener Weißwein***
- ***Olivenöl***
- ***Salz, Pfeffer***

325

Linguine mit Sardellen

- *350 g Linguine*
- *40 g getrocknete Tomaten, in Öl eingelegt*
- *30 g Oregano-Crackers*
- *4 Sardellenfilets, in Öl*
- *1 kleines Bund Petersilie*
- *1 Knoblauchzehe*
- *Olivenöl*
- *Salz, Pfeffer*

Die Tomaten, die Petersilienblätter und den Knoblauch fein hacken. Die Crackers mit der Hand zerbröckeln. Die mit einem Küchenpapier abgetupften Sardellenfilets in einer Pfanne mit 2 EL Olivenöl erhitzen, Tomaten-Petersilien-Mischung dazugeben, salzen, pfeffern und noch ein paar Minuten garen.
Die Linguine in Salzwasser sehr al dente kochen, abseihen und in die Pfanne zur Sauce geben und gut verrühren. Die Pasta mit den Crackers bestreuen, gut vermengen und nochmals kurz aufs Feuer stellen, bis die Crackers knusprig werden. Mit etwas Olivenöl beträufeln und sofort servieren.

326

Linguine mit Muscheln und Kräutern

- *350 g Linguine*
- *500 g Venusmuscheln*
- *300 g Miesmuscheln*
- *8 Kirschtomaten*
- *4 kleine Chilischoten*
- *2 EL Petersilie und Basilikum, gehackt*
- *2 Knoblauchzehen*
- *Olivenöl*
- *Salz*

Venusmuscheln mindestens 30 Minuten in Salzwasser legen, oft umrühren, damit der Sand ausgeschieden wird. Miesmuscheln gründlich waschen und anschließend beide Muschelsorten zusammen in einen Topf geben. 1 Knoblauchzehe und 2 Chilischoten hinzufügen, oft umrühren und so lange kochen, bis alle Muscheln geöffnet sind. Nicht geöffnete Muscheln wegwerfen. Muschelfleisch aus den Schalen lösen, einige zur Dekoration mit Schale lassen. Das Muschelwasser filtern. Die Tomaten in kleine Würfel schneiden und in 3 EL Olivenöl 15 Minuten lang garen, salzen und die Hälfte der gehackten Kräuter untermischen. In einer anderen Pfanne 3 EL Olivenöl erhitzen, die andere Knoblauchzehe darin goldgelb anbraten, Chilischoten und die restlichen Kräuter untermischen. Muschelfleisch hinzufügen und 3 Minuten erhitzen, vom Feuer nehmen und zugedeckt warm halten.
Linguine in Salzwasser al dente kochen, abseihen und in die Pfanne zur Muschelsauce geben, Muschelwasser und Tomatensauce dazugeben, auf kräftiger Flamme noch einmal kurz aufkochen, gut verrühren und sofort servieren.

Linguine nach Sardischer Art

327

Sellerieknolle putzen, teilen und in dünne Scheiben schneiden. Tomaten schälen, entkernen, ausdrücken und in Würfel schneiden. Zucchini in Stifte schneiden. Alle Gemüsesorten in eine Schüssel geben und vermischen, salzen, pfeffern, zerdrückte Knoblauchzehe dazugeben und mit Olivenöl übergießen. 10 Minuten zugedeckt marinieren. Knoblauch entfernen.
Linguine in Salzwasser al dente kochen, abgießen und mit dem Gemüse vermischen. Bottarga fein aufschneiden oder reiben und über die Linguine streuen.

- *350 g Linguine*
- *60 g Bottarga di tonno (getrockneter Thunfischrogen)*
- *2 große reife Tomaten*
- *2 Zucchini*
- *1 Knoblauchzehe*
- *1 Sellerieknolle*
- *Olivenöl*
- *Salz, Pfeffer*

Maccheroni auf mediterrane Art mit Sardellen, Tomaten und Basilikum

328

Das Brot im Mixer pürieren. Die Zwiebeln in Ringe schneiden und die Tomaten vierteln. Die Sardellen putzen und in Stücke schneiden. Die Basilikumblätter vorsichtig waschen und abtrocknen. Die Brotbrösel in einer beschichteten Pfanne mit etwas Olivenöl und der zerquetschten Knoblauchzehe knusprig braten, aus der Pfanne nehmen und zur Seite stellen. In derselben Pfanne die Zwiebeln in 2 EL Olivenöl anbraten, die Tomaten dazugeben, mit Weißwein aufgießen, einkochen lassen. Mit Salz und Pfeffer abschmecken, die Sardellenstücke und 7–8 zerkleinerte Basilikumblätter dazugeben, gut verrühren und noch einige Minuten kochen.
In der Zwischenzeit die Maccheroni in Salzwasser al dente kochen, abseihen und in die Pfanne zur Sauce geben. Gut verrühren, mit den gerösteten Brotbröseln bestreuen und in der Pfanne servieren.

- *350 g glatte Maccheroni*
- *200 g frische Sardellen*
- *20 Kirschtomaten*
- *2 kleine Zwiebeln*
- *2 Scheiben Weißbrot, ohne Rinde*
- *1 Knoblauchzehe*
- *½ Glas Weißwein*
- *1 Bund Basilikum*
- *Olivenöl*
- *Salz, Pfeffer*

329

Mezze maniche mit weißen Zwiebeln, Kirschtomaten und Rotbarben

- *350 g Mezze maniche*
- *200 g Rotbarbenfilets*
- *4 Scheiben Bauchspeck*
- *2 weiße Zwiebeln*
- *1 Karotte*
- *1 Stange Sellerie*
- *10 Kirschtomaten*
- *1Glas trockener Weißwein*
- *1 Rosmarinzweig*
- *Olivenöl*
- *Salz, Pfeffer*

Die Rotbarbenfilets gut putzen, die Gräten entfernen und das Fleisch in Stücke schneiden. Karotte und Selleriestange fein hacken. Die Zwiebeln fein hacken, den Bauchspeck ebenfalls klein schneiden. Das Gemüse in 4 EL Olivenöl weich kochen, Speck und Zwiebeln dazugeben. Nach ein paar Minuten auch die halbierten Tomaten untermischen, mit Salz abschmecken und 10 Minuten kochen. Die Rotbarben hinzufügen, etwas salzen, mit Weißwein aufgießen und bei mittlerer Hitze auf die Hälfte einkochen lassen.
Die Mezze maniche in Salzwasser al dente kochen, abgießen und in die Pfanne zur Sauce geben, gut untermischen und vor dem Servieren großzügig mit schwarzem Pfeffer aus der Mühle bestreuen.

330

Tonnarelli neri

- *400 gr. schwarze Nudeln (Tonnarelli)*
- *250 g Lachsfilet*
- *200 ml Weißwein*
- *100 ml Sahne*
- *1 Zwiebel*
- *1 Knoblauchzehe*
- *4 EL Olivenöl*
- *1 EL Steinpilze (trocken oder eingelegt)*
- *1 TL italienische Kräuter*
- *Salz, Pfeffer*

Zwiebeln und Knoblauch schälen und in feine Würfel hacken. Den frischen Lachs ebenfalls in dickere Würfel schneiden. Zwiebel und Knoblauch in erhitztem Olivenöl glasig dünsten. Den Lachs und die Steinpilze zugeben und anbraten. Mit Salz, Pfeffer und den italienischen Kräutern würzen. Weißwein und Sahne zugeben und sämig einkochen.
In der Zwischenzeit die Tonnarelli al dente kochen, mit der Soße vermengen und servieren.

Spaghetti Bella Napoli

331

kaltes Sommerrezept

Tomaten schälen, entkernen, ausdrücken und dann würfelig schneiden. Oliven, die zerkleinerten Sardellenfilets, 4 Basilikumblätter sowie den Oregano fein gehackt zu den Tomaten geben und mit 4 EL Olivenöl, Salz und Pfeffer abschmecken.
Spaghetti in Salzwasser al dente kochen, abseihen und zur Tomatensauce geben, gut vermengen. Mit ein paar ganzen Basilikumblättern garnieren.

- ***350 g Spaghetti***
- ***5 mittelgroße Tomaten***
- ***6 schwarze Oliven***
- ***5 Sardellen in Öl***
- ***4 Basilikumblätter***
- ***1 EL Oreganoblättchen***
- ***Olivenöl***
- ***Salz, Pfeffer***

Spaghetti carbonara mit Garnelen

332

Den Peperoncino aufschneiden und mit den zerdrückten Knoblauchzehen 6–7 Minuten in 3 EL Olivenöl anbraten. Die Garnelen putzen, in 3 Teile schneiden, dazugeben und auf großer Flamme 3 Minuten garen. Salzen, den Knoblauch entfernen.
Die Spaghetti in Salzwasser al dente kochen, abseihen und in die Pfanne zur Sauce geben, vom Feuer nehmen. Eier mit einer Gabel leicht verquirlen, etwas salzen und in die Pfanne zu den Nudeln geben, kräftig untermischen und kurz ziehen lassen.

- ***350 g Spaghetti***
- ***300 g Garnelen***
- ***1 Peperoncino***
- ***2 Knoblauchzehen***
- ***2 Eier***
- ***Olivenöl***
- ***Salz***

333

Spaghetti mit „Bottarga di muggine"

- *350 g Spaghetti*
- *40 g Bottarga di muggine (getrockneter Rogen von der Meeräsche)*
- *1 Knoblauchzehe*
- *1 EL Petersilie, fein gehackt*
- *Olivenöl*
- *Salz, Pfeffer*

Die Spaghetti in Salzwasser kochen. Die Knoblauchzehe leicht zerdrücken und in 5 EL Olivenöl goldgelb braten, herausnehmen und Pfanne vom Herd nehmen. Wenn die Spaghetti al dente gekocht sind, abseihen und in die Pfanne geben, das Feuer wieder anmachen, die Petersilie untermischen und kurz erhitzen. Pasta auf vorgewärmte Teller verteilen und mit der teils geriebenen und teils in feine Lamellen geschnittenen Bottarga anrichten.

334

Spaghettini alla bottarga

- *350 g Spaghettini*
- *70 g Bottarga di muggine (getrockneter Rogen von der Meeräsche)*
- *6 EL Olivenöl*
- *1 Knoblauchzehe*
- *1 Chilischote*
- *1 EL Petersilie, fein gehackt*

Öl in einer Pfanne erhitzen und mit Knoblauch, Salz und Chilischote aromatisieren. In der Zwischenzeit die Spaghetti al dente kochen und abgießen. Die Nudeln kurz im Öl schwenken und dann auf den Tellern mit der Gabel zu einem Nest formen, mit Bottarga und Petersilie bestreuen.

335

Spaghettini nach Art von San Remo

- *350 g Spaghettini*
- *200 g Thunfisch aus der Dose (in Öl)*
- *4 Sardellen aus der Dose*
- *2 Tomaten*
- *2 EL kleine entsteinte Oliven (z. B. aus Ligurien)*
- *1 Knoblauchzehe*
- *1 Prise Peperoncino*
- *1 Stängel Petersilie*
- *Olivenöl*
- *Salz*

Sardellen mit Küchenpapier abtupfen. Tomaten schälen, entkernen, leicht ausdrücken und klein schneiden. Die Knoblauchzehe und die Sardellen mit 6 EL Olivenöl im Mixer aufmixen, Peperoncino dazugeben. Den Thunfisch abtropfen lassen, zerkleinern und mit den Oliven und den Tomaten vermischen. Sparsam salzen.

Spaghettini in Salzwasser al dente kochen, abseihen und in eine vorgewärmte Schüssel geben, mit der Sauce vermischen und mit fein gehackter Petersilie bestreuen.

Tagliatelle mit Barba di frate und Pinienkernen

336

Robiola mit den fein gehackten Majoranblättchen und 4 EL Olivenöl vermengen, mit Salz und Pfeffer abschmecken. Das Gemüse waschen und in 4–5 cm lange Stücke schneiden. In Salzwasser 6–8 Minuten kochen, die Tagliatelle dazugeben und al dente kochen. Gemüse und Tagliatelle zusammen abseihen und mit der vorbereiteten Käsecreme und den gerösteten Pinienkernen gut vermengen, auf vorgewärmte Teller verteilen und sofort servieren.

- *350 g Tagliatelle*
- *300 g Barba di frate (Pfefferkraut) oder Brokkoli*
- *150 g Robiola (Frischkäse) oder weicher Taleggio*
- *50 g Pinienkerne*
- *1 kleines Bund Majoran*
- *Olivenöl*
- *Salz, Pfeffer*

Tagliatelle auf chinesische Art

337

Die Garnelen dämpfen, schälen und den Darm entnehmen. Den Spinat kochen, gut ausdrücken und fein hacken. Die Pilze in warmem Wasser einweichen und dann kurz mit Zucker und Sojasauce aufkochen. Die Garnelen und die Pilze klein hacken und zusammen mit dem Spinat in einer breiten Pfanne mit 4–5 EL Olivenöl kurz anbraten.
Die Tagliatelle in Salzwasser al dente kochen, abseihen und in die Pfanne zur Sauce geben, gut verrühren und servieren. Dazu Sojasauce reichen.

- *350 g Tagliatelle*
- *4 große Garnelen*
- *40 g getrocknete Pilze*
- *150 g Spinat*
- *1 EL Sojasauce*
- *1 EL Zucker*
- *Olivenöl*
- *Salz*

Tagliatelle „Frühlingsart"

338

Die Zwiebel fein hacken und in 2 EL Olivenöl goldgelb anbraten, die in Streifen geschnittenen Forellenfilets dazugeben und kurz braten, mit Weißwein aufgießen, einkochen lassen und dann die grob geschnittenen Tomaten und die in dünne Scheiben geschnittenen Zucchini dazugeben. Mit Salz und Pfeffer abchmecken und auf kleiner Flamme ca. 15–20 Minuten garen.
Die Tagliatelle in Salzwasser al dente kochen, abseihen und in die Pfanne zur Sauce geben. Vorsichtig umrühren, kurz ziehen lassen, wenn nötig etwas Olivenöl dazugeben.

- *400 g Tagliatelle*
- *250 g Forellenfilets*
- *1 kleine Zwiebel*
- *2 Zucchini*
- *3 reife Tomaten*
- *½ Glas Weißwein*
- *Olivenöl*
- *Salz, Pfeffer*

339 Trenette mit Heringssauce

- *350 g Trenette*
- *100 g Heringsfilets, frisch oder aus der Dose*
- *3 Knoblauchzehen*
- *1 Chilischote*
- *½ Glas Olivenöl*
- *1 kleines Bund Petersilie*
- *Salz, Pfeffer*

Das Öl erhitzen, die fein gehackten Knoblauchzehen darin goldgelb anbraten, etwas zerbröckelte Chilischote und die mit einer Gabel zerdrückten Heringsfilets dazugeben. Ein paar Mal wenden, mit etwas warmem Wasser aufgießen und mit frisch gemahlenem Pfeffer abschmecken.
Die Trenette in Salzwasser al dente kochen, abseihen und in eine vorgewärmte Schüssel geben. Mit der Heringsauce anrichten und mit der fein gehackten Petersilie bestreuen.

340 Vermicelli al pescatore

- *350 g Vermicelli*
- *150 g Tintenfisch*
- *50 g Miesmuscheln*
- *50 g Venusmuscheln*
- *100 g Garnelen, küchenfertig*
- *2 Knoblauchzehen*
- *1 kleines Bund Petersilie*
- *1 kleiner Peperoncino*
- *Olivenöl*
- *Salz*

Die Venusmuscheln mindestens 30 Minuten in Salzwasser legen. Die Miesmuscheln gut abbürsten und Bart entfernen. Auch kurz ins Wasser legen. Abgießen und in einem Topf mit einer Knoblauchzehe und etwas Olivenöl so lange zugedeckt kochen, bis sich die Muscheln geöffnet haben. Das Muschelwasser filtern und das Muschelfleisch aus der Schale lösen. Geschlossene Muscheln wegwerfen. Die Tintenfische waschen und in Ringe schneiden. In einer Pfanne 3 EL Olivenöl erhitzen und die zerdrückten Knoblauchzehen und den Tintenfisch darin 15 Minuten garen, dann die Garnelen und das Muschelfleisch dazugeben, kurz ziehen lassen. Mit dem Muschelwasser aufgießen, den Peperoncino, etwas fein gehackte Petersilie und Salz dazugeben und weitere 10 Minuten garen. Sollte die Sauce zu sehr eindicken, mit warmem Wasser aufgießen. Knoblauchzehen entfernen.
Die Vermicelli in Salzwasser al dente kochen, abseihen und in die Pfanne zur Sauce geben. Gut vermengen und auf vorgewärmte Teller verteilen, mit Petersilie bestreuen und servieren.

Bucatini alla Bagnulo

341

Zwiebel fein hacken und in 2 EL Olivenöl goldgelb anbraten, Hackfleisch, die in kleine Würfel geschnittene Karotte und das Lorbeerblatt dazugeben. Salzen, pfeffern und auf kleiner Flamme 20 Minuten garen. Wenn nötig mit warmem Wasser aufgießen. Mozzarella in Würfel schneiden und in eine Schüssel geben, zur Seite stellen.
Bucatini in Salzwasser al dente kochen, abseihen und zur Mozzarella geben, die Fleischsauce dazugeben, gut vermischen und servieren.

- *350 g Bucatini*
- *200 g Rinderhackfleisch*
- *1 Zwiebel*
- *1 Karotte*
- *1 Mozzarella*
- *1 Lorbeerblatt*
- *Olivenöl*
- *Salz, Pfeffer*

Fettuccine alla papalina

342

Die fein gehackte Zwiebel in 3 EL Olivenöl goldgelb anbraten, die Erbsen dazugeben, salzen und pfeffern, die Hitze reduzieren und alles zugedeckt garen. Wenn nötig mit etwas heißem Wasser aufgießen. Den Schinken in Streifen schneiden und kurz vor Ende der Garzeit untermischen. In einer Schüssel die Eier mit dem Parmesan vermengen, salzen und mit frisch gemahlenem Pfeffer abschmecken.
Die Fettuccine in Salzwasser al dente kochen, abseihen und in die Schüssel zur Ei-Käse-Mischung geben. Die Erbsen-Schinken-Sauce dazugeben, gut verrühren. Mit fein gehackter Petersilie bestreuen und servieren.

- *350 g Fettuccine*
- *100 g gekochter Schinken, in dünne Scheiben geschnitten*
- *200 g Erbsen (frisch oder tiefgekühlt)*
- *½ Zwiebel*
- *2 Eier*
- *3 EL Parmesan, gerieben*
- *1 Stängel Petersilie*
- *Olivenöl*
- *Salz, Pfeffer*

343

kaltes Sommerrezept

Fiocchi d'amore mit Huhn und Speck

- *350 g Fiocchi d'amore*
- *150 g Hühnerbrust, in Scheiben*
- *50 g Bauchspeck*
- *½ rote Zwiebel*
- *200 g Kirschtomaten*
- *200 g grüne Bohnen*
- *2 Thymianzweige*
- *Olivenöl*
- *Salz, Pfeffer*

Die Zwiebel in kleine Würfel schneiden, in kaltes Wasser legen, herausnehmen und abtrocknen.
Die Hühnerbrust und den Bauchspeck ebenfalls in Würfel schneiden und 5–6 Minuten in 2 EL Olivenöl anbraten. Die Bohnen putzen und schräg in Scheiben schneiden, 3–4 Minuten im Nudelkochwasser bissfest kochen. Abgießen (Wasser auffangen) und in eine große Schüssel geben. Die in Scheiben geschnittenen Tomaten, Huhn, Speck, Thymianblättchen, die Zwiebel und 4 EL Olivenöl dazugeben und gut vermengen. Mit Salz und Pfeffer abschmecken.
Die Fiocchi d'amore in Salzwasser al dente kochen, abseihen, abkühlen lassen und dann in die Schüssel zu den anderen Zutaten geben, gut vermengen und 1 Stunde ziehen lassen.

344

Linguine flambé

- *350 g Linguine*
- *100 g Rohschinken, am Stück*
- *30 g Butter*
- *2 kleine Zwiebeln*
- *1 Stange Sellerie*
- *2 Zucchini*
- *1 Karotte*
- *Schnittlauch*
- *Glas Cognac oder Brandy*
- *Salz, Pfeffer*

Zucchini, Karotte, Sellerie, Zwiebeln und den Rohschinken in kleine Würfel schneiden. Butter und 1 EL Olivenöl in einer Pfanne erhitzen und das Gemüse darin 5 Minuten garen, gut umrühren. Den Rohschinken kurz im Gemüse erhitzen, mit Cognac aufgießen und flambieren.
In der Zwischenzeit die Linguine in Salzwasser al dente kochen, abgießen und in die Pfanne geben. Einige Minuten durchschwenken, dann in eine vorgewärmte Schüssel geben und mit fein gehacktem Schnittlauch bestreuen. Mit frisch gemahlenem Pfeffer würzen.

345

Maccheroni mit Wurst nach Sardischer Art

Die Wurst der Länge nach mit einem scharfen Messer aufschlitzen, Haut abziehen und mit einer Gabel das Fleisch zerreißen. In einer Pfanne 2 EL Olivenöl erhitzen, das Wurstfleisch darin anbraten. Dann die fein gehackte Zwiebel, die zerdrückte Knoblauchzehe und die Basilikumblätter dazugeben und ca. 10 Minuten garen. Die geschälten, entkernten und in Würfel geschnittenen Tomaten untermischen, mit 3 EL Fleischbrühe aufgießen, mit Salz und Pfeffer abschmecken und auf mittlerer Flamme 20 Minuten garen. Knoblauchzehe entfernen.
In der Zwischenzeit die Maccheroni in Salzwasser al dente kochen, abseihen und mit der Sauce und frisch geriebenem Schafskäse anrichten.

- *350 g Maccheroni*
- *2 rohe Schweinswürste*
- *500 g frische Tomaten*
- *½ Zwiebel*
- *2 Basilikumblätter*
- *1 Knoblauchzehe*
- *Fleischbrühe*
- *Olivenöl*
- *Schafskäse, gerieben*
- *Salz, Pfeffer*

346

Maccheroni tentatori

Bauchspeck würfelig schneiden und mit der fein gehackten Zwiebel und der zerdrückten Knoblauchzehe kurz in Olivenöl anbraten. Mit Weißwein ablöschen, einkochen lassen. Den in dünne Scheiben geschnittenen Peperoncino und die würfelig geschnittenen Tomaten dazugeben und auf kleiner Flamme 15 Minuten garen, salzen. Ab und zu umrühren.
Maccheroni in Salzwasser al dente kochen, abseihen und in eine vorgewärmte Schüssel geben. Die Tomatensauce hinzufügen, mit Schafskäse bestreuen, gut vermengen und servieren.

- *350 g Maccheroni*
- *300 g Bauchspeck*
- *500 g Tomaten aus der Dose*
- *1 Zwiebel*
- *1 Knoblauchzehe*
- *1 Peperoncino*
- *3 EL trockener Weißwein*
- *100 g Schafskäse, gerieben*
- *2 EL Olivenöl*
- *Salz*

347

Pappardelle alla romana

- *350 g Pappardelle*
- *200 g Steinpilze*
- *60 g Butter*
- *160 g Rohschinken, am Stück*
- *160 g Hühnerleber*
- *40 g Schafskäse, gerieben*
- *30 g Parmesan, gerieben*
- *400 g Kirschtomaten*
- *trockener Weißwein*
- *½ Tasse Gemüsebrühe*
- *1 Zwiebel*
- *2 Knoblauchzehen*
- *2 Peperoncini*
- *Petersilie, fein gehackt*
- *Salz*

Pilze putzen und in dünne Scheiben schneiden. Den Rohschinken in Streifen schneiden und in einer beschichteten Pfanne so lange anbraten, bis das Weiße des Rohschinkens glasig wird. Auf einen Teller geben und warm stellen. Die Hühnerleber putzen und in Stücke schneiden. Mit 30 g Butter in derselben Pfanne braten, in der der Rohschinken gebraten wurde. Die in Ringe geschnittene Zwiebel, die Pilze, die in Stücke geschnittenen Peperoncini und den zerdrückten Knoblauch dazugeben und bei mittlerer Hitze 5–6 Minuten anbraten. Mit einem Schuss Weißwein ablöschen, einkochen lassen, immer wieder umrühren. Die gewaschenen und halbierten Tomaten hinzufügen und weitere 3 Minuten kochen. Mit Gemüsebrühe aufgießen und erneut 10 Minuten garen. Schinken untermischen und mit Salz abschmecken.
Pappardelle in Salzwasser al dente kochen, abgießen und in die Pfanne zur Sauce geben. Fein gehackte Petersilie, die restliche Butter und die geriebenen Käsesorten untermischen.

348

Spaghetti alla Pizzaiola

- *350 g Spaghetti*
- *350 g Rindfleisch*
- *3 reife Tomaten*
- *1 TL Kapern, in Salz eingelegt*
- *2 Knoblauchzehen*
- *1 kleines Bund Petersilie*
- *1 EL gehackter Oregano*
- *1 Chilischote*
- *5 EL Parmesan, gerieben*
- *Olivenöl*
- *Salz*

Die Kapern waschen und ausdrücken, die Petersilienblätter waschen. Die Tomaten schälen, entkernen und passieren. Das Rindfleisch in dünne Streifen schneiden. In einer Pfanne 4 EL Olivenöl erhitzen, die zerdrückten Knoblauchzehen goldgelb anbraten, dann entfernen. Das Fleisch in die Pfanne geben, die Tomaten hinzufügen und bei mittlerer Hitze kochen. Die Kapern, 1 EL gehackter Oregano, die zerbröckelte Chilischote und ein paar Petersilienblätter untermischen, salzen und 30 Minuten weiterkochen, ab und zu umrühren.
Die Spaghetti in Salzwasser al dente kochen, abseihen und in eine vorgewärmte Schüssel geben, mit der Sauce vermischen. Mit dem geriebenen Parmesan bestreuen und mit Petersilienblättern garnieren.

Spaghetti all'amatriciana

349

In einer Pfanne 2 EL Olivenöl erhitzen, den würfelig geschnittenen Bauchspeck darin leicht anbraten, aus der Pfanne nehmen und warm halten. Im selben Öl die fein gehackte Zwiebel und den Peperoncino anbraten. Die geschälten, entkernten und in Scheiben geschnittenen Tomaten dazugeben, etwas salzen und so lange kochen, bis die entstandene Sauce sämig ist. Bauchspeck dazugeben, gut verrühren. Peperoncino entfernen.
Die Spaghetti in der Zwischenzeit in Salzwasser al dente kochen, abgießen und in eine vorgewärmte Schüssel geben. Die Sauce über die Spaghetti gießen, mit dem geriebenen Schafskäse bestreuen und mit Pfeffer aus der Mühle würzen. Sofort servieren.

- ***350 g Spaghetti***
- ***100 g magerer Bauchspeck***
- ***1 Zwiebel***
- ***8 reife Tomaten***
- ***50 g Schafskäse, gerieben***
- ***1 Peperoncino***
- ***Olivenöl***
- ***Salz, Pfeffer***

Spaghetti alla chitarra nach „Hirten Art"

350

Die zerdrückten Knoblauchzehen in Olivenöl goldgelb anbraten, das in kleine Stücke aufgeschnittene Fleisch dazugeben, gut verrühren und mit Salz abschmecken. Wenn das Fleisch gut angebraten ist, mit Rotwein aufgießen und einkochen lassen. Dann die klein geschnittenen Tomaten und etwas Peperoncino dazugeben. Mindestens 1 Stunde auf kleiner Flamme schmoren lassen, wenn nötig immer wieder mit Brühe aufgießen (Im Schnellkochtopf dauert die Kochzeit 30 Minuten). Am Ende der Garzeit evtl. noch mit Salz und Pfeffer abschmecken.
Die Spaghetti in Salzwasser al dente kochen, abseihen und gut mit der Fleischsauce vermengen. Den geriebenen Schafskäse extra reichen.

- ***350 g Spaghetti alla chitarra***
- ***200 g Lamm- oder Rindfleisch***
- ***150 g Tomaten (frisch oder aus der Dose)***
- ***2 Knoblauchzehen***
- ***1 Glas Rotwein***
- ***Fleischbrühe***
- ***½ Peperoncino***
- ***Olivenöl***
- ***Schafskäse, gerieben***
- ***Salz, Pfeffer***

351

Spaghetti auf sizilianische Art

- *350 g Spaghetti*
- *200 g Linsen*
- *1 kg Spinat*
- *100 g Bauchspeck, am Stück*
- *½ Zwiebel*
- *2 Knoblauchzehen*
- *1 Glas Weißwein*
- *etwas Butter*
- *Parmesan, gerieben*
- *Olivenöl*
- *Salz, Pfeffer*

Linsen am Vortag einweichen. Zwiebel fein hacken und zusammen mit einer zerdrückten Knoblauchzehe in 3 EL Olivenöl anschwitzen, fein geschnittenen Bauchspeck dazugeben, gut verrühren und leicht anbraten. Die eingeweichten Linsen untermischen und 5 Minuten garen, mit Weißwein aufgießen, einkochen lassen. Dann mit ¼ l warmem Wasser aufgießen und zugedeckt 15 Minuten auf mittlerer Flamme kochen. Den Spinat gut waschen und kurz dünsten. Abtropfen, ausdrücken und grob hacken. 1 EL Butter in der Pfanne schmelzen lassen. Darin 1 Knoblauchzehe goldgelb anbraten, dann den Spinat dazugeben. Wenn die Linsen bissfest sind, in die Pfanne zum Spinat geben, gut vermengen und mit Salz und Pfeffer abschmecken. Spaghetti in Salzwasser al dente kochen, abgießen, in die Pfanne geben, gut vermengen, wenn nötig 1–2 EL warmes Wasser untermischen. Mit geriebenem Parmesan bestreuen und servieren.

352

Tagliatelle auf sizilianischer Art

- *400 g Tagliatelle*
- *200 g Salsiccia*
- *100 Bauchspeck*
- *80 g Schafskäse, gerieben*
- *1 große Aubergine*
- *Olivenöl*
- *Salz, Pfeffer*

Aubergine waschen und in Würfel schneiden. In Olivenöl ausbacken. Herausnehmen und auf Küchenpapier abtropfen lassen, warm halten. Bauchspeck würfelig schneiden und in 1 EL Öl anbraten. Die enthäutete und zerkleinerte Salsiccia dazugeben und gut verrühren. Mit Salz und Pfeffer abschmecken. Tagliatelle in Salzwasser al dente kochen, abgießen und auf Teller verteilen. Mit Salsiccia, Speck und Bratensaft anrichten. Mit den frittierten Auberginenwürfeln und geriebenem Schafskäse garnieren.

Tagliatelle „Fürstenart"

353

Sellerie, Karotte und Zwiebel fein schneiden; Speck klein schneiden, Knoblauchzehe fein hacken. Die Pilze putzen und nicht zu klein schneiden. Die Zwiebel und den Knoblauch in 3 El Öl anschwitzen, das Gemüse dazugeben und umrühren. Dann das Kalbshackfleisch untermischen, salzen und pfeffern. Mit 1 Kelle Wasser aufgießen, die Hitze reduzieren und 20 Minuten kochen lassen. Dann die Erbsen und nach 5 Minuten Garzeit die Pilze hinzufügen, mit Salz und Pfeffer abschmecken und weitere 10 Minuten garen.
Die Tagliatelle in Salzwasser al dente kochen, abseihen und in die Pfanne zum Gemüse geben. Gut vermengen, einige grob gehackte Salbeiblätter untermischen. Anrichten und den geriebenen Pecorino extra reichen.

- ***350 g Tagliatelle***
- ***200 g Waldpilze***
- ***80 g durchwachsener Speck, in Scheiben geschnitten***
- ***250 g Kalbshackfleisch***
- ***200 g Erbsen (tiefgekühlt)***
- ***1 Zwiebel***
- ***1 Karotte***
- ***1 Stange Sellerie***
- ***1 Knoblauchzehe***
- ***3 Salbeiblätter***
- ***Olivenöl***
- ***Pecorino, gerieben***
- ***Salz, Pfeffer***

354

Tagliatelle „Schlemmerart"

- *350 g Tagliatelle*
- *500 g Huhn*
- *1 Zwiebel*
- *1 Stange Sellerie*
- *30 g Currypulver*
- *100 g Erbsen (frisch oder tiefgekühlt)*
- *100 g Tomaten*
- *60 g Pilze*
- *½ Kartoffel*
- *½ Apfel*
- *ein paar Nüsse*
- *2 Gewürznelken*
- *etwas Zimtstange*
- *Olivenöl*
- *Salz, Pfeffer*

Das Hühnerfleisch vom Knochen lösen und in kleine Stücke schneiden. Mit den Knochen, etwas Selleriegrün und einem kleinen Stückchen Zwiebel eine Brühe zubereiten. Die restliche Zwiebel und die Selleriestange fein hacken. Die Hälfte davon in 2 EL Olivenöl leicht anrösten. 15 g Currypulver, die geputzten und in Streifen geschnittenen Pilze sowie die blanchierten Erbsen dazugeben. Mit etwas Suppe aufgießen und 15 Minuten kochen lassen. In einer anderen Pfanne 2 El Olivenöl erhitzen und die restliche Zwiebel und den Sellerie kurz anschwitzen, Hühnerfleisch dazugeben und das restliche Currypulver untermischen. In der Zwischenzeit die Kartoffel, den Apfel und die Nüsse fein hacken und zum Huhn geben, wieder mit Brühe aufgießen. Gewürznelken und Zimtstange hinzufügen, mit Salz und Pfeffer abschmecken und 40 Minuten auf kleiner Flamme kochen. Gegen Ende der Garzeit die enthäuteten und in Würfel geschnittenen Tomaten sowie die Pilzsauce dazugeben. Noch ein paar Minuten kochen.

In der Zwischenzeit die Tagliatelle in Salzwasser al dente kochen, abseihen, in eine vorgewärmte Schüssel geben und gut mit der Sauce vermengen. Wenn nötig mit Olivenöl beträufeln.

355

Tagliatelle vom Hof

- *350 g Tagliatelle*
- *400 g Hühnerleber*
- *100 g Tomatensauce*
- *½ Zwiebel*
- *3 Salbeiblätter*
- *1 Rosmarinzweig*
- *1 Msp. Majoran*
- *60 g Parmesan, gerieben*
- *Olivenöl*
- *Salz, Pfeffer*

Zwiebel fein hacken und in 3 EL Olivenöl auf kleiner Flamme goldgelb anbraten, Tomatensauce und Rosmarin dazugeben, 10 Minuten kochen. Hühnerleber putzen und in Streifen schneiden. 2 EL Olivenöl in einer Pfanne erhitzen, Hühnerleber auf kleiner Flamme braten, Salbeiblätter dazugeben und 5 Minuten garen; dann zur Tomatensauce geben, den Majoran untermischen, mit Salz und Pfeffer abschmecken und weitere 5 Minuten garen.

Tagliatelle in Salzwasser al dente kochen, abseihen und in die Pfanne zur Sauce geben, den geriebenen Parmesan untermischen und gut verrühren.

Spaghetti al cartoccio

356

Die Tomaten schälen, entkernen und in kleine Stücke schneiden. Die Zwiebel und den Knoblauch klein schneiden. 4–5 EL Olivenöl in einer Pfanne erhitzen und die Zwiebel mit dem Knoblauch goldgelb anbraten, die Tomaten dazugeben, salzen und mit Peperoncino abschmecken. Auf großer Flamme 5 Minuten kochen. Die Hitze reduzieren und zugedeckt weitere 10 Minuten garen, vom Feuer nehmen.
Die Spaghetti in Salzwasser al dente kochen, abseihen und in die Pfanne zur Sauce geben, erhitzen. Den zerkleinerten Thunfisch, die Oliven und die gewaschenen und ausgedrückten Kapern untermischen. Alufolie ausbreiten, darauf Backpapier legen. Die Spaghetti samt Sauce drauflegen, mit etwas Olivenöl beträufeln und die Folie gut verschließen. In den vorgeheizten Backofen geben und bei 200 °C 10 Minuten garen. Die Folie aufmachen und die Spaghetti mit fein gehackter Petersilie bestreuen.

- *350 g Spaghetti*
- *250 g Thunfisch aus der Dose*
- *4 reife Tomaten*
- *100 g schwarze entsteinte Oliven*
- *2 EL Kapern*
- *1 Zwiebel*
- *2 Knoblauchzehen*
- *1 Bund Petersilie*
- *Olivenöl*
- *Peperoncino*
- *Salz*

Farfalle mit Huhn und Sellerie

357

kaltes Sommerrezept

Die Farfalle in Salzwasser al dente kochen, abseihen, mit 2 EL Olivenöl vermengen und auf abkühlen lassen. Die in Würfel geschnittenen Hühnerbrüstchen, die fein geschnittene Selleriestange und die fein gehackte Petersilie dazugeben. Mit Zitronensaft beträufeln und mit dem restlichen Olivenöl verrühren. Mit Salz und Pfeffer abschmecken, alles sehr gut verrühren und vor dem Servieren noch mindestens 30 Minuten ziehen lassen.

- *350 g Farfalle*
- *200 g Hühnerbrust, gekocht*
- *1 Stange Sellerie*
- *1 kleines Bund Petersilie*
- *½ Zitrone*
- *5 EL Olivenöl*
- *Salz, Pfeffer*

358

Reginette mit dreifarbiger Gemüsesauce

- *350 g Reginette*
- *500 g Auberginen*
- *½ grüne Paprikaschote*
- *½ gelbe Paprikaschote*
- *½ rote Paprikaschote*
- *2 Knoblauchzehen*
- *1 EL Zitronensaft*
- *etwas Petersilie*
- *Olivenöl*
- *4–5 schwarze Pfefferkörner*
- *Salz*

Die Auberginen waschen und halbieren, auf ein Backblech geben und mit Backpapier abdecken, bei 200 °C ca. 30 Minuten im Ofen garen, bis die Auberginen schön weich sind.
Aus dem Ofen nehmen, etwas abkühlen lassen, schälen und wie einen Schwamm ausdrücken, dann im Mixer pürieren. Das Püree mit 2 EL Olivenöl und etwas fein gehackter Petersilie verrühren und mit Salz abschmecken. Paprikaschoten waschen, putzen und in kurze, dünne Stifte schneiden. Zusammen mit dem Knoblauch (später herausnehmen) auf kräftiger Flamme 3–4 Minuten braten, salzen und vom Feuer nehmen.
Die Reginette in Salzwasser al dente kochen, abseihen und mit dem Gemüse vermischen. Mit Petersilie und den grob zerdrückten Pfefferkörner bestreuen.

359

Tagliolini nach Lioner Art

- *350 g Tagliolini*
- *70 g Butter*
- *1 weiße Zwiebel*
- *Salz, weißer Pfeffer*

Die Zwiebel sehr fein schneiden und in etwas Butter glasig anschwitzen. Die Tagliolini in Salzwasser al dente kochen, abseihen. In einer anderen Pfanne die restliche Butter schmelzen lassen. Die Tagliolini dazugeben und mit Salz und Pfeffer würzen. Auf Teller verteilen und mit einem Löffel Zwiebelsauce anrichten.

Bucatini mit Apfelsaft

360

Die Tomaten schälen, entkernen und grob schneiden. In Olivenöl mit der fein gehackten Selleriestange dünsten. Die Äpfel schälen, im Mixer zerkleinern und den Saft zur Tomatensauce geben. Mit Salz und Pfeffer abschmecken und ein paar Minuten kochen lassen. Die Bucatini in Salzwasser al dente kochen, abseihen und in eine vorgewärmte Schüssel geben. Mit der Sauce vermischen und servieren. Man kann dazu – je nach Geschmack – noch etwas Zimt reichen.

- *350 g Bucatini*
- *4 Äpfel (z. B. Golden Delicious)*
- *300 g Flaschentomaten*
- *1 Stange Sellerie*
- *4 EL Olivenöl*
- *Salz, Pfeffer*

Tagliatelle mit Jakobsmuscheln und Selleriepesto

361

Das Fleisch aus den Muscheln lösen, putzen, waschen und abtupfen. Die Brotscheiben toasten, mit Knoblauch einreiben und mit Olivenöl beträufeln. Im Mixer zusammen mit ein paar Petersilienblättern zerkleinern. Sellerieblätter, Mandeln, die Knoblauchzehen und 3–4 EL Olivenöl ebenfalls im Mixer pürieren.
Die Jakobsmuscheln in eine mit Backpapier ausgelegte Form legen, mit der Brot-Petersilien-Mischung bestreuen, mit ein paar Tropfen Olivenöl beträufeln, salzen, pfeffern und 5 Minuten bei 200 °C im Ofen gratinieren.
Die Tagliatelle in Salzwasser al dente kochen, abseihen. Selleriepesto mit 2–3 EL Nudelkochwasser verdünnen und mit den Tagliatelle vermengen. Einige Jakobsmuscheln unter die Pasta mischen, auf Teller verteilen und mit den restlichen Muscheln garnieren.

- *350 g Tagliatelle (frisch)*
- *20 kleine Jakobsmuscheln*
- *1 Handvoll helle Sellerieblätter*
- *1 Handvoll Petersilienblätter*
- *10 Mandeln, geschält*
- *2 Scheiben weißes Bauernbrot, ohne Rinde*
- *3 Knoblauchzehen*
- *Olivenöl*
- *Salz, Pfeffer*

362

Pasta all'italiana

- *350 g Bandnudeln*
- *400 g Schweinefilet*
- *250 g Tomaten*
- *4 Zwiebeln*
- *2 Knoblauchzehen*
- *4 El. Olivenöl*
- *250 g Tomaten*
- *2 El. Tomatenmark*
- *1/8 l heiße Fleischbrühe*
- *weißer Pfeffer*
- *etwas Butter*
- *Parmesankäse*
- *Salz, Pfeffer, Oregano*

Für die Sauce Zwiebeln schälen, fein hacken. Knoblauchzehen schälen und mit Salz zerdrücken. Öl in einem Topf erhitzen. Zwiebeln und Knoblauch darin 5 Minuten glasig dünsten. Die entkernten und gewürfelten Tomaten hinzufügen. Tomatenmark dazugeben. Mit Fleischbrühe auffüllen. Pfeffern. In 10 Minuten sämig kochen. Hin und wieder umrühren. Das Schweinefilet mit Papier abtupfen. In 2 cm große Würfel schneiden. Butter in einer Pfanne erhitzen, Fleisch hinzugeben und mit Salz, Pfeffer und Oregano würzen. In 10 Minuten hellbraun braten und in die Sauce geben.
Die Tagliatelle in Salzwasser al dente kochen, abseihen und mit der Sauce vermischen.

Überbackene Spaghetti mit Huhn und Pilzen

363

- *350 g Spaghetti*
- *4 Hühnerkeulen*
- *20 g getrocknete Steinpilze*
- *350 g frische Waldpilze*
- *1 Glas Weißwein*
- *200 ml Sahne*
- *200 g Parmesan, gerieben*
- *1 Stängel Basilikum*
- *2 Knoblauchzehen*
- *Olivenöl*
- *Salz, Pfeffer*

Die Hühnerkeulen entbeinen, enthäuten und in kleine Stücke schneiden. Die Steinpilze in heißem Wasser einige Minuten einweichen lassen. Die frischen Pilze putzen und klein schneiden. In einer Pfanne 2 EL Olivenöl erhitzen, das Hühnerfleisch darin anbraten, salzen und pfeffern. Die Steinpilze abseihen, das Einweichwasser aufbewahren, und zusammen mit dem Knoblauch und den frischen Pilzen dazugeben. Mit Weißwein und dem gesiebten Pilzwasser aufgießen. Die Hitze reduzieren und alles so lange köcheln lassen, bis das Hühnerfleisch gar und die Flüssigkeit leicht reduziert ist.
In der Zwischenzeit die Spaghetti in Salzwasser sehr al dente kochen, abseihen und gut abtropfen lassen.
Die Sahne zur Hühnersauce geben, umrühren und einmal kurz aufkochen lassen, mit Salz und Pfeffer abschmecken. Die Spaghetti gut mit dieser Sauce vermengen, ¾ des geriebenen Parmesans und die abgezupften Basilikumblätter untermischen. Alles zusammen in eine feuerfeste Form geben, mit der Hälfte des restlichen Parmesans bestreuen und im auf 200 °C vorgeheizten Ofen so lange garen, bis sich eine goldbraune Kruste gebildet hat. Auf vorgewärmte Teller verteilen, mit Olivenöl beträufeln und mit dem restlichen Parmesan bestreuen.

364

Tagliolini mit Venusmuscheln und Spargelcreme

- *350 g Tagliolini*
- *300 g grüner Spargel*
- *200 g Venusmuscheln*
- *20 g Schalotten*
- *10 g Zwiebel*
- *10 g Selleriestange*
- *1 Knoblauchzehe*
- *2 EL Weißwein*
- *½ Tasse Gemüsebrühe*
- *Olivenöl*
- *Thymian*
- *Salz, Pfeffer*

Die Venusmuscheln 30 Minuten in Salzwasser legen, damit sie den Sand ausscheiden. Ab und zu mit kräftig umrühren, dann abgießen und sehr gut waschen. Die fein gehackte Zwiebel, die zerdrückte Knoblauchzehe und die klein geschnittene Selleriestange in Olivenöl dünsten, die Venusmuscheln dazugeben und mit 2 EL Weißwein aufgießen. Zugedeckt so lange kochen, bis alle Muscheln geöffnet sind. Muschelfleisch aus der Schale lösen und den Sud durch ein feines Sieb geben. Den Spargel waschen, das harte Ende abschneiden und den Rest in kleine Stücke schneiden. Die Schalotten fein hacken und in 2 EL Olivenöl goldgelb anbraten, die Spargelstücke dazugeben und mit 1 Msp. Thymian würzen. Mit 4–5 EL Gemüsebrühe aufgießen und garen. Den gekochten Spargel pürieren und in eine Schüssel geben, mit Salz, Pfeffer und etwas Olivenöl vermischen, warm halten. In der Zwischenzeit den Muschelsud auf die Hälfte einkochen lassen, dann die Muscheln dazugeben. Die Tagliolini in Salzwasser al dente kochen, abgießen und in die Pfanne zu den Muscheln geben. Kurz ziehen lassen und in die Schüssel zur Spargelcreme schütten und gut vermengen.

365

Vermicelli alla Bersagliera

- *350 g Vermicelli*
- *100 g Salami*
- *60 g Provolone (Käse)*
- *500 g Tomaten*
- *½ Zwiebel*
- *trockener Weißwein*
- *Olivenöl*
- *Parmesan, gerieben*
- *Salz, Pfeffer*

Die Zwiebel fein hacken und mit 4 EL Olivenöl goldgelb anbraten. Die Salami in feine Streifen schneiden und zur Zwiebel geben, ganz kurz mitbraten. Mit Weißwein ablöschen und einkochen lassen. Die Tomaten schälen, entkernen, ausdrücken und grob schneiden. In die Pfanne und bei mittlerer Hitze 15 Minuten garen, salzen und pfeffern.
Die Vermicelli in Salzwasser al dente kochen, abseihen. In der Zwischenzeit den Provolone in kleine Würfel schneiden und zur Sauce geben. Die Vermicelli in die Pfanne zur Sauce geben, alles gut vermengen und auf vorgewärmten Tellern anrichten.

Auberginen: im Italienischen „Melanzane" genannt

al dente: bedeutet „bissfest, d. h., man nimmt die Pasta aus dem Wasser, wenn sie noch „Biss" hat, da die Nudeln noch weiterkochen, wenn man sie zur Sauce gibt

Caciotta: italienischer Käse in Beutelform; weiß oder geräuchert

Mozzarella: typischer italienischer Weichkäse in Bällchenform; wird vor allem bei der Zubereitung von Pizza verwendet

Olio extravergine di oliva: kalt gepresstes Olivenöl; man sollte sich beim Kauf an die mittlere Preislage halten

Oregano: Oregano ist wilder Majoran; auch unter dem Namen Origano bekannt

Parmesan: auch „Parmigiano Reggiano", man kann aber auch andere Sorten verwenden; sollte immer frisch gerieben werden, da er sonst seinen Geschmack und Geruch verliert

Pasta: Pasta ist der Begriff für jegliche Art von Nudelgericht; man sollte möglichst Pasta aus Hartweizenmehl (wenn möglich italienische Markenprodukte) verwenden

Pecorino: Schafskäse; gibt es in verschiedenen Reifegraden: frisch, mittel und hart (zum Reiben)

Peperoncino: frische, kleine rote Paprikaschote, meist sehr scharf; auch getrocknet erhältlich

Pilze: frische Pilze findet man natürlich nur zur „Schwammerlzeit", außerhalb der Saison kann man auch auf gezüchtete Pilze, z. B. Champignons zurückgreifen

Puntarelle: Gemüse, ähnlich wie Brokkoli, hat mehr Blätter und weniger Röschen; sehr schmackhaft

Radicchio: roter Salat aus Verona oder Treviso

Rucola: Rauke

Salz: für das Pastawasser sollte man grobes Meersalz verwenden, vor allem wegen seines Jodgehaltes

Scamorza: natur oder geräucherter mittelharter Käse

Tomaten: die aromatischsten Tomaten gibt es nur im Sommer; sie sollten immer richtig reif sein, nicht umsonst heißt „Tomate" auf Italienisch „pomodoro", also „goldener Apfel"; außerhalb der Saison empfiehlt sich die Verwendung von Tomaten aus der Dose

Hinweis: Das vorliegende Buch wurde sorgfältig erarbeitet. Dennoch erfolgen alle Angaben ohne Gewähr. Weder Autor noch Verlag können für eventuelle Nachteile oder Schäden, die aus den im Buch vorgestellten Informationen resultieren, eine Haftung übernehmen.

Bildnachweis:
Fotolia.com: Stefano Tiraboschi, Norman Chan, Dmitriy Kalinin, Comugnero Silvana, spinetta, double click, Liz Van Steenburgh, Teamarbeit, sydfloyd, Carmen Steiner, fooddesign, ivan kmit, Friedberg, D. Fabri, lyudmila_b, Cachaco
Ingram
Photoalto
Peppin Press
Tappeiner AG
Titelseite: Tappeiner AG, Lana (BZ), Italien

Gesamtherstellung: Tappeiner AG, Lana (BZ), Italien
www.tappeiner.it

Printed in Italy

ISBN: 978-88-7073-463-8

TAPPEINER.